Azilis THORAVAL
Marie Baron 1re S

Latin 1re

Programme 2008

Sous la direction de **Jacques Gaillard**

Jacques GAILLARD
Gilbert GUINEZ

Avec la collaboration de

Annie LE FUSTEC
(Lycée Michelet, Vanves)

Dominique LESEUL-PICARD
(Lycée Carnot, Cannes)

Nathan

STRUCTURE DU MANUEL

5 parties correspondant aux 5 thèmes du programme

- **La puissance de la parole** (Partie I, ch. 1 à 3)
- **Lettres et épigrammes** (Partie II, ch. 4 et 5)
- **Parlez-moi d'amour** (Partie III, ch. 6 et 7)
- **Théâtres romains** (Partie IV, ch. 8 et 9)
- **De l'histoire à la fiction** (Partie V, ch. 10 et 11)

Dans chaque chapitre, des types de pages variés :

LES TEXTES

– textes latins ;
– textes alternant latin et français ;
– textes et traduction ;
– textes traduits ;
– textes suivis ;
– prolongements (imitations, réécritures modernes ou points de vue critiques).

LES VERSIONS (1 p. en fin de chaque chapitre)

LES PAGES DE CIVILISATION

LES ARRÊTS SUR IMAGE

En fin d'ouvrage, le « Mémento » :

- Fiches de syntaxe
- Tableaux de déclinaisons et conjugaisons
- Se servir du dictionnaire

Les auteurs tiennent à remercier Sylvie Perceau et René Martin

25 avenue Pierre-de-Coubertin 75013 Paris

ISBN : 978-2-09-172866-7

Avant-Propos

À la base de la culture littéraire latine, il y a l'**éloquence**, cet art très politique.
Sociabilité ? prose d'art ? coups de griffes ? Les **lettres** et les **épigrammes** comptent, à Rome, au nombre des beaux arts.
De la légère élégie aux tourments des tragiques passions, l'**amour**, longtemps simple sujet de comédie, devint enfin à Rome matière à littérature !
Au cœur des plaisirs des Romains, il y avait le **théâtre**, ses gradins, ses comédies.
Et l'art d'**écrire l'histoire**, quant à lui, vit naître celui d'écrire des histoires : ainsi commença le **roman**.

Telles sont les cinq étapes d'un programme riche, varié, stimulant : vous y rencontrerez les plus grands auteurs et les plus grandes œuvres, des poèmes délicats, des récits burlesques, des scènes pleines de vie et de passion. De Plaute à Apulée, vous allez parcourir les quatre siècles d'or de la littérature latine :
– en étudiant des textes de latin seul, des textes alternant latin et passages traduits, des textes et des traductions mises en parallèle ;
– mais aussi en portant le regard plus loin, grâce à des textes latins et grecs traduits, et à de nombreuses pages d'**auteurs** et de **critiques modernes**.

C'est un grand avantage que de pouvoir, ainsi, **éclairer la littérature française** et son histoire en la plaçant dans la perspective des auteurs anciens : on comprend mieux l'origine et l'évolution des **genres littéraires**, la part de l'**imitation** et de la **réécriture** dans le traitement des thèmes majeurs, les règles mêmes de notre « consommation » de la littérature et des spectacles qu'elle génère. Vous ne manquerez pas, en regard du programme de français, de trouver dans la littérature latine de quoi nourrir votre réflexion et votre goût.
Des pages de **civilisation** riches et vivantes vous permettront de comprendre le contexte historique et culturel dans lequel elle s'inscrit.
Enfin, de nombreux « **arrêts sur image** » vous inviteront à enrichir votre approche des œuvres d'art : nous avons, dans cet esprit, accordé un soin tout particulier au choix de l'iconographie, en mêlant documents archéologiques et réalisations plastiques d'artistes de la postérité, statues ou tableaux.

Ce manuel, pour votre commodité, propose en fin de volume un riche **mémento** comportant des fiches de syntaxe, des éléments de métrique, l'ensemble des déclinaisons et des conjugaisons, des conseils méthodiques pour utiliser votre dictionnaire.

Les Auteurs

SOMMAIRE

I LA PUISSANCE DE LA PAROLE

CHAPITRE 1 La formation de l'orateur

CHAPITRE 2 Éloquence et liberté

CHAPITRE 3 Grandes voix

II LETTRES ET ÉPIGRAMMES

CHAPITRE 4 Je vous écris

CHAPITRE 5 Piquantes épigrammes

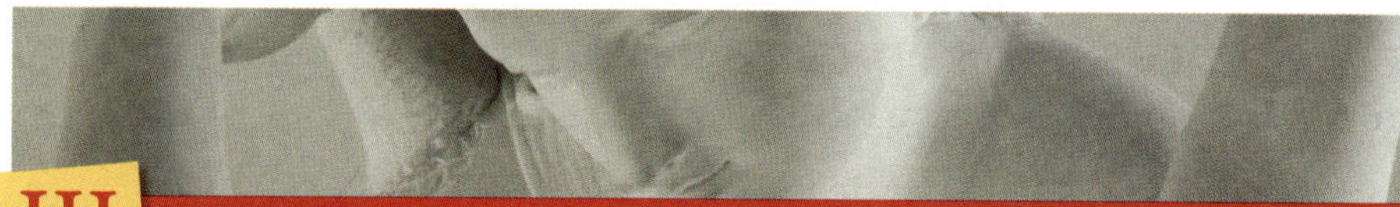

III PARLEZ-MOI D'AMOUR…

CHAPITRE 6 Séductions, plaisirs, chagrins

CHAPITRE 7 Passions épiques et tragiques

IV THÉÂTRES ROMAINS

CHAPITRE 8 Scènes romaines

CHAPITRE 9 Illustres comédies

V DE L'HISTOIRE À LA FICTION

CHAPITRE 10 Les romans de l'histoire

CHAPITRE 11 Deux romans latins

Mémento

Vue du forum républicain, à Rome.

I LA PUISSANCE DE LA PAROLE

CHAPITRE 1

La formation de l'orateur

Art rhétorique et éloquence

CIVILISATION

La rhétorique (en grec rhètorikè technè*) est une véritable « science », enseignée par un spécialiste, le* rhètôr, *mot grec auquel correspondra le mot latin* orator. *Elle permet de construire des discours et de persuader un auditoire, par l'étude de l'argumentation, des figures de style, et même de la psychologie de l'auditeur, puisque l'on persuade en suscitant des émotions.*

En Grèce

● Née en Grande-Grèce (Sicile) au Vᵉ siècle avant J.-C., la rhétorique se développe sous l'influence des **sophistes**, qui enseignaient tout spécialement l'art de **s'assurer une position sociale dominante** dans la cité par d'habiles discours. En effet, bien parler, dans les tribunaux et les assemblées des cités grecques, suscitait l'admiration et procurait une grande puissance.

● Au IVᵉ siècle avant J.-C., **Démosthène** mit cet art **au service de la liberté** de la Grèce en tentant, par ses discours au peuple, d'enrayer l'inquiétante expansion de Philippe de Macédoine, le père d'Alexandre. Mais cette école de style profita également aux poètes et aux prosateurs, et la littérature antique est en grande partie la fille de la rhétorique.

À Rome

● Dès le milieu du IIᵉ siècle avant J.-C., les fils de l'aristocratie romaine se devaient d'étudier la rhétorique chez des professeurs grecs, à Athènes, à Rhodes, puis à Rome. Plus tard cet enseignement fut dispensé en latin par des *rhetores latini*, d'abord condamnés par le pouvoir conservateur, puis solidement installés. Alors, la rhétorique donna lieu à des **traités** ou des **manuels en langue latine** comme la *Rhétorique à Herennius*.

● **Cicéron**, reconnu comme le plus grand orateur de son époque, a écrit des ouvrages consacrés à cet art, mais, plutôt qu'à la théorie pure (*doctrina*), il s'intéresse, notamment dans son *De oratore*, à la **figure intellectuelle et morale de l'orateur idéal**, en s'interrogeant sur le bon usage de ce savoir et du pouvoir qu'il procure. Pour les orateurs romains à venir, Cicéron devint un modèle, en dépit des critiques, et, pour nous, ses plaidoyers et discours sont les seules pièces originales témoignant de l'éloquence de l'époque républicaine ; des autres orateurs nous ne possédons que de minces fragments.

L'éloquence, une faculté maîtresse

● L'éloquence se nourrit donc de la science rhétorique, en latin ***ars bene dicendi*** (*ars* est l'équivalent du grec *technè*), mais ne s'en contente pas : le bon orateur doit posséder un **haut sens moral** et une **solide culture**. Dans la République romaine, l'éloquence est d'abord **judiciaire** et **politique** : tandis que les plaidoyers (*actiones*), prononcés devant les juges, appartiennent au genre judiciaire (*genus judiciale*), l'éloquence politique, nécessaire dans les délibérations au Sénat ou devant le peuple, relève du genre délibératif (*genus deliberativum*).

● Sous l'Empire, le poids des assemblées et des tribunaux diminuant, la rhétorique se replia dans ses écoles pour y cultiver les **discours d'apparat** du genre démonstratif (*genus demonstrativum*), tout en simulant, par des exercices (*declamationes*) traitant de situations juridiques ou politiques imaginaires, les affrontements bien réels de jadis. Sortes de « concours d'éloquence », les **controverses** (*controversiae*) consistaient à plaider le pour et le contre, et les **suasoires** (*suasoriae*) apprenaient à **argumenter de façon contradictoire** sur des **sujets fictifs**, comme en témoigne le traité de **Quintilien**, *L'Institution oratoire*. Pendant des siècles, la rhétorique resta le couronnement des études – jusque dans nos lycées, où la Première s'appela longtemps la classe de rhétorique.

PROLONGEMENT

Georges Clemenceau
(1841-1929)

HÉROS DU VERBE

Démosthène, homme politique athénien, utilisa toutes les ressources de la rhétorique pour persuader ses concitoyens de résister aux attaques de Philippe de Macédoine. L'homme d'État français Georges Clemenceau admire à la fois son éloquence et le courage dont il fit preuve lorsque, après la prise d'Élatée (339 av. J.-C.), la panique s'empara d'Athènes.

Quand Philippe est dans Élatée, quand Athènes, effondrée sous le poids de ses défaillances, cherche des inspirations d'audace et ne trouve que des ressorts faussés, le jour de Démosthène est venu. Ce n'est pas assez de dire qu'il fut digne de l'heure. Il s'en empara. Devant lui, bons et mauvais, pêle-mêle, les braves gens qui trouveront plus facile de se faire tuer pour Athènes que de faire acte de virilité dans le Conseil, la bande des salariés de Philippe, le muet troupeau de toutes les désertions accomplies ou suggérées, le bataillon sacré de tous les abandons, de tous les découragements. Rien n'y manque. [...] L'oppression du silence tient les cœurs angoissés. On attend qu'un homme se lève, et voici que, devant tous, cet homme surhumain est debout. D'un mot il déchire le voile des choses, il porte la pointe du fer au fond de la plaie vive, il fait apparaître aux yeux égarés l'horreur vivante de ce qui est. Ainsi feront plus tard Cicéron, Mirabeau, débridant la blessure à l'heure du suprême péril. L'effet oratoire a jailli avant d'être cherché. Un mot suffit : « J'ai vu, j'ai dit, j'ai voulu, j'ai osé. » Il n'y a pas de réplique. La catapulte a joué. Le verbe et l'acte en même temps. Orateur et héros, l'homme entraîne tous ces lambeaux d'existences manquées à la plénitude des réalisations des grands jours...

GEORGES CLEMENCEAU, *Démosthène*, Paris, 1926, pp. 85-86.

LA RHÉTORIQUE DE L'IMAGINAIRE

Des recueils d'époque impériale nous permettent de connaître les sujets que l'on faisait traiter aux futurs orateurs dans les écoles de rhétorique : en voici quelques exemples.

- On suppose l'existence d'une loi aux termes de laquelle « un fils ayant frappé son père aura les mains coupées ». Sujet : un tyran ordonne à deux jeunes gens de frapper leur père ; l'un préfère se jeter par la fenêtre ; le second accepte, mais plus tard tue le tyran et venge ainsi lui-même et son père. Faut-il malgré tout lui trancher les mains ? Plaider le pour et le contre.

- Un homme marié se prépare à tuer un tyran ; le tyran, ayant des soupçons, soumet à la torture l'épouse de cet homme pour lui faire avouer le projet de son mari ; héroïquement, elle refuse d'avouer. Quelques années plus tard, son mari la répudie pour cause de stérilité. Imaginer le discours que chacun des époux tient à l'autre.

- Un homme a perdu ses deux mains à la guerre ; en rentrant dans ses foyers, il trouve sa femme en compagnie d'un amant ; dans l'incapacité de se faire justice lui-même, il demande à son fils de tuer l'amant à sa place ; le fils refuse. Qui a raison ? Plaider le pour et le contre.

Cette « rhétorique de l'imaginaire » a peut-être, par sa pratique des « fictions », joué un rôle décisif dans l'émergence d'un genre nouveau à Rome, puis en Grèce : le roman est, en effet, une « fiction vraisemblable » (cf. cinquième partie).

TEXTE LATIN

Utilité de l'éloquence

Cicéron s'est intéressé très tôt à la théorie littéraire : en 86 av. J.-C., âgé de vingt ans à peine, il écrit un traité, le De inventione, *qui s'ouvre par ces réflexions sur l'utilité de l'éloquence.*

Saepe et multum hoc mecum cogitavi, bonine an mali plus attulerit hominibus et civitatibus copia dicendi ac summum eloquentiae studium. Nam cum et nostrae rei publicae detrimenta considero et maximarum civitatum veteres animo calamitates colligo, non minimam video per disertissimos homines invectam partem incommodorum ; cum autem res ab nostra memoria propter vetustatem remotas ex litterarum monumentis[1] repetere instituo, multas urbes constitutas, plurima bella restincta, firmissimas societates, sanctissimas amicitias intellego cum animi ratione tum facilius eloquentia comparatas.

Ac me quidem diu cogitantem ratio ipsa in hanc potissimum sententiam ducit ut existimem sapientiam sine eloquentia parum prodesse civitatibus, eloquentiam vero sine sapientia nimium obesse plerumque, prodesse numquam. Quare si quis, omissis rectissimis atque honestissimis studiis rationis et officii[2], consumit omnem operam in exercitatione dicendi, is inutilis sibi, perniciosus patriae civis alitur[3] ; qui vero ita sese armat eloquentia ut non oppugnare commoda patriae, sed pro his propugnare possit, is mihi vir et suis et publicis rationibus utilissimus atque amicissimus civis fore videtur.

CICÉRON, *De inventione*, I, 1-2.

1. **litterarum monumenta** : les souvenirs conservés par la littérature, les livres d'histoire.
2. l'étude de la philosophie (**ratio**) et de la morale (**officium**).
3. « il nourrit en lui un citoyen... »

Pour le commentaire

1 Sur quelle figure de style est construite la formule **sapientiam sine eloquentia parum..., eloquentiam vero sine sapientia nimium...** ? Quelle idée centrale met-elle en relief ?

2 Recherchez dans quel contexte historique Cicéron écrit ces lignes. Quels exemples tirés de l'histoire récente de Rome peut-il avoir à l'esprit lorsqu'il évoque les effets néfastes de l'éloquence ? Pourquoi Cicéron établit-il d'emblée un rapport étroit entre éloquence et civisme ?

3 La **copia dicendi** (faculté de développer longuement et avec de belles phrases quelque sujet que ce soit) est, pour Cicéron, la marque essentielle du talent oratoire : relevez, dans ce texte, les « ornements » qui viennent « habiller » les idées. Comment s'appelle la figure : **non minimam (partem)** ?

Orateur, mosaïque du IIIe s. ap. J.-C. (Trèves, Rheinisches Landesmuseum).

TEXTE & TRADUCTION

Un savoir-faire souverain

Dans son dialogue De oratore, *Cicéron s'efforce de dessiner la silhouette de l'*orator *idéal. Il fait dialoguer des orateurs célèbres de la génération précédente, et parmi eux les hautes figures de M. Antonius et de L. Licinius Crassus ; celui-ci fait un vibrant éloge de l'éloquence.*

Neque vero mihi quicquam praestabilius videtur quam posse dicendo tenere hominum coetus, mentes adlicere, voluntates impellere quo velis, unde autem velis deducere. Haec una res in omni libero populo maximeque in pacatis tranquillisque civitatibus praecipue semper floruit semperque dominata est. Quid enim est tam mirabile quam ex infinita multitudine hominum exsistere unum, qui id, quod omnibus natura sit datum, vel solus vel cum perpaucis facere possit, aut tam jucundum cognitu atque auditu quam sapientibus sententiis gravibusque verbis ornata oratio et polita, aut tam potens tamque magnificum quam populi motus, judicum religiones, senatus gravitatem unius oratione converti ? Quid tam porro regium, tam liberale, tam munificum quam opem ferre supplicibus, excitare adflictos, dare salutem, liberare periculis, retinere homines in civitate ? Quid autem tam necessarium quam tenere semper arma quibus vel tectus ipse esse possis, vel provocare improbos, vel te ulcisci lacessitus ? [...]

Hoc enim uno praestamus vel maxime feris, quod colloquimur inter nos et quod exprimere dicendo sensa possumus. Quamobrem, quis hoc jure non miretur, summeque in eo elaborandum esse arbitretur ut, quo uno homines bestiis maxime praestent, in hoc hominibus ipsis antecellat ? Ut vero jam ad illa summa veniamus, quae vis alia potuit aut dispersos homines unum in locum congregare aut a fera agrestique vita ad hunc humanum cultum civilemque deducere et jam constitutis civitatibus leges, judicia, jura describere ?

Rien n'est plus beau, ce me semble, que de pouvoir, par la parole, maîtriser des assemblées humaines, séduire les intelligences, entraîner à son gré les volontés, ou à son gré, les détourner d'un choix. Ce pouvoir unique, chez tous les peuples libres et surtout dans les cités vivant en paix et en tranquillité, a toujours été le plus florissant, le plus dominateur. Oui, qu'y a-t-il d'aussi admirable que de voir, dans une multitude immense, se détacher un seul homme, capable de faire, seul ou presque, ce que la nature a pourtant donné à tous les hommes ? Qu'y a-t-il d'aussi agréable à l'esprit comme à l'oreille qu'un discours bien poli et orné par la sagesse des pensées et le poids des expressions ? D'aussi puissant, d'aussi magnifique que de voir le discours d'un seul homme faire basculer les passions du peuple, les scrupules des juges, la gravité du Sénat ? D'aussi royal, d'aussi libéral, d'aussi généreux que de secourir les suppliants, relever les malheureux, sauver des vies, libérer des dangers, conserver aux gens leurs droits de citoyens ? Mais encore, qu'y a-t-il d'aussi nécessaire que de détenir ces armes dont la protection permet de défier les mauvais citoyens, ou de punir leurs attaques ? [...]

Notre plus grande supériorité sur les animaux, c'est de communiquer par la parole, et de pouvoir ainsi exprimer nos idées. Aussi, qui n'admirerait à bon droit cet avantage en pensant qu'il lui faut consacrer les plus grands efforts pour arriver, dans ce talent qui donne, à lui seul, aux hommes leur supériorité sur les bêtes, à l'emporter lui-même sur les autres hommes ? Et pour en venir à l'essentiel, quelle autre force a pu rassembler en un même lieu des hommes dispersés, les tirer d'une vie sauvage et rustique pour les mener à notre niveau de culture et de civilisation, et, pour des États constitués, formuler les lois, les procédures judiciaires, le droit ?

CICÉRON, *De oratore*, I, 30 sqq.

Pour le commentaire

1. Comparez le second paragraphe du texte latin et sa traduction.
2. Relevez les adjectifs dont use Crassus pour qualifier l'éloquence : quels sont les attributs de cet art ? Quelles sensations procure-t-il à celui qui le possède ? Quelle est son utilité ? Expliquez le lien que marque Crassus entre éloquence et civilisation.
3. Quels mots du texte suggèrent que l'éloquence peut se révéler parfois dangereuse ?
4. Quels procédés rhétoriques rendent éloquent cet éloge de l'éloquence ?

TEXTE TRADUIT

Un art complexe et exigeant

L'éloquence, telle qu'elle est décrite dans le De oratore, *requiert non seulement un apprentissage approfondi de la rhétorique, mais encore de multiples savoirs, de longues études, et des exercices appropriés. Crassus, se fondant sur sa pratique personnelle, en dresse la liste.*

Le plus important, mais, à vrai dire, nous le faisons très peu – cela demande beaucoup de travail, et, pour la plupart, nous fuyons le travail – c'est d'écrire le plus possible. La plume, voilà le meilleur et le souverain moyen, le meilleur et le souverain maître ; et cela pour de bonnes raisons. Car s'il est vrai qu'un discours improvisé au hasard est inférieur à un discours médité et réfléchi, ce dernier sera, pour sûr, encore surpassé par une composition écrite avec patience et beaucoup de soin. C'est alors vraiment que tous les développements qu'enseigne l'art ou que suggèrent le talent et l'expérience, pour autant qu'ils entrent dans le cadre du sujet sur lequel nous écrivons, si nous les recherchons et les scrutons avec toute notre acuité, se dévoilent à nous et nous viennent à l'esprit ; alors toutes les idées et les expressions les plus brillantes, en tout genre, viennent nécessairement sous la plume et s'ordonnent. Alors, la belle harmonie des mots s'accomplit à la perfection par l'écriture, non point dans les mètres des poètes, mais avec le rythme qui sied à l'orateur. Voilà ce qui procure aux bons orateurs bravos et applaudissements, et personne n'obtiendra ce résultat s'il n'a longtemps et beaucoup écrit, même s'il s'est éperdument exercé aux improvisations.

[...] Pour ce qui concerne la voix, le souffle, les gestes, l'agilité de la langue, il y a moins besoin de théorie que de travail ; et en la matière, il faut tenir grand compte des modèles que nous imitons, et à qui nous voulons ressembler. Nous devons observer non seulement les orateurs, mais les acteurs, pour éviter que de mauvaises habitudes ne finissent par devenir de vilains défauts, voire des vices. Il faut aussi exercer la mémoire en apprenant par cœur, au mot près, le plus grand nombre possible de discours écrits par nous ou par d'autres. [...] Il faut encore lire les poètes, apprendre l'Histoire, sélectionner et feuilleter sans cesse les maîtres enseignant les bonnes méthodes et les écrivains, et, pour s'exercer, faire leur éloge, les commenter, les corriger, les critiquer, les réfuter ; il faut, sur toute question, soutenir le pour et le contre, et tirer, pour chaque sujet, tous les arguments plausibles. Il faut aussi étudier à fond le droit civil, apprendre les lois, connaître le passé, les traditions du Sénat, les principes de notre État, les droits des alliés, les traités, les conventions internationales, les intérêts de l'Empire. Et il faudra, en plus, offrir au public, en puisant dans tout l'arsenal des plaisanteries de bon goût, ce charme spirituel dont le sel doit assaisonner nos discours.

CICÉRON, *De oratore*, I, 150 sqq.

Pour le commentaire

1. Quelle part Crassus fait-il d'un côté à la pratique, et de l'autre à l'étude théorique des techniques oratoires ?
2. Quelles fonctions de l'orateur exigent qu'il maîtrise les connaissances énumérées par Crassus ?
3. Ce texte suggère que, derrière tout orateur, se cache un écrivain en puissance : quelle peut être l'influence de l'éloquence (orale) sur la prose (écrite) ?

*La statue appelée l'***Arringatore** *(« l'orateur prononçant une harangue », en italien) a été découverte à Sanguineto, près du lac Trasimène, en 1566.*

L'Arringatore, Iᵉʳ s. av. J.-C. (Florence, Musée archéologique).

Observation

1 *Un grand homme ?*

Cette statue en bronze, représente, grandeur nature, un magistrat étrusque, peut-être « protecteur » d'une proche cité, Chiusi (une ville pouvait être « cliente » d'un *patronus*) : l'inscription en langue étrusque gravée sur la partie inférieure de sa toge nous donne son nom, Aulus Metellus, qui semble l'apparenter à une grande et célèbre famille de patriciens romains. Datant probablement du IIᵉ ou Iᵉʳ siècle avant J.-C. (à cette époque, on parlait encore étrusque tout près de Rome !), cette œuvre est un des plus beaux bronzes étrusques, et rivalise avec l'emblématique Louve capitoline.
Situez, dans l'espace et le temps, la civilisation étrusque.

2 *La technique du bronze*

Les artisans étrusques, formés au travail du bronze dès le VIIᵉ s. av. J.-C., ont sans doute perfectionné leur art grâce à d'étroits contacts avec des artistes venus de Grèce et notamment de Corinthe. La technique couramment utilisée est celle de la fonte en creux à la cire perdue. Les différentes parties du corps étaient ensuite soudées. À la fin on insérait les yeux, faits de plusieurs matériaux, dont l'ivoire et la pâte de verre : ceux de *L'Arringatore* ont été perdus…

3 *Une grande expressivité*

Metellus est saisi en pleine action, dans un geste caractéristique.
Qu'expriment son geste et sa posture ? S'accordent-ils aux préceptes énoncés par Cicéron dans son traité l'*Orator* ?

LE CORPS DE L'ORATEUR

L'orateur saura aussi régler ses mouvements, et s'interdire tout geste superflu : il pourra faire quelques pas, mais rarement, et circonscrits ; il ira peu souvent, et sans trop s'avancer, vers l'auditoire ; son port de tête restera constamment ferme, il ne montrera jamais du doigt, et ne s'en servira pas pour rythmer son propos ; plus encore il devra maîtriser tout le haut de son corps, avec de la virilité dans ses mouvements, en déployant ou en repliant les bras selon les moments du discours, tour à tour véhéments ou contenus. Quant au visage, qui peut très efficacement seconder la voix, quelle dignité et quelle grâce il ajoutera alors ! Une fois qu'on se sera abstenu de la moindre affectation et de la moindre grimace, il faudra encore une grande maîtrise des mouvements des yeux : car si le visage est le miroir de l'âme, les yeux en sont les interprètes ; ils trahiront, en fonction du sujet, tantôt la joie tantôt la tristesse.

CICÉRON, *Orator*, XVIII.

TEXTE LATIN

Un latin correct et bien prononcé

*Après avoir défini l'*elegantia *(l'art de bien choisir –* eligere *– ses mots), qui commande un souci scrupuleux de la correction lexicale et grammaticale, l'orateur Crassus s'intéresse aux multiples aspects de la voix que sont la prononciation, l'intonation et l'accent. Il en rappelle les bons usages devant ses amis, parmi lesquels Catulus, fin connaisseur des lettres grecques.*

1. **conservare** : respecter.
2. **ut ne quid** = pour que rien ne.
3. **litteras exprimere** : détacher les lettres ; **obscurare** : les prononcer confusément.
4. **ut** : comme, par exemple...
5. **visum iri** : ▶ ***Mémento* 12.**
6. **verborum (subtilitatem)** : la grâce du style (le choix des mots).
7. **ratio** : une formation méthodique.

Ut Latine loquamur, non solum videndum est ut et verba efferamus ea quae nemo jure reprehendat, et ea sic et casibus et temporibus et genere et numero conservemus[1], ut ne quid[2] perturbatum ac discrepans aut praeposterum sit, sed etiam lingua et spiritus et vocis sonus est ipse moderandus. Nolo exprimi litteras putidius, nolo obscurari[3] neglegentius ; nolo verba exiliter exanimata exire, nolo inflata et quasi anhelata gravius. [...] Sunt enim certa vitia quae nemo est quin effugere cupiat : mollis vox aut muliebris aut quasi extra modum absona atque absurda.

Est autem vitium quod non nulli de industria consectantur : rustica vox et agrestis quosdam delectat, quo magis antiquitatem, si ita sonet, eorum sermo retinere videatur, ut[4] tuus, Catule, sodalis, L. Cotta, gaudere mihi videtur gravitate linguae sonoque vocis agresti et illud, quod loquitur, priscum visum iri[5] putat si plane fuerit rusticanum. Me autem tuus sonus et subtilitas ista delectat ; omitto verborum[6], quamquam est caput ; verum id adfert ratio[7], docent litterae, confirmat consuetudo et legendi et loquendi ; sed hanc dico suavitatem quae exit ex ore, quae quidem ut apud Graecos Atticorum, sic in Latino sermone hujus est urbis maxime propria.

CICÉRON, *De oratore*, III, 39-43.

Buste de Cicéron, marbre, Ier s. ap. J.-C.

Pour le commentaire

1 Justifiez les emplois des démonstratifs **hic, iste, ille** dans ce texte.

2 Récapitulez les conseils exprimés ici. Pourrait-on encore en tirer profit ?

3 Que pensez-vous des jugements émis sur les différents types d'accent ?

4 L'orateur fait référence à l'élégance du grec parlé en Attique. Où se situe cette région de Grèce ? Qu'est-ce que l'« atticisme » ?

TEXTE LATIN

La culture des anciens orateurs

Dans le Dialogue des orateurs *(vers 102 après J.-C.), Tacite fait dialoguer des orateurs célèbres qui ont été ses maîtres. Ces connaisseurs apprécient à sa juste valeur l'ampleur des connaissances qui font un bon orateur. En s'interrogeant sur les causes du déclin de l'éloquence, ils sont conduits à vanter les mérites des Anciens.*

Matériel d'écriture : tablettes, encrier et stylets, fresque de Pompéi (Naples, Musée archéologique).

Est un bon orateur celui qui peut sur toute question parler d'une manière élégante, ornée, persuasive, en s'accordant à la dignité du sujet, au goût du temps et au plaisir des auditeurs. **Hoc sibi illi veteres persuaserant, ad hoc efficiendum[1] intellegebant opus esse, non ut in rhetorum scholis declamarent, nec ut fictis nec[2] ullo modo ad veritatem accedentibus[3] controversiis linguam modo et vocem exercerent, sed ut iis artibus pectus implerent in quibus de bonis et malis, de honesto et turpi, de justo et injusto disputatur ; haec enim est oratori subjecta ad dicendum materia : nam in judiciis fere de aequitate, in deliberationibus de honestate disserimus [...] De quibus copiose et varie et ornate nemo dicere potest nisi qui[4] cognovit naturam humanam et vim virtutum pravitatemque vitiorum et intellectum eorum quae nec in virtutibus nec in vitiis numerantur. Ex his fontibus etiam illa profluunt, ut[5] facilius iram judicis vel instiget vel leniat, qui scit quid ira, promptius ad miserationem impellat, qui scit quid sit misericordia et quibus animi motibus concitetur. [...] Ideoque et juris civilis scientiam veteres oratores comprehendebant, et grammatica, musica, geometria imbuebantur. Incidunt enim causae[6], plurimae quidem ac paene omnes, quibus juris notitia desideratur ; pleraeque autem in quibus haec quoque scientia[7] requiritur.**

TACITE, *Dialogue des orateurs*, 30-31.

1. **ad hoc efficiendum** : pour parvenir à ce but.
2. Ce **nec** relie **fictis** et **accedentibus** (**controversiis**).
3. allusion au fait que les sujets des controverses étaient invraisemblables.
4. **nemo nisi (is) qui...**
5. **ut** : à savoir que (développe **illa** : ces avantages).
6. **causae** : sens juridique du mot ; **incidunt... quibus** : « recoupent des sujets pour lesquels... »
7. **haec scientia** : cette culture générale (dont l'orateur a parlé plus haut).

Pour le commentaire

1 Identifiez les propositions relatives au subjonctif. Quelle est leur valeur circonstancielle ? ▶ *Mémento* **9**.

2 Relevez les champs lexicaux de la justice, de la morale, et de la connaissance.

3 **in judiciis... in deliberationibus** : pourquoi l'éloquence judiciaire (celle des procès) et l'éloquence délibérative (celle des débats politiques) sont-elles si intimement mêlées ?

4 À quelles disciplines contemporaines font penser les connaissances présentées ici comme nécessaires à un bon orateur ?

ABC de rhétorique latine

Grâce aux ouvrages de rhétorique de Cicéron et de Quintilien, nous avons une vue précise des théories de l'art oratoire à la fin de la République et sous l'Empire.

Calliope, muse de l'éloquence, IIe s. ap. J.-C. (Paris, musée du Louvre).

Les cinq parties de l'art oratoire

Ce sont les tâches successives que doit accomplir l'orateur pour proposer et prononcer son discours :
– ***inventio*** = trouver quoi dire ;
– ***dispositio*** = mettre en ordre (composition) ;
– ***elocutio*** = ajouter l'ornement (des mots, des figures) ;
– ***actio*** = jouer le discours (attitude, gestes, diction) ;
– ***memoria*** = recourir à la mémoire.

Les trois devoirs de l'orateur (*oratoris officia*)

Pour persuader, l'orateur dispose de trois ressources et il a le devoir d'y recourir. Il doit :
1. ***docere*** : démontrer (par la rigueur de son argumentation) ;
2. ***delectare*** : plaire (par la qualité de son style) ;
3. ***movere*** : émouvoir (par l'humour ou le pathétique).

Les quatre moments du discours

1. L'exorde :
– la ***captatio benevolentiae*** = la « capture » de l'attention et/ou de la bienveillance de l'auditoire ;
– la ***partitio*** = annonce du plan : « on ne trouve jamais long ce dont on annonce le terme » (Quintilien).

2. La *narratio* (= exposé des faits)
Elle a deux caractères obligés :
– la sobriété (en principe !) : pour Cicéron elle doit être seulement claire, vraisemblable, brève.
– la fonctionnalité : elle prépare l'argumentation, en présentant une version favorable des faits.

3. La *confirmatio* (= argumentation) :
Elle comporte généralement :
– la ***propositio*** : définition ou redéfinition du point à débattre ;
– l'***argumentatio*** : exposé des arguments, en commençant par des raisons fortes, en poursuivant avec des raisons plus faibles, et en terminant par des raisons très fortes.
– l'***altercatio*** (partie facultative) : interrogation (réelle ou fictive) des témoins, de la partie adverse, de l'auditoire...

4. La péroraison :
– la conclusion : reprise/résumé des arguments.
– le couronnement : ultime appel à la sensibilité, fin vibrante.

L'importance du style (*elocutio*)

Pour faire un beau discours, l'orateur doit :
- choisir le **ton** et le **registre** en fonction de l'auditoire ;
- construire des phrases dynamiques en veillant :
– aux **rythmes** : groupes binaires, ternaires, accumulations, gradations, anaphores, chutes, parallélismes, chiasmes, « périodes » oratoires...
– aux **sonorités** : allitérations, assonances, harmonies imitatives, paronymie, etc.
- recourir avec discernement, sans excès, aux **figures de style** (ou figures de rhétorique) : images (comparaison, métaphore, métaphore filée), personnification, allégorie, métonymie, périphrase, oxymore, litote, euphémisme, antiphrase, hyperbole, prétérition, redondance, etc.

Jean Racine
(1639-1699)

PAS MAL POUR UN DÉBUT !

Racine n'a écrit qu'une comédie, Les Plaideurs *(1668), satire de la justice dont le succès a longtemps rivalisé avec les pièces de Molière. Pour satisfaire Dandin, un juge fou qui réclame sans cesse des procès à juger, son fils Léandre lui présente le cas d'un chien qui a volé un chapon ; l'animal, accusé par son secrétaire, l'Intimé, est défendu par le portier Petit Jean : cet exorde interminable et caricatural est une parodie burlesque de l'éloquence creuse des prétoires.*

PETIT JEAN, *se couvrant.*
Messieurs... Vous, doucement ;
Ce que je sais le mieux, c'est mon commencement.
Messieurs, quand je regarde avec exactitude
L'inconstance du monde et sa vicissitude ;
Lorsque je vois, parmi tant d'hommes différents,
Pas une étoile fixe, et tant d'astres errants ;
Quand je vois les Césars, quand je vois leur fortune ;
Quand je vois le soleil, et quand je vois la lune ;
Quand je vois les États des Babiboniens
Transférés des Serpans aux Nacédoniens ;
Quand je vois les Lorrains, de l'état dépotique,
Passer au démocrite, et puis au monarchique ;
Quand je vois le Japon...

L'INTIMÉ
Quand aura-t-il tout vu ?

PETIT JEAN
Oh ! pourquoi celui-là m'a-t-il interrompu ?
Je ne dirai plus rien.

DANDIN
Avocat incommode,
Que ne lui laissez-vous finir sa période ?
Je suais sang et eau, pour voir si du Japon
Il viendrait à bon port au fait de son chapon,
Et vous l'interrompez par un discours frivole.
Parlez donc, avocat.

PETIT JEAN
J'ai perdu la parole.

LÉANDRE
Achève, Petit Jean : c'est fort bien débuté.
Mais que font là tes bras pendants à ton côté ?
Te voilà sur tes pieds droit comme une statue.
Dégourdis-toi. Courage ! allons, qu'on s'évertue.

PETIT JEAN, *remuant les bras.*
Quand... je vois... Quand... je vois...

LÉANDRE
Dis donc ce que tu vois !

RACINE, *Les Plaideurs*, Acte III, sc. 1.

Frontispice des *Plaideurs*,
de Racine.

TEXTE & TRADUCTION

L'éloquence est un art social

Quintilien (Marcus Fabius Quintilianus), né vers 30 et mort vers 95 ap. J.-C., ouvrit une école de rhétorique réputée. Fort de son expérience, cet admirateur de l'éloquence cicéronienne a rédigé un vaste traité de douze livres consacrés à la formation de l'orateur, le De institutione oratoria. *Le premier livre s'intéresse à l'apprentissage des jeunes gens et à l'attitude de leurs maîtres.*

Ante omnia futurus orator, cui in maxima celebritate et in media rei publicae luce vivendum est, adsuescat jam a tenero non reformidare homines neque illa solitaria et velut umbratica vita pavescere. Excitanda mens et attollenda semper est, quae in ejus modi secretis aut languescit et quemdam velut in opaco situm ducit, aut contra tumescit inani persuasione : necesse est enim nimium tribuat sibi qui se nemini comparat. Deinde cum proferenda sunt studia, caligat in sole et omnia nova offendit, ut qui solus didicerit quod inter multos faciendum est. [...]

Utile igitur habere quos imitari primum, mox vincere velis : ita paulatim et superiorum spes erit. His adjicio praeceptores ipsos non idem mentis ac spiritus in dicendo posse concipere singulis tantum praesentibus quod illa celebritate audientium instinctos. [...] Est quaedam tacita dedignatio vim dicendi tantis comparatam laboribus ad unum auditorem demittere : pudet supra modum sermonis attolli. Et sane concipiat quis mente vel declamantis habitum, vel orantis vocem, incessum, pronuntiationem, illum denique animi et corporis motum, sudorem, ut alia praeteream et fatigationem, audiente uno : nonne quiddam pati furori simile videatur ? Non esset in rebus humanis eloquentia si tantum cum singulis loqueremur.

QUINTILIEN, *Institution oratoire*, I, 18-19, 29, 30.

Puisqu'il lui faudra vivre en pleine foule et dans la pleine lumière de la République, celui qui se destine à être un orateur doit avant tout s'habituer, dès l'enfance, à ne pas redouter les hommes, et à ne pas rester à l'écart, comme dans l'ombre, au risque de devenir un être craintif. L'esprit doit être sans cesse sollicité et aiguillonné : s'il reste dans ce genre d'isolement, il s'étiole et moisit, en quelque sorte, tel un objet laissé dans l'obscurité ; ou bien au contraire il est bouffi par une vaine prétention, car celui qui ne peut se mesurer à personne, s'attribue fatalement plus qu'il ne vaut vraiment. Et quand vient le temps de prendre la parole en public, il se retrouve aveugle en plein jour et il trébuche sur tout comme autant d'obstacles inconnus, du fait qu'il a appris dans la solitude ce qu'il faut au contraire pratiquer devant les autres. [...]

Il est donc utile d'avoir près de soi des personnes qu'on désire imiter d'abord, puis surpasser dans un avenir proche : ainsi peu à peu naîtra l'espoir de se hausser encore. À cela j'ajoute que, face à des élèves pris séparément, le maître ne peut pas mettre en œuvre dans son propos autant d'esprit et de souffle que s'il est stimulé par la présence de nombreux auditeurs. [...] Il y a une sorte de réticence inconsciente à faire un usage rabaissé du talent oratoire, acquis au prix de tant d'efforts, au profit d'un seul auditeur. On répugne à s'élever au-dessus du ton habituel de la conversation. Représentons-nous en effet l'air d'un rhéteur en train de déclamer, ou encore la voix, le geste, la prononciation d'un orateur, bref, imaginons l'agitation de son âme et de son corps, sa sueur, en un mot, toute cette dépense d'énergie devant un unique auditeur : n'aurait-il pas l'air frappé d'une sorte de folie ? Non, l'espèce humaine ne connaîtrait pas l'éloquence si nous n'avions à parler que d'homme à homme.

Pour le commentaire

1. Retrouvez la traduction littérale de la première phrase.
2. Expliquez l'association de deux antithèses : celle de la foule et de la solitude, celle de l'ombre et de la lumière.
3. Quintilien préconise le cours devant un groupe plutôt que le cours particulier : récapitulez ses arguments. Les trouvez-vous convaincants ?

1. *La métaphore est comme un ornement de théâtre*

Ex omni genere frequentissimae translationes[1] erunt, quod eae, propter similitudinem transferunt animos et referunt ac movent huc et illuc, qui motus cogitationis celeriter agitatus per se ipse delectat. Et reliqua ex conlocatione verborum quae sumuntur quasi lumina magnum adferunt ornatum orationi ; sunt enim similia illis quae in amplo ornatu scaenae aut fori appellantur insignia, non quia sola ornent, sed quod excellant.

CICÉRON, *Orator.*

1. **translatio** : métaphore.

2. *Varier les styles pour plaire à de nombreux publics*

Traitant de l'amour de la patrie et de questions graves dans un livre qui lui a été commandé, Pline le Jeune explique au destinataire de sa lettre qu'il a cherché à égayer un peu son sujet.

Sunt enim quaedam adulescentium auribus danda[1], praesertim si materia[2] non refragetur ; nam descriptiones locorum, quae in hoc libro frequentiores erunt, non historice tantum sed prope poetice prosequi[3] fas est. Quod tamen si quis exstiterit qui putet[4] nos laetius fecisse quam orationis severitas exigat, hujus tristitiam reliquae partes actionis[5] exorare debebunt. Adnisi certe sumus ut quamlibet diversa genera lectorum per plures dicendi species teneremus. [...] Videmur posse confidere ut universitatem omnibus varietas ipsa commendet.

PLINE LE JEUNE, *Lettres.*

1. **dare** au sens de « concéder », « accorder ».
2. le sujet.
3. **prosequi** : développer.
4. s'il se trouvait quelqu'un pour penser...
5. **actio** : plaidoyer.

Calliope, muse de l'éloquence, fresque de Pompéi, Ier s. ap. J.-C. (Paris, musée du Louvre).

3. *In Postumum causidicum*

Non de vi neque caede nec veneno,
sed lis est mihi de tribus capellis :
vicini queror has abesse furto.
Hoc judex sibi postulat probari :
tu Cannas Mithridaticumque bellum
et perjuria Punici furoris
et Sullas Mariosque Muciosque
magna voce sonas manuque tota.
Jam dic, Postume, de tribus capellis.

MARTIAL, *Épigrammes.*

CHAPITRE 2

Éloquence et liberté

CIVILISATION

Un orateur en action

Cicéron a bâti toute sa carrière politique sur son talent oratoire : c'est dire que, face à la crise finale de la République, l'éloquence avait du poids ! Elle ne put cependant empêcher la libertas *républicaine d'être confisquée par la tyrannie de César... Malgré les grands combats que mena l'orateur, il ne put atteindre son but : triompher des armes par la parole, et placer l'autorité d'un* orator togatus *au-dessus des légions des* imperatores.

Lutter contre la corruption : *Les Verrines*

● En 70 avant J.-C., Cicéron, qui avait lui-même été questeur en Sicile cinq ans plus tôt, défend les Siciliens contre Caïus Verrès : celui-ci vient d'assumer pendant trois ans une charge de propréteur dans cette île et s'y est enrichi en organisant un pillage systématique de ses œuvres d'art.

● S'appuyant sur une longue et minutieuse enquête, et en utilisant contre l'accusé les **armes redoutables de l'humour et de l'ironie**, Cicéron prouve de façon implacable, dès son premier discours (il en avait prévu cinq, qu'il publiera pour asseoir sa réputation de justicier), les exactions de Verrès, qui se voit contraint à l'exil.

Statue de Cicéron, marbre, Ier s. ap. J.-C. (Oxford, Ashmolean Museum).

Sauver la République : *Contre Catilina*

● En 63 av. J.-C. le parti conservateur élit consuls Cicéron, un *homo novus*, et M. Antonius Hybrida, pour écarter un candidat inquiétant, L. Sergius Catilina. Après son échec, celui-ci recrute des conjurés pour renverser les consuls et prendre le pouvoir. Cicéron, s'appuyant sur un réseau d'informateurs, et sur son éloquence, monte à la tribune du Sénat : en quatre discours (*In Catilinam orationes*, les *Catilinaires*), **il dévoile la conjuration**, révèle que les conjurés comptaient l'assassiner et incendier Rome, force Catilina à la fuite, et justifie une **répression impitoyable**.

● Les complices de Catilina sont exécutés sans jugement, et lui-même trouve la mort au milieu de ses maigres troupes, défaites à Pistoia par l'armée du consul M. Antonius. Cicéron est certes salué du titre de « **Père de la patrie** », mais bien vite on lui reprochera d'avoir abusé de ses pouvoirs en faisant exécuter sans jugement les complices de Catilina. Pour ce motif il sera même contraint à un an d'exil en 58, et ne retrouvera plus jamais le prestige dont il avait joui jusqu'au consulat.

Défendre la culture : *Pour Archias*

● En 62 av. J.-C., sorti de charge, Cicéron assure la **défense d'un artiste grec**, le poète Archias. Celui-ci, qui fut un jeune homme prodigieusement doué, était arrivé à Rome à l'âge de dix-sept ans, et avait fréquenté la meilleure société romaine. Adopté par un des Licinius Lucullus, il avait obtenu un nom romain : Aulus Licinius Archias. Mais il se retrouve traîné devant le tribunal par un certain Grattius, qui l'accuse de ne bénéficier ni du droit de cité ni par conséquent des droits de citoyen romain. **Archias risque d'être expulsé**. En retraçant sa biographie au cours de la *narratio* (exposé des faits), Cicéron n'a aucun mal à rétablir dans ses droits l'accusé, qui est, semble-t-il, acquitté sans difficulté.

● Mais ce procès est l'occasion pour Cicéron de montrer une **nouvelle face de son talent**, après l'éloquence combative mise en œuvre un an plus tôt : il s'agit surtout de défendre la culture pour elle-même, à travers son propre goût pour l'étude et le travail intellectuel.

TROIS JUGEMENTS SUR CICÉRON

Quintilien

Pour reprendre une comparaison de Pindare, l'éloquence de Cicéron n'est pas un bassin qui recueille les eaux pluviales, elle jaillit plutôt comme un torrent s'échappant d'une source vive : Cicéron est venu au monde comme une sorte de cadeau offert par la volonté divine pour qu'en lui l'éloquence puisse faire l'essai de toute sa puissance. Qui est capable de démonstrations plus rigoureuses, qui peut émouvoir avec plus de force, chez qui vit-on jamais plus de grâce ? Tel est son pouvoir que ce qu'il vous a en fait arraché par la force, vous croyez le lui avoir donné parce qu'il vous l'a demandé, et que lorsqu'il fait dévier l'avis du juge, celui-ci, loin de se sentir violenté, s'imagine le suivre de son plein gré. [...] Tout ce qu'un autre ne pourrait réussir qu'au prix de soins infinis, coule chez lui sans le moindre effort, et cette éloquence, qui est d'une beauté inégalée, offre néanmoins l'apparence de la plus heureuse facilité. Aussi a-t-il tout à fait mérité le titre de roi du barreau que lui ont décerné ses contemporains : la conséquence en est que pour la postérité le nom de Cicéron, au-delà d'un homme, est devenu celui de l'éloquence même.

QUINTILIEN, *Institution oratoire*, X, 109-110.

Tacite

Si Quintilien admirait Cicéron, d'autres, comme Tacite, se sont montrés plus critiques. Ainsi, dans son Dialogue des orateurs, *l'un des trois orateurs propose ce jugement sur Cicéron.*

Il est un point sur lequel, plus que tout autre, [Cicéron] surclassait les orateurs de cette époque, c'est le bon goût. Le premier il enrichit le langage d'ornements, le premier il sut choisir les mots et les disposer avec art ; il expérimenta un fonds d'idées plus riche et trouva quelques pensées neuves, surtout dans les discours qu'il composa lorsqu'il fut plus âgé et vers la fin de sa vie, c'est-à-dire après qu'il eut fait des progrès, et que par l'usage et l'expérience il eut appris quel style oratoire lui convenait le mieux. Car ses premiers discours ne sont pas exempts des défauts des anciens temps : il est lent dans ses exordes, trop long dans ses exposés, et ses digressions n'en finissent pas ; il tarde à s'émouvoir, s'échauffe rarement, et peu d'idées se concluent sur un trait approprié et un tant soit peu lumineux.

TACITE, *Dialogue des orateurs*, 22.

Huysmans

À la fin du XIXe siècle, c'est à Des Esseintes, le personnage principal de son roman À rebours, *que Joris-Karl Huysmans prête ce jugement plein de mépris pour le grand orateur.*

En prose, la langue verbeuse, les métaphores redondantes, les digressions amphigouriques du Pois Chiche[1], ne le ravissaient pas davantage ; la jactance de ses apostrophes, le flux de ses rengaines patriotiques, l'emphase de ses harangues, la pesante masse de son style, charnu, nourri, mais tourné à la graisse et privé de moelles et d'os, les insupportables scories de ses longs adverbes ouvrant la phrase, les inaltérables formules de ses adipeuses périodes mal liées entre elles par le fil des conjonctions, enfin ses lassantes habitudes de tautologie, ne le séduisaient guère.

JORIS-KARL HUYSMANS, *À rebours* (1884).

1. **Cicero < cicer** : pois chiche.

TEXTE LATIN

Verrès : un voleur...

Pour ratisser méthodiquement la Sicile, le propréteur Verrès se faisait aider par des « experts », Tlépolème et Hiéron, deux frères natifs de Cibyre, que Cicéron appelle ses « chiens de chasse » (canes venatici). En fait, nous dit-il, Verrès ne connaît rien aux objets d'art, et ces deux lascars, artistes de métier (l'un est peintre, l'autre sculpteur) mais escrocs par vocation, profitent parfois de son ignorance pour faire leurs petits profits...

Je me souviens du récit que me fit mon ami et mon hôte Pamphile, de Lilybée, un homme de haut rang. Il me raconta que, Verrès lui ayant volé, par abus de pouvoir, une hydrie signée Boethus, d'un travail remarquable et d'un grand poids de métal, il s'en revint chez lui tout triste et bouleversé par le vol de ce vase, hérité de son père et de ses ancêtres, et dont il se servait les jours de fête ou pour accueillir un hôte.

« Cum sederem, inquit, domi tristis, accurrit Venerius[1], jubet me scyphos sigillatos[2] ad praetorem statim adferre. Permotus sum, inquit ; binos habebam ; jubeo promi utrosque, ne quid plus mali nasceretur[3], et mecum ad praetoris domum ferri. Eo cum venio, praetor quiescebat ; fratres illi Cibyratae inambulabant. Qui ubi me viderunt : "Ubi sunt, Pamphile, inquiunt, scyphi ?" Ostendo tristis ; laudant ; incipio queri me nihil habiturum quod alicujus esset pretii, si etiam scyphi essent ablati. Tum illi, ubi me conturbatum vident : "Quid vis nobis dare ut isti abs te ne[4] auferantur ?" Ne multa[5], mille sestertios me poposcerunt. Dixi me daturum. »

Vocat interea praetor ; poscit scyphos. Tum illos coepisse[6] praetori dicere putasse se, id quod audissent, alicujus pretii scyphos esse Pamphili ; luteum negotium[7] esse, non dignum quod in suo argento Verres haberet. Ait ille idem sibi videri. Ita Pamphilus scyphos optimos aufert...

CICÉRON, *Actio secunda in Verrem, De signis*, 32.

1. **Venerius** : esclave du temple de Vénus.
2. Les **scyphi** sont de grandes coupes très évasées pour servir le vin. Celles que possède Pamphile sont **sigillati**, c'est-à-dire ornées de ciselures en relief.
3. **ne quid plus mali nasceretur** : « pour éviter un plus grand malheur ». **Plus** est un adverbe.
4. **ut... ne = ne** : pour éviter que. **Abs te** : devant un *t* initial, **abs** = **ab**.
5. **ne multa (dicam)** : « pour ne pas parler longuement, en bref ».
6. **‹ Pamphilus narravit › illos coepisse...**
7. **luteum negotium** : « un travail fait d'argile », c'est-à-dire du « bas de gamme ».

Pour le commentaire

1. Quels objets désignent précisément les mots ***hydrie*** et **scyphi** ? Quelle est l'origine de ces mots ?
2. Découpez l'histoire de Pamphile en actes de comédie. Quelles qualités du récit permettent de transformer une sombre histoire en farce ? Quel effet produit l'alternance du discours direct et du discours indirect ?
3. Pourquoi la longue phrase « **Tum illos coepisse...** » est-elle aussi compliquée ?
4. Quel aspect de la personnalité de Verrès Cicéron met-il en relief dans cet épisode ? En quoi cela sert-il l'accusation ?

Casserole en argent, trésor de Boscoreale (Paris, musée du Louvre).

TEXTE LATIN

... et un criminel

Les lois – la lex Porcia *et les* leges Semproniae, *dues à Caïus Sempronius Gracchus – avaient interdit que, dans tout l'Empire comme à Rome, un citoyen romain fût battu, supplicié ou mis à mort. Un certain Gavius, arrêté sans preuve pour espionnage par Verrès, s'évade et se réfugie à Messine. Là, repris en plein forum, il est livré au préteur qui, ivre de colère, ordonne qu'on le ligote à une croix (comme un esclave) et qu'on le fouette.*

Aiguière en argent doré, trésor de Boscoreale (Paris, musée du Louvre).

Caedebatur virgis in medio foro Messanae civis Romanus, judices, cum interea nullus gemitus, nulla vox alia illius miseri inter dolorem crepitumque plagarum audiebatur nisi haec : « Civis Romanus sum ! » Hac se[1] commemoratione civitatis omnia verbera depulsurum cruciatumque a corpore dejecturum arbitrabatur. Is non modo hoc non perfecit ut virgarum vim deprecaretur, sed cum imploraret saepius usurparetque nomen civitatis, crux, crux, inquam, infelici et aerumnoso[2], qui numquam istam pestem viderat, comparabatur. O nomen dulce libertatis ! O jus eximium nostrae civitatis ! O lex Porcia legesque Semproniae ! O graviter desiderata et aliquando reddita plebi Romanae tribunicia potestas ! Hucine tandem haec omnia reciderunt, ut[3] civis Romanus in provincia populi Romani, in oppido foederatorum, ab eo qui beneficio populi Romani fasces et secures[4] haberet, deligatus in foro virgis caederetur ? Quid ? cum ignes ardentesque laminae ceterique cruciatus admovebantur, si te illius acerba imploratio et vox miserabilis non inhibebat, ne civium quidem Romanorum qui tum aderant fletu et gemitu maximo commovebare ? In crucem tu agere ausus es quemquam qui se civem Romanum esse diceret ?

CICÉRON, *Actio secunda in Verrem, De suppliciis*, 162.

1. **se** : sujet de la proposition infinitive.
2. datif de destination : pour...
3. **Hucine... ut** : « toutes ces lois sont-elles tombées si bas que... »
4. les haches et les faisceaux, c'est-à dire sa charge de magistrat (métonymie).

Pour le commentaire

1 Relevez les formes de verbes passifs et les formes de verbes déponents. Quelle particularité présente la forme **ausus es** ?

2 Quels mots expriment les souffrances de Gavius ?

3 À quels procédés stylistiques et oratoires Cicéron a-t-il recours pour émouvoir (**movere**) les juges ? Comment le caractère pathétique de la scène est-il rendu sensible ?

4 Est-ce, en soi, la cruauté du supplice qui suscite l'indignation de Cicéron ? Quelle aurait dû être la conduite du préteur ? Quelle « circonstance aggravante » rend le supplice de Gavius impardonnable ?

Paroles publiques

Très tôt, les Romains ont sacralisé la parole publique en lui assignant des espaces symboliques sur le forum...

Lieux de gloire et d'histoire

● Au tout début de la République, c'est sur une place dallée, appelée le ***Comitium***, que le peuple romain se rassemblait pour les assemblées sans vote (le vote, lors des comices centuriates, avait lieu au Champ de Mars). C'est là que les tribuns de la plèbe s'adressaient au peuple dans une ***contio ad populum***.

● Juste à côté, dans la **Curie**, se tenaient la plupart des **séances du Sénat**. En ce lieu fermé, la parole, facilement audible, était en principe plus disciplinée : un président de séance fixait l'ordre du jour, et interrogeait un par un les sénateurs, en sollicitant d'abord l'avis du ***princeps senatus***. On n'interrompait pas, en théorie, l'orateur, qui pouvait discourir autant qu'il le voulait (certains en abusaient pour retarder le vote...) ; ensuite, ceux qui n'avaient pas parlé (on les appelait les ***pedarii***, ceux qui votent avec leurs pieds) allaient se ranger autour du sénateur dont ils partageaient le point de vue, et la délibération se terminait par la promulgation d'un **senatus-consulte** (décret du Sénat). Cependant certaines séances se déroulaient dans des temples : ainsi, le consul Cicéron profita de la solennité du **temple de Jupiter Stator** (*cf.* p. 31) pour démasquer publiquement Catilina.

● À côté de la Curie, en position surélevée, se trouve la **tribune aux harangues**, appelée ***Rostra*** (les Rostres) parce qu'on y avait accroché les éperons des navires pris à l'ennemi à la bataille d'Antium contre les Latins (338 av J.-C.). Les orateurs, uniquement des magistrats, montaient sur la tribune pour s'adresser au peuple ; des hérauts (***praecones***), placés dans l'auditoire, veillaient à maintenir un silence relatif. C'était le **lieu des grands discours politiques**, comme ceux des Gracques prônant des mesures révolutionnaires ou de Marius s'adressant au peuple après son élection au consulat.

● Quant aux tribunaux, ils s'étaient peu à peu installés dans des bâtiments situés sur les côtés du forum, puis, à partir du IIe siècle av. J.-C., dans des **basiliques**, vastes halls avec arcades et plusieurs rangs de colonnes, inspirés par l'architecture hellénistique.

Salles spécialisées et discours officiels

● Dès l'avènement du principat, la parole des magistrats perd de son pouvoir puisque c'est le ***princeps*** qui a, quand il le veut, le dernier mot... Avec la multiplication des basiliques, l'éloquence judiciaire ne s'exerce plus sur le forum ; de plus, on voit apparaître des **avocats professionnels** (les ***causidici***) qui sont des **techniciens du droit** et de la chicane, et non plus des virtuoses de l'art oratoire. Enfin une horloge à eau, la clepsydre (littéralement « la voleuse d'eau » ; les Romains ont emprunté aux Grecs cette « pendule hydraulique »), introduite dans les tribunaux par Pompée dès 52 av. J.-C., réglemente désormais strictement le temps de parole.

● On apprend cependant encore à construire de beaux discours, **fictifs** ou **d'apparat**. Des écoles de rhétorique (***scholae***) sont aménagées dans des salles qui s'ouvrent sous les portiques du forum. On y pratique les **exercices artificiels** des suasoires et des controverses (*cf.* p. 14). L'idéal cicéronien d'un art oratoire nourri d'une vaste culture s'est effacé, au profit d'un apprentissage essentiellement technique.

● Dans les milieux cultivés se développe, par compensation, le goût pour les déclamations, les conférences et les récitations publiques d'œuvres de tous genres et de tous styles. La grande éloquence ne survit plus que dans les **cérémonies** : le *Panégyrique de Trajan*, écrit et prononcé par Pline le Jeune après son élection au consulat (100 ap. J.-C.), est, avec ceux de Cicéron, le seul discours original d'un orateur romain que nous ayons conservé...

texte suivi

L'affaire Catilina

TEXTE LATIN

1. **abutere = abuteris.**
2. **nihil** : « en rien, pas du tout ».
3. Cicéron décrit tout ce que Catilina a pu voir avant de venir à la séance du Sénat : le mont Palatin est occupé par la troupe...
4. **habendi senatus locus** : lieu de réunion du Sénat.
5. **proxima nocte** : la nuit dernière ; **superiore nocte** : l'avant-dernière nuit.
6. **nostrum** : *Gén.* de **nos**, complément de **quem.**
7. « il participe au Conseil de la République » (le Sénat).
8. **satis facere... videmur** : « nous croyons faire assez ».
9. **oportebat** : « il aurait fallu ».

I. « *Jusques à quand...* »

*Dans la nuit du 6 au 7 novembre 63, Catilina a réuni ses complices chez un des conjurés, M. Porcius Laeca, pour les convaincre de lancer l'insurrection. Un mouchard a informé le consul. Le 8 novembre, Cicéron monte à la tribune du Sénat, bien décidé à arrêter net ces menées subversives. Son attaque est d'une extrême violence : il veut forcer Catilina à quitter Rome, acte qui fera de lui un ennemi public (*hostis*) contre lequel on pourra sévir sans retenue légale.*

Quousque tandem abutere[1], Catilina, patientia nostra ? Quamdiu etiam furor iste tuus nos eludet ? Quem ad finem sese effrenata jactabit audacia ? Nihilne[2] te nocturnum praesidium Palatii[3], nihil urbis vigiliae, nihil timor populi, nihil concursus bonorum omnium, nihil hic munitissimus habendi senatus locus[4], nihil horum ora vultusque moverunt ? Patere tua consilia non sentis ? Constrictam jam horum omnium scientia teneri conjurationem tuam non vides ? Quid proxima, quid superiore nocte[5] egeris, ubi fueris, quos convocaveris, quid consilii ceperis, quem nostrum[6] ignorare arbitraris ? O tempora ! O mores ! Senatus haec intellegit, consul videt : hic tamen vivit. Vivit ? Immo vero, etiam in senatum venit, fit publici consilii particeps[7], notat et designat oculis ad caedem unumquemque nostrum. Nos autem, fortes viri, satis facere rei publicae videmur[8], si istius furorem et tela vitamus. Ad mortem te, Catilina, duci jussu consulis jam pridem oportebat[9], in te conferri pestem, quam tu in nos omnes jamdiu machinaris...

CICÉRON, *In Catilinam oratio prima*, I.

Le temple de Jupiter Stator, détail d'un bas-relief du Ier s. ap. J.-C. (Rome, musée du Vatican).

Pour le commentaire

1. À quel temps et à quel mode sont **egeris, fueris, convocaveris, ceperis** ? Justifiez l'emploi de ce mode.
2. Ce texte est le tout début du discours. Que signifie l'expression **exordium ex abrupto** ? Pourquoi Cicéron a-t-il choisi de commencer ainsi son offensive contre Catilina ?
3. Quel avantage tactique l'orateur tire-t-il de la présence de Catilina dans l'auditoire ? Pose-t-il de vraies questions ?
4. Quels procédés rhétoriques confèrent à cette « éloquence de combat » une redoutable violence ?

TEXTE & TRADUCTION

2. *Le consul sait tout !*

Cicéron est en mesure de révéler au Sénat, dans les moindres détails, les secrets de la conjuration : c'est ce qui fait sa force.

O di immortales ! Ubinam gentium sumus ? quam rem publicam habemus ? in qua urbe vivimus ? Hic, hic sunt in nostro numero, patres conscripti, in hoc orbis terrae sanctissimo gravissimoque consilio, qui de nostro omnium interitu, qui de hujus urbis atque adeo de orbis terrarum exitio cogitent ! Hos ego video consul et de re publica sententiam rogo et, quos ferro trucidari oportebat, eos nondum voce vulnero ! Fuisti igitur apud Laecam illa nocte, Catilina, distribuisti partes Italiae ; statuisti quo quemque proficisci placeret ; delegisti quos Romae relinqueres, quos tecum educeres, discripsisti Urbis partes ad incendia, confirmasti te ipsum jam esse exiturum, dixisti paulum tibi esse etiamnunc morae, quod ego viverem. Reperti sunt duo equites Romani, qui te ista cura liberarent et sese illa ipsa nocte paulo ante lucem me in meo lectulo interfecturos esse pollicerentur. Haec ego omnia vixdum etiam coetu vestro dimisso comperi ; domum meam majoribus praesidiis munivi atque firmavi ; exclusi eos quos tu ad me salutatum mane miseras, cum illi ipsi venissent, quos ego jam multis ac summis viris ad me id temporis venturos esse praedixeram.

Quae cum ita sint, Catilina, perge quo coepisti, egredere aliquando ex urbe ; patent portae : proficiscere !

Dieux immortels ! Dans quel peuple sommes-nous ? Quelle République avons-nous ? Dans quelle ville vivons-nous ? Il y a ici, messieurs les sénateurs, ici parmi nous, dans ce conseil qui, au monde, est le plus sacré, le plus grave, il y a ici des hommes pour méditer notre mort à tous, pour méditer la ruine de notre Ville et même de tout l'univers ! Moi, le consul, je les vois de mes yeux et je les consulte sur les affaires publiques, et ces hommes qu'on aurait dû exécuter par le fer, je ne les blesse pas encore par mes paroles ! Donc, tu as été chez Laeca, cette nuit-là, Catilina ; tu as partagé l'Italie ; tu as décidé l'endroit où chacun devait partir ; tu as choisi ceux que tu laisserais à Rome, ceux que tu emmènerais avec toi hors de Rome ; tu as distribué les rôles pour incendier la Ville ; tu as confirmé que toi-même tu quitterais Rome, tu as dis qu'il te fallait attendre encore un peu, parce que j'étais en vie. On a trouvé deux chevaliers romains pour te libérer de ce souci et pour s'engager à me tuer cette nuit même dans mon lit. Moi, tout cela, à peine votre réunion dissoute, je l'ai appris ; j'ai protégé et fortifié ma maison par une garde plus nombreuse, j'ai laissé porte close à ceux que tu avais envoyés me faire leur salutation du matin, puisqu'ils étaient venus, ces hommes dont j'avais annoncé la venue, pour ce moment précis, à plusieurs personnalités de premier plan.

Puisqu'il en est ainsi, Catilina, continue dans le sens où tu as commencé ; sors une bonne fois de Rome ; les portes de la Ville sont grandes ouvertes ; va-t'en !

CICÉRON, *In Catilinam oratio prima*, 9-10.

Pour le commentaire

1. Justifiez la traduction : « On a trouvé deux chevaliers romains pour te libérer de ce souci. »
2. Cicéron appuie-t-il ses accusations par des preuves ? Qu'est-ce qui fait la force de son attaque ?
3. Comment l'orateur exprime-t-il son indignation ? Quelles réactions veut-il susciter ?
4. Dans le danger que court la République, quelle place et quel rôle Cicéron s'attribue-t-il ? Son autorité peut-elle en être renforcée ?

TEXTE LATIN

3. *Le triomphe du consul*

Cicéron l'a emporté : on l'acclame, et, tirant magistralement parti de la circonstance, il prononce son propre éloge.

Pro tantis rebus, Quirites, nullum ego a vobis praemium virtutis, nullum insigne honoris, nullum monumentum laudis postulo, praeterquam hujus diei memoriam sempiternam. In animis ego vestris omnes triumphos meos, omnia ornamenta honoris, monumenta gloriae, laudis insignia condi et collocari volo. [...] Memoria vestra, Quirites, nostrae res[1] alentur, sermonibus crescent, litterarum monumentis[2] inveterascent et corroborabuntur eamdemque diem intellego, quam spero aeternam fore, propagatam esse[3] et ad salutem Urbis et ad memoriam consulatus mei, unoque tempore in hac re publica duos cives exstitisse, quorum alter[4] fines vestri imperii non terrae, sed caeli regionibus terminaret, alter ejusdem imperii domicilium sedesque servaret. [...]

Illud[5] perficiam profecto, Quirites, ut ea quae gessi in consulatu privatus tuear atque ornem[6], ut, si qua est invidia in conservanda re publica suscepta, laedat invidos, mihi valeat ad gloriam. [...] Vos, Quirites, quoniam jam nox est, venerati Jovem illum, custodem hujus urbis ac vestrum, in vestra tecta discedite, et ea, quamquam jam est periculum depulsum, aeque ac[7] priore nocte, custodiis vigiliisque defendite. Id ne vobis diutius faciendum sit atque ut in perpetua pace esse possitis, providebo, Quirites.

CICÉRON, *In Catilinam oratio tertia*, péroraison.

1. **nostrae res** : les services que nous avons rendus (pluriel de majesté).
2. **litterarum monumenta** : les ouvrages d'histoire.
3. **eamdem diem... propagatam esse** : qu'une même durée a été fixée.
4. **alter** : il s'agit du grand imperator Pompée.
5. **illud... ut.**
6. **privatus tueri atque ornare** : « défendre et consolider, une fois redevenu simple particulier ».
7. **aeque ac** : ainsi que, comme.

Cicéron dénonce Catilina, détail d'une fresque de Cesare Maccari, 1882-1888 (Rome, Palais Madame).

Pour le commentaire

1. Dans cette apologie personnelle, Cicéron semble se départir de toute modestie : relevez des expressions qui peuvent choquer un lecteur de notre temps.
2. Rappelez quelle est la signification et l'origine de l'épithète **stator** dans le nom de **Jupiter Stator**. Quel parti Cicéron en tire-t-il ?
3. Sur son consulat, Cicéron écrivit un vers fameux : **Cedant arma togae, concedat laurea laudi**. Expliquez la leçon politique exprimée dans ce vers.

TEXTE & TRADUCTION

Culture individuelle et action publique

À l'hostilité de Grattius envers Archias et ses talents de poète, qui lui semble flatter une mode malsaine, Cicéron répond que, loin d'être incompatible avec les devoirs de la vie publique, l'amour de la littérature permet de joindre l'utile à l'agréable.

Quaeres a nobis, Gratti, cur tanto opere hoc homine delectemur ? quia suppeditat nobis, ubi et animus ex hoc forensi strepitu reficiatur et aures convicio defessae conquiescant. An tu existimas aut suppetere nobis posse, quod cotidie dicamus in tanta varietate rerum, nisi animos nostros doctrina excolamus, aut ferre animos tantam posse contentionem, nisi eos doctrina eadem relaxemus ? Ego vero fateor me his studiis esse deditum. Ceteros pudeat, si qui ita se litteris abdiderunt ut nihil possint ex iis neque ad communem adferre fructum neque in aspectum lucemque proferre ; me autem quid pudeat, qui tot annos ita vivo, judices, ut a nullius umquam me tempore aut commodo aut otium meum abstraxerit aut voluptas avocarit aut denique somnus retardarit ? Quare quis tandem me reprehendat aut quis mihi jure suscenseat, si, quantum ceteris ad suas res obeundas, quantum ad festos dies ludorum celebrandos, quantum ad alias voluptates et ad ipsam requiem animi et corporis conceditur temporum, quantum alii tribuunt tempestivis conviviis, quantum denique alveolo, quantum pilae, tantum mihi egomet ad haec studia recolenda sumpsero ?

Tu vas me demander, Grattius, pourquoi cet homme me plaît tant ? C'est qu'il me procure de quoi redonner des forces à mon esprit au sortir du vacarme du forum et aussi de quoi reposer mes oreilles fatiguées par les invectives. À moins que toi, tu t'imagines que nous pourrions avoir en tête de quoi faire des discours quotidiens, alors que les affaires sont tellement variées, si nous n'enrichissions pas nos esprits par la culture, ou que notre esprit pourrait supporter une tension aussi soutenue, si par cette même culture nous ne lui procurions pas une détente ? Moi, en tout cas, j'avoue que je me suis adonné à ces études. Honte aux autres, s'il y en a qui se plongent dans la littérature sans être capables d'en tirer rien qu'ils fassent servir à l'intérêt général ou qu'ils puissent exhiber à tous les regards, au grand jour. Mais pourquoi aurais-je honte, moi qui depuis tant d'années vis de telle façon, juges, que jamais je n'ai été ni détourné par mon repos, ni distrait par l'appel du plaisir, ni enfin retardé par le sommeil lorsqu'il s'est agi de tirer quelqu'un d'une situation difficile ou de défendre ses intérêts ? Aussi qui donc enfin me blâmerait ou qui serait en droit de s'emporter contre moi, si, tout le temps que l'on concède aux autres pour s'occuper de leurs affaires, pour célébrer les jours de fête à l'occasion des jeux, pour d'autres plaisirs ou pour le simple délassement de l'âme et du corps, si tout le temps que d'autres réservent à des festins prolongés, bref, qu'ils réservent au jeu ou aux parties de balle, moi, tout ce temps, je le prends pour me remettre à ces études ?

CICÉRON, *Pro Archia*, 12 sqq.

Pour le commentaire

1. Quel est le mode de **pudeat** aux lignes 10 et 14 ? A-t-il la même valeur dans ces deux emplois ?
2. Cherchez, dans le dictionnaire, les sens des mots **tempus, commodum, alveolus, pila** et justifiez la traduction des membres de phrases où ils apparaissent.
3. Comment appelle-t-on un discours qui, sous les apparences d'une défense, est en fait un éloge ?
4. Quels reproches Cicéron fait-il aux « autres » ? Quels mérites s'accorde-t-il à lui-même ?

TEXTE LATIN

L'étude et le talent

Dans la tradition romaine, la culture est loin d'être considérée comme le mérite essentiel des grands hommes : la vertu est un instinct, un talent naturel, elle ne s'apprend pas dans les livres. Est-ce à dire que la culture, dispensée essentiellement par les livres, ne sert à rien ?

Si les leçons des maîtres et de nombreuses lectures ne m'avaient pas dès ma jeunesse convaincu que dans la vie seuls l'estime et l'honneur doivent être ardemment recherchés, et que pour les atteindre peu importent toutes les souffrances du corps, tous les dangers de mort et tous les exils, jamais alors je ne me serais livré, pour votre salut, à de si rudes combats, ni à ces attaques quotidiennes d'hommes sans scrupules.

Sed pleni omnes sunt libri, plenae sapientium voces, plena exemplorum vetustas : quae jacerent in tenebris omnia, nisi litterarum lumen accederet. Quam multas nobis imagines non solum ad intuendum, verum etiam ad imitandum fortissimorum virorum expressas[1] scriptores et Graeci et Latini reliquerunt ! Quas ego mihi semper in administranda republica proponens, animum et mentem meam ipsa cogitatione hominum excellentium conformabam.

Quaeret quispiam : quid ? illi ipsi summi viri, quorum virtutes litteris proditae sunt, istane doctrina, quam tu effers laudibus, eruditi fuerunt ? Difficile est hoc de omnibus confirmare, sed tamen est certum quod respondeam. Ego multos homines excellenti animo ac virtute fuisse et sine doctrina[2], naturae ipsius habitu prope divino, per se ipsos et moderatos et graves exstitisse[3] fateor ; etiam illud adjungo, saepius ad laudem atque virtutem naturam sine doctrina quam sine natura valuisse doctrinam[4]. Atque idem ego hoc contendo, cum ad naturam eximiam et illustrem accesserit ratio quaedam conformatioque doctrinae[5], tum illud nescio quid[6] praeclarum ac singulare solere exsistere.

CICÉRON, *Pro Archia*, 14-15.

Jeune homme avec des parchemins, fresque d'Herculanum, Ier s. ap. J.-C. (Naples, Musée archéologique).

1. **imagines... fortissimorum hominum expressas** : « des portraits hauts en relief des hommes les plus valeureux ».
2. **et sine doctrina = etiam sine doctrina.**
3. **exstitisse** ‹ **exsisto** : se révéler.
4. Cette proposition infinitive développe **illud**.
5. **ratio quaedam conformatioque doctrinae** : une certaine méthode et une formation que procure l'étude.
6. **illud nescio quid** : ce je ne sais quoi.

Pour le commentaire

1 Repérez dans le passage un raisonnement concessif. Quelles thèses Cicéron cherche-t-il à concilier ?

2 Nommez la figure utilisée dans les expressions **naturam sine doctrina/sine natura doctrinam**. Que souligne-t-elle ?

3 Recherchez les procédés rhétoriques qui donnent vie et vigueur à la démonstration : anaphore, métaphore, question oratoire.

4 À quels combats personnels Cicéron fait-il allusion ? Dans quelle mesure pourrait-il lui-même servir d'exemple à l'appui de son argumentation ?

TEXTE TRADUIT

Éloquence et liberté

Comment expliquer le déclin de l'éloquence ? Avec une amère ironie, l'orateur Maternus conclut qu'il faut s'y résoudre : l'éloquence, qui prospéra sous la République, ne sert plus à rien lorsqu'un monarque absolu, comme Domitien, impose l'ordre et le silence… Heureusement pour Tacite, son ami Trajan est venu par la suite rétablir la libertas *!*

« Nous ne parlons point d'une chose paisible et tranquille, qui se complaise à une honnête retenue : cette grande et noble éloquence est fille de la licence effrénée, que les sots appellent liberté, c'est la compagne des séditions, l'aiguillon d'un peuple déchaîné, elle dédaigne l'obéissance, elle dédaigne le sérieux, hargneuse, téméraire, arrogante, elle ne naît point dans les cités bien policées. […] Notre propre État, tant qu'il erra à vau-l'eau, tant qu'il s'épuisa en luttes de partis, en dissensions, en discordes, tant qu'il n'y eut ni paix sur le forum, ni concorde au sénat, ni modération dans les tribunaux, ni respect pour les supérieurs, ni retenue dans l'exercice des magistratures, produisit incontestablement une éloquence plus vigoureuse, comme, dans un champ en friche, poussent quelques herbes folles particulièrement luxuriantes. Mais l'éloquence des Gracques n'était pas, pour la République, précieuse au point qu'elle eût aussi à supporter leurs lois, et Cicéron fut bien mal payé, par la fin qu'il connut, de la renommée de son éloquence.

Tant et si bien que ce qui reste du forum de jadis est la preuve d'un État qui n'a point été pleinement réformé, ni ordonné aussi harmonieusement qu'on pourrait le souhaiter. Qui en effet fait appel à nous ? des coupables, ou des malheureux. Quel municipe vient dans notre clientèle ? celui que malmène son voisin ou quelque discorde intestine. Quelle province avons-nous à défendre ? celle que l'on a dépouillée, maltraitée. Or, mieux aurait valu ne pas avoir à se plaindre que de devoir réclamer justice ! Car si l'on trouvait une cité dans laquelle personne ne commettrait de fautes, parmi des gens irréprochables, un orateur serait aussi superflu qu'un médecin parmi des gens bien portants. De même, en effet, que l'art de la médecine sert le moins et fait le moins de progrès chez les peuples qui bénéficient de la meilleure santé et des corps les plus sains, de même, les orateurs sont moins à l'honneur et leur renommée reste plus obscure parmi des citoyens qui se conduisent bien et sont prêts à obéir à celui qui les gouverne. Car à quoi sert d'exprimer longuement son avis au Sénat, si les meilleurs citoyens tombent rapidement d'accord ? À quoi sert de faire maints discours devant le peuple, lorsque ce n'est pas la multitude des incompétents qui prend les décisions, mais un seul homme, et le plus sage ? Pourquoi prendre l'initiative d'une accusation, quand les fautes sont si rares et si bénignes ? Quel besoin de plaidoyers de défense lourds de haine et d'outrances, lorsque la clémence du juge va d'elle-même au devant de l'accusé en péril ? »

TACITE, *Dialogue des orateurs*, 36-41, trad. J. Gaillard, *Anthologie de la littérature latine*, © Gallimard, Folio, 2005.

Pour le commentaire

1. Éclairez l'allusion aux Gracques et à Cicéron.
2. Qu'est-ce qu'une antiphrase ? Montrez que, dans sa description des « bienfaits » de la tyrannie, Maternus frôle ce degré extrême de l'ironie.
3. Dans quelle période de l'histoire de France l'éloquence politique joua-t-elle un rôle important ?
4. La liberté s'exprime-t-elle aujourd'hui par l'éloquence ?

1. *Campagnes en litière*

Pour riposter aux défenseurs de Verrès, qui mettent en avant ses talents militaires, Cicéron déploie toute son ironie pour décrire ses activités à la sortie de l'hiver.

Le temple de Junon à Agrigente, par David Caspar Friedrich, vers 1830 (Allemagne, musée de Dortmund).

Ut mos fuit Bithyniae regibus, lectica octophoro ferebatur, in qua pulvinus erat perlucidus Melitensis[1], rosa fartus. Ipse autem coronam habebat unam in capite, alteram in collo reticulumque ad nares sibi admovebat tenuissimo lino, minutis maculis, plenum rosae. Sic confecto itinere, cum ad aliquod oppidum venerat, eadem lectica usque in cubiculum deferebatur. Eo veniebant Siculorum magistratus, veniebant equites Romani, id quod ex multis juratis audistis. Controversiae secreto deferebantur, paulo post palam decreta[2] auferebantur. Deinde ubi paulisper in cubiculo pretio, non aequitate jura discripserat[3], Veneri jam et Libero[4] reliquum tempus deberi arbitrabatur.

CICERO, *Actio secunda in Verrem, De suppliciis.*

1. **Melitensis** : en tissu de Malte, où l'on fabriquait les étoffes les plus délicates.
2. **decreta** : les arrêts du préteur, les sentences.
3. **jura discribere** : rendre la justice.
4. **Venus et Liber (= Bacchus)** sont les divinités du plaisir amoureux et de l'ivresse.

2. *Si tout le monde fait comme Verrès...*

Homines tenues, obscuro loco nati, navigant, adeunt ad ea loca quae numquam ante viderunt, ubi neque noti esse iis quo venerunt[1], neque semper cum cognitoribus[2] esse possunt. Hac una tamen fiducia civitatis[3] non modo apud nostros magistratus, qui et legum et existimationis periculo continentur, neque apud cives solum Romanos, qui et sermonis et juris et multarum rerum societate juncti sunt, fore se tutos arbitrantur, sed quocumque venerint[4], hanc sibi rem praesidio sperant futurum.

Tolle hanc spem, tolle hoc praesidium civibus Romanis ; constitue nihil esse opis[5] in hac voce : « civis Romanus sum ! », posse impune praetorem aut alium quempiam supplicium quod velit in eum constituere qui se civem Romanum esse dicat, quod eum qui sit ignoret ; jam omnes provincias, jam omnia regna, jam omnes liberas civitates, jam omnem orbem terrarum, qui semper nostris hominibus maxime patuit, civibus Romanis ista defensione praecluseris.

CICERO, *Actio secunda in Verrem, De suppliciis.*

1. **iis quo venerunt = iis apud quos venerunt.**
2. Un **cognitor** est un « répondant » : il se porte garant de l'identité d'une personne parce qu'il la connaît.
3. **hac fiducia civitatis** : « en se fiant à leur titre de citoyen romain ».
4. **quocumque venerint** : partout où ils iront.
5. **nihil opis** : aucune ressource, aucun secours.

3. *Grands hommes et littérature*

Ex hoc esse hunc numero[1], quem patres nostri viderunt, divinum hominem Africanum, ex hoc C. Laelium, L. Furium[2], moderatissimos homines et continentissimos, ex hoc fortissimum virum et illis temporibus doctissimum, Catonem illum senem[3] ; qui profecto, si nihil ad percipiendam colendamque virtutem litteris adjuvarentur, numquam se ad earum studium contulissent. Quod si[4] non hic tantus fructus ostenderetur et si ex his studiis delectatio sola peteretur, tamen, ut opinor, hanc animi remissionem humanissimam ac liberalissimam judicaretis.

CICÉRON, *Pro Archia.*

1. **Ex hoc esse numero** : « je compte parmi ces hommes (qui ont allié vertu et culture) ».
2. C. Lélius et L. Furius Philus, amis de Scipion l'Africain et liés au « cercle des Scipions », où l'on appréciait la culture grecque.
3. M. Porcius Cato, dit Caton l'Ancien, qui vécut très vieux.
4. **Quod si...** : Or si...

CHAPITRE 3

Grandes voix

CIVILISATION

Échos du passé

Dans la littérature latine, essentiellement historique, les discours reconstitués abondent : près de quatre cents dans les livres conservés de Tite-Live ! Parfois réduits à quelques phrases rapportées au style indirect, ils peuvent s'étendre sur plusieurs pages et constituent un artifice essentiel de l'historiographie ancienne.

Entendre les grands hommes

● La plupart de leurs discours sont bien évidemment composés de toutes pièces par l'historien ; mais ils sont loin de constituer de simples exercices de rhétorique. D'abord, le **décor institutionnel de l'Histoire antique** procure effectivement aux gouvernants maintes occasions de faire un discours : devant le Sénat, quand il délibère, devant le peuple, notamment pour les tribuns, devant les troupes, lorsqu'avant la bataille l'*imperator* harangue ses soldats par une *contio*, ou encore au cours des entrevues diplomatiques... La question : « Qu'ont pu dire Camille, Scipion, Marius ce jour-là ? » participe de l'effort de **reconstitution des événements**, puisque le discours fait partie de l'événement.

● En outre, on sait que les Romains sont friands de beaux discours, et très attentifs aux qualités de style, d'argumentation et de force émotive qui les animent. Ces discours retranscrits offrent ainsi aux lecteurs lettrés l'occasion de **ressusciter l'éloquence orale du forum**, par essence fugitive, ou celle des Anciens, envolée dans un passé prestigieux mais à jamais perdu.

Un superbe miroir

● L'exigence de **vraisemblance** commande, chez les plus grands auteurs, une **grande attention aux personnages**. Des « profils politiques » différents commandent des styles différents – tribuns et consuls, à l'époque des conflits entre patriciens et plébéiens, s'expriment différemment, les uns cultivant la *gravitas*, les autres une certaine violence verbale. Selon les moments, selon les personnes, la dramatisation est plus ou moins intense, l'argumentation se fait plutôt selon la raison, ou plutôt selon l'émotion.

● **Miroir de la situation** dont il s'efforce d'exposer une analyse, le discours est aussi un **miroir des caractères** et constitue, à sa manière, un « portrait en acte » des grands hommes, mettant en relief la morgue aristocratique d'un « grand seigneur », l'éloquence sans ambages d'un meneur d'hommes, la clairvoyance raisonnée d'un choix stratégique... *Superbia, auctoritas, prudentia* : vertus et défauts prennent corps dans les propos du personnage et se fondent dans son caractère. De la sorte, un discours réussi par l'historien peut constituer un extraordinaire **portrait vivant** de l'homme auquel il donne la parole.

Paroles incarnées

● Pour les Romains, il ne suffit pas que les vertus existent comme des notions philosophiques, il faut qu'elles se manifestent avec éclat dans les actes et le caractère des grands hommes. La représentation de l'Histoire revêt ce **caractère théâtral**, et, comme une tirade dans une tragédie classique, **le discours historique transforme un débat en scène**. Tous ces grands hommes risqueraient de n'être que des noms, des fantômes abstraits, si le talent des historiens, en leur donnant la parole, ne prenait pas le beau risque d'animer leur statue.

● Ainsi, restitué dans sa dimension dramatique, le spectacle de l'Histoire devient sensible, et les voix des grands hommes résonnent dans la conscience des lecteurs pour susciter cette émotion admirative qui est au cœur du « culte héroïque » que leur portent les Romains.

PROLONGEMENT

Jean Jaurès
(1859-1914)

DISCOURS À LA JEUNESSE

Alors que Cicéron est le seul orateur latin dont nous ayons conservé des discours originaux, l'avantage de la modernité est de nous donner à lire, et parfois à entendre, de grands orateurs. Jean Jaurès, en sa qualité d'adjoint au maire de Toulouse délégué à l'Instruction publique, présidait une distribution des prix : voici la péroraison de son discours aux jeunes lycéens de l'établissement.

« Il faut que vous appreniez à dire « moi », non par les témérités de l'indiscipline ou de l'orgueil, mais par la force de la vie intérieure. Il faut que, par un surcroît d'efforts et par l'exaltation de toutes vos passions nobles, vous amassiez en votre âme des trésors inviolables. Il faut que vous vous arrachiez parfois à tous les soucis extérieurs, à toutes les nécessités extérieures, aux examens de métier, à la société elle-même, pour retrouver en profondeur la pleine solitude et la pleine liberté : il faut, lorsque vous lisez les belles pages des grands écrivains et les beaux vers des grands poètes, que vous vous pénétriez à fond et de leur inspiration et du détail même de leur mécanisme ; qu'ainsi leur beauté entre en vous par tous les sens et s'établisse dans toutes vos facultés ; que leur musique divine soit en vous, qu'elle soit vous-mêmes ; qu'elle se confonde avec les pulsations les plus larges et les vibrations les plus délicates de votre être, et qu'à travers la société quelle qu'elle soit, vous portiez toujours en vous l'accompagnement sublime des chants immortels. Il faut, lorsque vous étudiez les propriétés du cercle, de la sphère et des sections coniques, que vous vous sentiez frères par l'esprit d'Euclide et d'Archimède et que, comme eux, vous voyiez avec ravissement se développer le monde idéal des figures et des proportions dont les harmonies enchanteresses se retrouvent ensuite dans le monde réel. Il faut, lorsque vous étudiez en physiciens, par l'observation et le calcul, la subtilité et la complexité mobile des forces, que vous sentiez le prestige de l'univers, relativement stable et toujours mouvant, tremblotant et éternel, et que votre conception positive des choses s'élargisse dans le mystère et dans le rêve comme ces horizons des soirs d'été où l'œil même croit démêler les subtiles mutations des forces dans l'infini mystérieux.

Alors, jeunes gens, vous aurez développé en vous la seule puissance qui ne passera pas, la puissance de l'âme ; alors vous serez haussés au-dessus de toutes les nécessités, de toutes les fatalités et de la société elle-même, en ce qu'elle aura toujours de matériel et de brutal. Alors, dans les institutions extérieures, en quelque manière que l'avenir les transforme, vous ferez passer la liberté et la fierté de vos âmes. Et de quelque façon qu'elle soit aménagée, vous ferez jaillir, dans la vieille forêt humaine, l'immortelle fraîcheur des sources. »

JEAN JAURÈS, *Discours à la jeunesse : distribution des prix du grand lycée de Toulouse*, 1892.

Deux orateurs de poids

*Après l'arrestation des complices de Catilina, Cicéron a réuni le Sénat pour décider de leur sort. D. Junius Silanus, parlant en premier en sa qualité de consul désigné, a requis la peine de mort, ce qui est contraire aux lois ordinaires de la République. L'historien Salluste nous fait entendre les deux longs discours de César et Caton, reconstitués selon la vraisemblance (*hujuscemodi verba*) et en accord avec ce que nous savons de leurs styles respectifs.*

TEXTE LATIN

1. César : « Respectons l'usage ! »

César s'appuie précisément sur le caractère d'exception de la proposition de Silanus pour justifier sa position, qui pourrait paraître trop modérée à l'égard des conjurés.

« D. Silanum, virum fortem atque strenuum, certo scio quae[1] dixerit studio rei publicae dixisse, neque illum in tanta re gratiam aut inimicitias exercere : eos mores eamque modestiam viri cognovi. Verum sententia ejus mihi non crudelis – quid enim in talis homines crudele fieri potest ? – sed aliena a re publica nostra videtur. Nam profecto aut metus aut injuria[2] te subegit, Silane, consulem designatum, genus poenae novum[3] decernere. De timore supervacaneum est disserere, cum praesertim diligentia clarissumi viri, consulis, tanta praesidia sint in armis. De poena possum equidem dicere, id quod res habet[4], in luctu atque miseriis mortem aerumnarum requiem, non cruciatum esse ; eam cuncta mortalium mala dissolvere ; ultra neque curae neque gaudio locum esse. Sed, per deos inmortalis, quam ob rem in sententiam non addidisti uti prius verberibus in eos animadvorteretur[5] ? An quia lex Porcia vetat ? At aliae leges item condemnatis civibus non animam eripi sed exsilium permitti jubent. An quia gravius est verberari quam necari ? Quid autem acerbum aut nimis grave est in homines tanti facinoris convictos ? Sin quia levius est, qui[6] convenit in minore negotio legem timere, cum eam in majore neglegeris ? »

SALLUSTE, *Conjuration de Catilina*, LI.

1. **(ea) quae...**
2. gravité du crime.
3. **novum** = sans précédent (pour ce genre de délit).
4. **id quod res habet** : ce qu'impose la situation.
5. **uti... animavorteretur** : « qu'on sévisse d'abord sur eux (les coupables) à coups de fouets », *cf.*, p. 29, le châtiment infligé à Gavius ; la loi Porcia interdisait de torturer les citoyens.
6. **qui** : adverbe = en quoi ? pourquoi ?

Vue de la Curie romaine.

Pour le commentaire

1. Relevez les particularités de l'orthographe traditionnelle des textes de Salluste, que nous avons ici respectée.
2. La réponse de César commence par l'opposition **certo... verum...** : comment appelle-t-on cette stratégie argumentative ?
3. Quel type d'interrogation est introduite par **an** ? ▸ *Mémento* **16**.
4. Qui est le **clarissimus vir (et consul)** ? Pourquoi César en fait-il mention ?
5. Pourquoi César se livre-t-il à des considérations sur la mort ? Quelle vous paraît-être la valeur de cette argumentation contre la peine de mort ?

TEXTE LATIN

2. *Caton : « Soyons sans pitié ! »*

À l'inverse de César, Caton, austère conservateur et stoïcien, est partisan d'un châtiment exemplaire.

« Nolite existumare majores nostros armis rem publicam ex parva magnam fecisse ! Si ita esset, multo pulcherrumam eam nos haberemus, quippe[1] sociorum atque civium, praeterea armorum atque equorum major copia nobis quam illis est. Sed alia[2] fuere, quae illos magnos fecere, quae nobis nulla sunt : domi industria, foris justum imperium, animus in consulundo liber, neque delicto neque lubidini obnoxius. Pro his nos habemus luxuriam atque avaritiam, publice egestatem, privatim opulentiam. Laudamus divitias, sequimur inertiam. Inter bonos et malos discrimen nullum, omnia virtutis praemia ambitio possidet. Neque mirum : ubi vos separatim sibi quisque[3] consilium capitis, ubi domi voluptatibus, hic[4] pecuniae aut gratiae servitis, eo fit ut impetus fiat in vacuam rem publicam.

Sed ego haec omitto. Conjuravere nobilissumi cives patriam incendere[5], Gallorum gentem infestissumam[6] nomini Romano ad bellum arcessunt, dux hostium cum exercitu supra caput est[7]. Vos cunctamini etiam nunc et dubitatis, quid intra moenia deprensis hostibus faciatis ? Misereamini, censeo[8] : deliquere homines adulescentuli per ambitionem atque etiam armatos dimittatis. Ne[9] ista vobis mansuetudo et misericordia, si illi arma ceperint, in miseriam convortat ! Scilicet res ipsa aspera est, sed vos non timetis eam. Immo vero maxume. Sed inertia et mollitia animi alius alium exspectantes cunctamini, videlicet dis inmortalibus confisi, qui hanc rem publicam saepe in maxumis periculis servavere. Non votis neque suppliciis muliebribus auxilia deorum parantur : vigilando, agundo, bene consulundo prospere omnia cedunt. Ubi socordiae te atque ignaviae tradideris, nequiquam deos implores : irati infestique sunt. »

SALLUSTE, *Conjuration de Catilina*, LII.

1. **quippe** : puisque.
2. **alia** : d'autres qualités.
3. **sibi quisque** : chacun pour soi.
4. **hic** : ici, au Sénat, dans la vie politique.
5. **incendere** : cet infinitif a la valeur d'une proposition finale.
6. Les Allobroges, peuple gaulois que Catilina avait cherché à soulever contre Rome.
7. **supra caput est** : nous menace.
8. **censeo** = soit, je veux bien.
9. **ne = utinam ne** (vœu négatif).

Vue intérieure de la Curie pendant une séance du Sénat, reconstitution de Peter Connelly, 1998.

Pour le commentaire

1. Quelle nuance du conditionnel est exprimée dans la deuxième phrase ?
2. Repérez et commentez les oppositions qui font progresser le raisonnement de l'orateur.
3. Relevez des passages ironiques.
4. Les arguments de Caton vous paraissent-ils justifier son intransigeance ?

TEXTE LATIN

Quand César fait parler César

Dans ses Commentaires, *César est naturellement amené à reproduire ses propres discours, en parlant de lui à la troisième personne !*
En 49 av. J.-C., en Espagne, les troupes des généraux pompéiens Afrianus et Pétreius se rendent ; après une série de remontrances adressées aux soldats, le général écrivain conclut en rappelant tous ses griefs contre Pompée sans jamais le nommer…

« Non, il ne va pas profiter maintenant de leur humiliation et de son propre avantage pour accroître son pouvoir ; en revanche il exige le licenciement de ces armées que l'on a si longtemps entretenues contre lui. Oui, contre lui, car ce n'est pas pour une autre raison qu'on a envoyé six légions en Espagne, qu'on y a levé une septième, qu'on a armé tant de flottes et envoyé des généraux aussi expérimentés. Rien de tout cela n'était nécessaire pour pacifier les Espagnes, ni pour venir en aide à une province qui n'en avait nullement besoin puisque la paix y régnait depuis un bon moment. Non, toutes ces mesures, depuis longtemps déjà, c'est contre lui qu'on les a prises ! **In se novi generis imperia constitui, ut idem[1] ad portas urbanis praesideat rebus et duas bellicosissimas provincias[2], absens tot annos, obtineat ; in se jura magistratuum commutari, ne ex praetura et consulatu, ut semper, sed per paucos probati et electi, in provincias mittantur[3] ; in se etiam aetatis excusationem nihil valere, cum superioribus bellis probati[4] ad obtinendos exercitus evocentur ; in se uno non servari quod sit omnibus datum semper imperatoribus, ut[5] rebus feliciter gestis aut cum honore aliquo[6] aut certe sine ignominia domum revertantur exercitumque dimittant. Quae tamen omnia et se tulisse patienter et esse laturum ; neque nunc id agere[7] ut ab illis[8] abductum exercitum teneat ipse, quod tamen sibi difficile non sit, sed ne illi habeant[9], quo contra se uti possint. Proinde, ut esset dictum, provinciis excederent exercitumque dimitterent ; si id sit factum, se nociturum nemini. Hanc unam atque extremam esse pacis condicionem.** »

CÉSAR, *Guerre civile*, I, 85.

1. **idem** : le même homme, c'est-à-dire Pompée.
2. Il s'agit des deux provinces espagnoles : César se contredit légèrement…
3. « de sorte que sont envoyés pour gouverner les provinces, non pas ceux qui sortent de la préture ou du consulat, comme cela s'est toujours fait, mais des particuliers choisis et élus par une faction. »
4. **probati (duces).**
5. à savoir que ▸ *Mémento* **30**.
6. litote (César pense que ses victoires en Gaule auraient mérité un triomphe…).
7. **neque agere ut… sed ne** : il ne s'agissait pas que… mais que ne pas…
8. **illis, puis illi** : désigne les soldats auxquels il s'adresse.
9. **habeant (exercitum).**

Pour le commentaire

1 Révisez les emplois de **ut** (▸ *Mémento* **30**) et l'emploi des modes dans le discours indirect (▸ *Mémento* **29**) : à quel mode serait la comparaison **ut esset dictum** dans une phrase au discours direct ?

2 Comment nomme-t-on la figure que constitue la répétition de **in se** ? À quelles fins César l'utilise-t-il ? S'attend-on, après une telle accumulation, à la décision qui clôt le discours ?

3 Comment César présente-t-il les deux rivaux, lui-même et Pompée, devant cette armée de pompéiens vaincus ?

TEXTE TRADUIT

Éloge de la sobriété

Dans son Brutus, *un traité de rhétorique qui se présente sous la forme d'un dialogue, Cicéron converse avec deux amis, Brutus et Atticus. Après une longue évocation des grands noms des temps anciens, ils s'intéressent à leurs contemporains. C'est à Atticus, qui ne cache pas son admiration pour le style de César, que revient de porter un jugement sur les talents d'orateur de l'*imperator, *qui est encore au pouvoir au moment où sont tenus ces propos (46 av. J.-C.).*

César, dit Atticus, élimine méthodiquement les locutions défectueuses et vicieuses au profit d'un usage pur et correct. Aussi, lorsque à cette élégance dans le choix des mots, qui est nécessaire à tout citoyen romain de bonne naissance, même s'il n'est pas orateur, il ajoute l'éclat des beautés oratoires, on dirait que ses pensées sont placées en pleine lumière, comme on y place les beaux tableaux. Étant donné qu'il possède cette qualité, chez lui première, en plus des autres qualités qu'il partage avec les autres orateurs, je ne vois pas à quel rival il doive le céder. Il a une éloquence brillante et dépourvue d'artifices rebattus, à laquelle sa voix, son geste, sa beauté physique même, confèrent de la grandeur et une sorte de distinction racée.

– Ses discours, il est vrai, dit Brutus, me plaisent infiniment. J'en ai lu beaucoup, et puis aussi les mémoires qu'il a écrits sur ses campagnes.

Cicéron reprend alors la parole.

– Oh ! oui, repris-je, ils sont tout à fait excellents ! Ils sont sobres, vont droit au fait, et ont une sorte de grâce, dépouillés qu'ils sont de tout effet oratoire superflu, comme un corps sans vêtement. Mais en voulant fournir de la matière aux historiens futurs, il a peut-être fait plaisir à des sots, qui voudront s'en emparer pour la gonfler avec des fers à friser ! Aux gens sensés en tout cas, il a ôté l'envie d'écrire ; car rien n'est plus agréable dans le genre historique qu'une brièveté épurée et lumineuse.

CICÉRON, *Brutus*, 261-262.

L'empereur Trajan harangue ses soldats, relief de la colonne trajane (Rome, musée de la Civilisation romaine).

Pour le commentaire

1. Quel est l'avantage du genre littéraire adopté par Cicéron pour retracer l'histoire de l'art oratoire romain ?
2. Expliquez la métaphore des fers à friser.
3. Les deux discours de ce chapitre et les récits historiques de César que vous connaissez corroborent-ils les jugements de ces trois orateurs ?

TEXTE & TRADUCTION

Des Gaulois au Sénat !

En 48 après J.-C., les notables de « Gaule chevelue », citoyens romains depuis longtemps, revendiquent l'accès aux magistratures. Claude se prononce en faveur de cette « intégration ». Le discours que Tacite prête à l'empereur est plus brillant que l'original (cf., ci-contre, la Table claudienne), mais reprend fidèlement ses arguments.

Majores mei, quorum antiquissimus Clausus, origine Sabina, simul in civitatem Romanam et in familias patriciorum adscitus est, hortantur uti paribus consiliis in re publica capessenda transferendo huc quod usquam egregium fuerit. Neque enim ignoro Julios Alba, Coruncanios Camerio, Porcios Tusculo, et ne vetera scrutemur, Etruria Lucaniaque et omni Italia in senatum accitos, postremo ipsam ad Alpis promotam, ut non modo singuli viritim, sed terrae, gentes in nomen nostrum coalescerent. Tunc solida domi quies, et adversos externa floruimus, cum Transpadani in civitatem recepti, cum, specie deductarum per orbem terrae legionum, additis provincialium validissimis fesso imperio subventum est. Num paenitet Balbos ex Hispania, nec minus insignes viros e Gallia Narbonensi transivisse ? Manent posteri eorum, nec amore in hanc patriam nobis concedunt. Quid aliud exitio Lacedaemoniis et Atheniensibus fuit, quamquam armis pollerent, nisi quod victos pro alienigenis arcebant ? At conditor noster Romulus tantum sapientia valuit ut plerosque populos eodem die hostes, dein cives habuerit. Advenae in nos regnaverunt : libertinorum filiis magistratus mandare non, ut plerique falluntur, repens, sed priori populo factitatum est. [...] Omnia, patres conscripti, quae nunc vetustissima creduntur, nova fuere : plebeii magistratus post patricios, Latini post plebeios, ceterarum Italiae gentium post Latinos. Inveterascet hoc quoque, et quod hodie exemplis tuemur, inter exempla erit.

TACITE, *Annales*, XI, 24.

Mes ancêtres, dont le plus ancien, Clausus, d'origine sabine, fut admis en même temps à la citoyenneté romaine et au nombre des familles patriciennes, m'engagent à suivre la même politique dans la direction des affaires publiques, en faisant venir au Sénat tout élément qui se sera distingué par sa valeur. Car je n'ignore point que les Julii, originaires d'Albe, les Coruncami, de Comerium, les Porcii, de Tusculum, et, pour ne pas examiner de lointains exemples, des hommes venus d'Étrurie, de Lucanie et de toute l'Italie furent appelés à siéger au Sénat et qu'enfin le territoire italien fut agrandi jusqu'aux Alpes, si bien que non seulement des individus à titre personnel, mais encore des régions et des peuples vinrent se fondre dans notre nation. Notre paix intérieure était solide, notre situation face à l'étranger, brillante, à l'époque où les Transpadans reçurent le droit de cité, quand l'on voyait nos légions établies partout dans le monde et que l'on s'adjoignit, en renfort à cet empire épuisé, ce qu'il y avait de plus vigoureux dans nos provinces. Regrettons-nous que les Balbi soient venus d'Espagne et des hommes tout aussi remarquables de Gaule narbonnaise ? Leurs descendants sont encore parmi nous, et leur amour pour notre patrie vaut le nôtre. Quelle autre cause amena la perte des Lacédémoniens et des Athéniens, malgré leur puissance militaire, si ce n'est leur refus d'intégrer les vaincus, comme étant d'une autre race ? À l'inverse Romulus, notre fondateur, fit preuve d'une si grande sagesse qu'il considéra bien des peuples, en un même jour, comme des ennemis, puis comme des citoyens. Des immigrés furent rois chez nous ; confier des magistratures à des fils d'affranchis n'est point, comme beaucoup le croient à tort, une nouveauté, cela fut souvent pratiqué par le régime précédent. [...] Toutes les institutions que l'on tient maintenant pour très anciennes, sénateurs, furent un jour nouvelles : des magistrats plébéiens après les patriciens, des magistrats latins après les plébéiens, des magistrats de tous les autres peuples d'Italie après les Latins. La présente mesure, elle aussi, vieillira, et ce que nous défendons aujourd'hui par des exemples deviendra, à son tour, un exemple. »

Pour le commentaire

1 Justifiez la traduction depuis **Manent** jusqu'à **arcebant**.

2 Claude avait écrit une *Histoire de la République romaine*. Quel parti tire-t-il de son savoir ?

3 Quels avantages Claude voit-il dans la politique d'assimilation des peuples conquis ?

Deux fragments de la Table claudienne ont été découverts en 1528 par un drapier de Lyon, sur les pentes de la Croix-Rousse. Ce fait donne à penser qu'à cet emplacement se trouvait le sanctuaire des Trois Gaules, où la tabula, *vaste plaque de bronze gravé, devait être exposée sur un piédestal pour commémorer ce grand moment de l'assimilation des Gaulois dans l'Empire.*

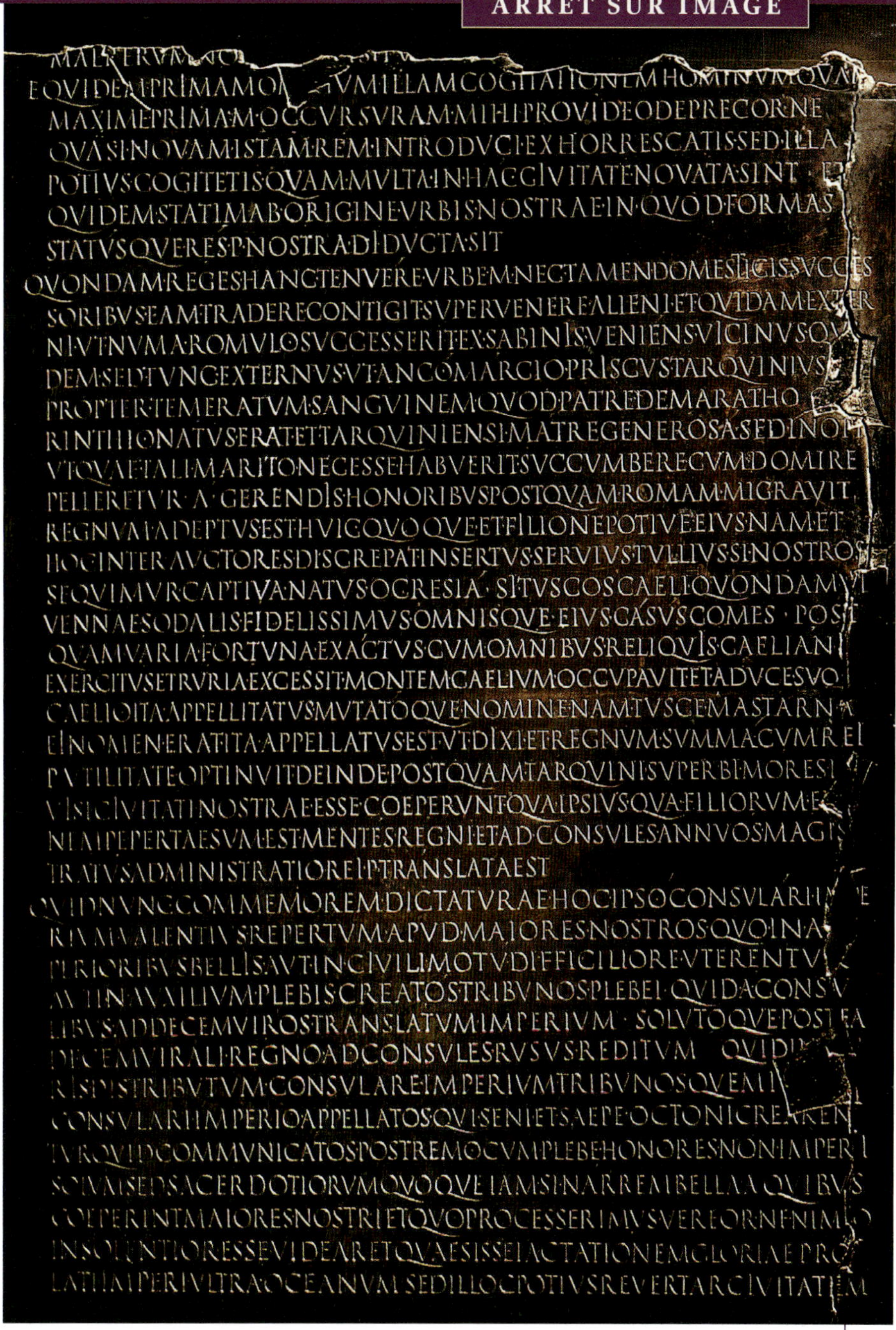

Fragments de la Table claudienne, bronze gravé (Lyon, Musée de la civilisation gallo-romaine).

Observation

1 *Paroles gravées*

On peut lire sur la **tabula** le texte authentique du discours prononcé par l'empereur Claude devant le Sénat en 48 ap. J.-C., qui permit aux chefs des nations gauloises d'accéder aux magistratures romaines, et dont celui de Tacite, ci-contre, est une retranscription, ou plutôt une adaptation. Pourquoi faisait-on graver certains textes dans le bronze plutôt que dans la pierre ?

2 *Un peu d'épigraphie*

Retrouvez sur la table claudienne le passage QVONDAM REGES… SED TVNC EXTERNVS. Lisez ce passage, ponctuez-le correctement, puis traduisez-le. De quelle époque de l'Histoire romaine est-il question ? À quel passage du discours récrit par Tacite (p. 44) cet extrait correspond-il ? Qu'est-ce que Claude entend montrer ?

3 *Pour aller plus loin*

En poursuivant la lecture du texte, identifiez les personnages historiques évoqués par Claude. Vous trouverez de nombreux sites internet, ou des ouvrages d'Histoire antique, pour vous aider à reconstituer l'ensemble du texte gravé.

PROLONGEMENT

Victor Hugo
(1802-1885)

« UNE TOMBE TOUTE PÉNÉTRÉE D'AURORE »

L'éloquence révolutionnaire fascina l'écrivain et l'homme politique qu'était Victor Hugo. Dans Les Misérables, *l'un des révoltés, Enjolras, galvanise ses compagnons, au moment de mourir, par un discours enflammé et visionnaire dont voici la péroraison.*

« Citoyens, le dix-neuvième siècle est grand, mais le vingtième siècle sera heureux. Alors plus rien de semblable à la vieille histoire ; on n'aura plus à craindre, comme aujourd'hui, une conquête, une invasion, une usurpation, une rivalité de nations à main armée, une interruption de civilisation dépendant d'un mariage de rois, une naissance dans les tyrannies héréditaires, un partage de peuples par congrès, un démembrement par écroulement de dynastie, un combat de deux religions se rencontrant de front, comme deux boucs de l'ombre, sur le pont de l'infini ; on n'aura plus à craindre la famine, l'exploitation, la prostitution par détresse, la misère par chômage, et l'échafaud, et le glaive, et les batailles, et tous les brigandages du hasard dans la forêt des événements. On pourrait presque dire : il n'y aura plus d'événements. On sera heureux. Le genre humain accomplira sa loi comme le globe terrestre accomplit la sienne ; l'harmonie se rétablira entre l'âme et l'astre. L'âme gravitera autour de la vérité comme l'astre autour de la lumière.

Amis, l'heure où nous sommes et où je vous parle est une heure sombre ; mais ce sont là les achats terribles de l'avenir. Une révolution est un péage. Oh ! le genre humain sera délivré, relevé et consolé ! Nous le lui affirmons sur cette barricade. D'où poussera-t-on le cri d'amour, si ce n'est du haut du sacrifice ? Ô mes frères, c'est ici le lieu de jonction de ceux qui pensent et de ceux qui souffrent ; cette barricade n'est faite ni de pavés, ni de poutres, ni de ferrailles ; elle est faite de deux monceaux, un monceau d'idées et un monceau de douleurs. La misère y rencontre l'idéal. Le jour y embrasse la nuit et lui dit : Je vais mourir avec toi et tu vas renaître avec moi. De l'étreinte de toutes les désolations jaillit la foi. Les souffrances apportent ici leur agonie, et les idées leur immortalité. Cette agonie et cette immortalité vont se mêler et composer notre mort. Frères, qui meurt ici meurt dans le rayonnement de l'avenir, et nous entrons dans une tombe toute pénétrée d'aurore. »

Enjolras s'interrompit plutôt qu'il ne se tut ; ses lèvres remuaient silencieusement comme s'il continuait de se parler à lui-même, ce qui fit qu'attentifs, et pour tâcher de l'entendre encore, ils le regardèrent. Il n'y eut pas d'applaudissements ; mais on chuchota longtemps. La parole étant souffle, les frémissements d'intelligences ressemblent à des frémissements de feuilles.

VICTOR HUGO, *Les Misérables*, Partie V, livre 1, ch. 5.

1. *Le temps travaille pour nous*

Quintus Fabius Maximus Cunctator (= le Temporisateur) explique au consul Paul Émile qu'Hannibal ne peut que s'affaiblir sur le sol italien.

In Italia bellum gerimus, in sede ac solo nostro ; omnia circa plena civium ac sociorum sunt ; armis, viris, equis, commeatibus juvant juvabuntque ; id jam fidei documentum in adversis rebus nostris dederunt ; meliores, prudentiores, constantiores nos tempus diesque facit. Hannibal contra in aliena, in hostili est terra inter omnia inimica infestaque, procul ab domo, ab patria ; neque illi terra neque mari est pax ; nullae eum urbes accipiunt, nulla moenia ; nihil usquam sui videt, in diem[1] capto[2] vivit ; partem vix tertiam exercitus ejus habet quem Hiberum amnem trajecit ; plures[3] fame quam ferro absumpti ; nec his paucis jam victus suppeditat. Dubitas ergo quin sedendo superaturi simus eum qui senescat in dies[4], non commeatus, non supplementum, non pecuniam habeat ?

TITE-LIVE, *Ab Urbe condita.*

1. **in diem** : au jour le jour.
2. **capto** (*ablatif neutre*) : de ce qu'il prend.
3. **plures (milites).**
4. **in dies** : de jour en jour.

2. *Comment devenir le plus grand parmi les plus grands*

Dans deux lettres faussement attribuées à Salluste, un rhéteur anonyme, dans le cadre d'une suasoire, formule des conseils politiques à César. Imitant sans doute la prosopopée de Rome dans les Catilinaires *de Cicéron, il use de ce procédé pour recommander à César un retour à la paix et à la libertas républicaine.*

Quod si tecum patria atque parentes possent loqui, scilicet haec tibi dicerent : « O Caesar, nos te genuimus, fortissimi viri, in optima urbe decus, praesidiumque nobis, hostibus terrorem[1] : quae multis laboribus et periculis ceperamus[2], ea tibi nascenti[3] cum anima simul tradidimus, patriam maximam in terris ; domum familiamque in patria clarissimam ; praeterea bonas artes, honestas divitias ; postremo omnia honestamenta pacis et praemia belli. Pro[4] his amplissimis beneficiis non flagitium a te neque malum facinus petimus, sed ut[5] libertatem eversam restituas : qua re patrata, profecto per gentes omnes fama virtutis tuae volitabit. Namque hac tempestate[6], tametsi domi militiaeque praeclara facinora egisti, tamen gloria tua cum multis viris fortibus aequalis est : si vero urbem amplissimo nomine, ex maximo imperio, prope jam ab occasu restitueris, quis te clarior, quis major, in terris fuerit ? »

PSEUDO-SALLUSTE, *Lettres à César.*

1. **decus, praesidium, terrorem** : attributs de **te**, avec valeur de but (« pour que tu sois... »).
2. **capere** : ici, acquérir.
3. à ta naissance.
4. **pro** : pour prix de.
5. **ut : petere** est construit ici avec deux compléments d'objet (**flagitium, facinus**), puis une proposition complétive.
6. en effet pour le moment.

Les Rostres, relief de l'arc de Constantin, à Rome.

Pasquius Proculus et sa femme, fresque de Pompéi, Ier siècle ap. J.-C. (Naples, Musée archéologique).

II LETTRES ET ÉPIGRAMMES

CHAPITRE 4

Je vous écris

Correspondances

CIVILISATION

La lettre ne relève pas forcément d'une intention littéraire : la publication d'une correspondance de caractère privé peut trahir l'intention du rédacteur et du (ou des) destinataire(s) de ces lettres, ou se faire sans leur consentement ; en revanche, il existe certaines lettres fictives, écrites en vue d'une publication, et simulant de façon plus ou moins réaliste une relation entre correspondants.

Au jour le jour

- Cicéron consacrait chaque jour un temps considérable à sa correspondance, avec l'aide de ses ***scribae***. Sauf de courts billets écrits sur des tablettes de cire de la main même du rédacteur, ces lettres étaient dictées – exactement comme les œuvres littéraires, discours ou traités philosophiques – puis recopiées, un exemplaire étant archivé.
- Voilà pourquoi il fut possible, sans doute sous Auguste, de livrer au public la correspondance (devenue posthume) de Cicéron : **931 lettres**, dont 70 environ ont été non pas écrites, mais reçues par Cicéron, venant de divers correspondants.

Le mondain, les poètes et le philosophe

- À la différence de Cicéron, **Pline le Jeune a délibérément publié** ses dix livres de *Lettres*, dont certaines seulement peuvent être considérées comme de « vraies » lettres. Écrites dans une prose très travaillée, ces « pages de correspondance » sont peut-être des morceaux choisis ; en tout cas, Pline en fait une collection d'**exercices de style**, sur fond de **mondanités**.
- Avec la **lettre en vers**, nous avons évidemment affaire à de « fausses » lettres. Retiré dans son domaine de Sabine, **Horace** dédie ainsi à ses amis (dont Auguste et Mécène) des *Épîtres*, dans lesquelles il exprime aussi bien son **art de vivre** que ses avis sur l'**art poétique**.
- De son côté, **Ovide**, qui avait écrit les *Héroïdes*, **lettres d'amour fictives** adressées par des héroïnes de la mythologie à leurs volages séducteurs *cf.* p. 116 et 117, donnera volontiers à ses **élégies d'exil** (les *Tristes* et les *Pontiques*) la forme d'une lettre adressée à ses amis restés à Rome.
- Quant aux *Lettres à Lucilius* de **Sénèque**, elles relèvent de la **littérature philosophique**, et doivent être étudiées de ce point de vue.

CICÉRON (106 – 43 av. J.-C.)

Dans l'œuvre gigantesque de Cicéron, la *Correspondance* occupe une place particulière : à de rares exceptions près, **ces lettres n'avaient pas vocation à être publiées** : elles nous font pénétrer dans l'**intimité familiale** de l'auteur, ou dans les subtilités de ses **amitiés personnelles et politiques**.

- Les éditeurs ont jadis distingué, dans la correspondance de Cicéron, les *Lettres à son frère Quintus*, les *Lettres à Atticus*, qui était son meilleur ami et son confident privilégié, et les *Lettres à ses proches* (*Ad familiares*), mais de patients travaux ont permis de classer ces lettres par ordre chronologique. Nous avons ainsi un document exceptionnel : une sorte de « **journal de bord** » sentimental et intellectuel du grand homme, où se lisent ses joies et ses peines, autant que ses hésitations et parfois ses angoisses dans des moments cruciaux de sa vie publique et de la politique romaine.

PLINE LE JEUNE (61 – 114 ap. J.-C.)

Pline le Jeune (Caius Plinius Secundus Minor) était le **neveu du grand savant Pline l'Ancien** (*Plinius Major*), qui surveilla son éducation et l'adopta juste avant sa mort, survenue en 79 lors de l'éruption du Vésuve, qu'il était allé imprudemment observer. Pline appartient à l'une des plus grandes familles de Rome, et il est richissime. Tout en étant un **avocat apprécié**, il accomplit une **belle carrière sénatoriale**, malgré une période de disgrâce, à la fin du règne de Domitien, où il échappe de peu à l'exécution ! C'est le type même de ces « **grands serviteurs** » **de l'État** sur lesquels s'appuie l'Empire et, lorsque Trajan arrive au pouvoir, il ne manque pas de porter son ami Pline au consulat (100), puis de lui confier des missions importantes en Asie Mineure, où il eut, entre autres, à traiter le délicat problème de la **répression des premiers chrétiens**.

- Mais Pline attache aussi un grand prix à sa **tranquillité**, et se plaît à se retirer dans une de ses somptueuses villas, sur les rives du **lac de Côme**. C'est là qu'il rédige ses lettres, dans un style à la fois simple et élégant (cette manière d'écrire, qui s'inspire des leçons des rhéteurs d'Athènes, s'appelle l'**atticisme**). Ce grand bourgeois aime à faire valoir sa sollicitude pour les habitants de Côme et des environs, son amitié pour les personnages les plus éminents de la cour, sa curiosité pour la vie intellectuelle de la capitale, mais aussi son goût pour la nature et les jeux littéraires.

Relief du mausolée d'un collecteur d'impôts, art gallo-romain de la province de Gallia Belgica (Allemagne, Trèves, Rheinisches Landesmuseum).

TEXTE LATIN

Sur la route de l'exil

En 58, persécuté par ses ennemis politiques pour avoir, lors de son consulat, fait exécuter les complices de Catilina, Cicéron doit s'exiler en Grèce. Il a quitté Rome précipitamment, sans prendre le temps de voir son frère Quintus, à peine revenu de son gouvernement de la province d'Asie. Le 13 juin, Cicéron lui écrit pour s'expliquer.

Marcus Quinto fratri sal.[1]

Mi frater, mi frater, mi frater, tune id veritus es ne ego, iracundia aliqua adductus, pueros[2] ad te sine litteris miserim aut etiam ne te videre noluerim ? Ego tibi irascerer, tibi ego possem irasci ? Scilicet[3] tu enim me adflixisti, tui me inimici, tua me invidia[4], ac non ego te misere perdidi ! Meus ille laudatus consulatus mihi te, liberos, patriam, fortunas[5], tibi velim ne quid eripuerit praeter unum me. Sed certe a te mihi omnia semper honesta et jucunda ceciderunt, a me tibi luctus meae calamitatis, metus tuae, desiderium, maeror, solitudo. Ego te videre noluerim[6] ? Immo vero me a te videri nolui. Non enim vidisses fratrem tuum, non eum quem reliqueras, non eum quem noras, non eum quem flens flentem, prosequentem proficiscens[7] dimiseras, ne vestigium quidem ejus nec simulacrum, sed quamdam effigiem spirantis mortui. Atque utinam me mortuum prius vidisses aut audisses, utinam te non solum vitae sed etiam dignitatis meae superstitem reliquissem ! Sed testor omnes deos me hac una voce[8] a morte esse revocatum quod omnes in mea vita partem aliquam tuae vitae repositam esse dicebant ; qua in re peccavi scelerateque feci. Nam si occidissem, mors ipsa meam pietatem amoremque in te facile defenderet[9]. Nunc commisi ut me vivo careres, vivo me aliis indigeres, mea vox in domesticis periculis potissimum occideret quae saepe alienissimis praesidio fuisset.

CICÉRON, *Ad Quintum fratrem*, I, 3.

1. **sal(utem)** : sous-entendre **dicit**.
2. **puer** désigne souvent un (jeune) esclave.
3. **Scilicet** est ici ironique.
4. **tua invidia** : la haine qu'on te porte.
5. **fortunas** : sous-entendre **eripuit**.
6. **noluerim** : ce subjonctif exprime une protestation (« Moi, je n'aurais pas voulu te voir ? »).
7. **proficiscens** : au moment où, toi, Quintus, tu partais en Asie.
8. **hac una voce** : développé par la proposition **quod [...] dicebant**.
9. **defenderet** : plaiderait en faveur de.

Pour le commentaire

1. Étudiez les verbes au subjonctif dans ce texte en précisant leur temps et en justifiant, pour chacun, l'emploi de ce temps. Quelle remarque faites-vous sur la concordance des temps dans la première phrase ?
2. Cette lettre contient de nombreux procédés rhétoriques. Relevez-en quelques-uns (effets de rythme, anaphores, antiphrases, redondances, etc.). Commentez la proposition relative **quem [...] dimiseras**.
3. Comment expliquez-vous que, dans cette situation, Cicéron s'exprime dans un style si élaboré ?
4. Dans quel état d'esprit Cicéron se trouve-t-il ? Quel sentiment la dernière phrase laisse-t-elle percer ?

Un *scriba* notant sous la dictée, fin du IIe s. av. J.-C. (Paris, musée du Louvre).

TEXTE LATIN

Surmenage

Tiron, esclave puis affranchi par son maître, était plus qu'un simple secrétaire pour Cicéron : cette lettre, datée du 7 novembre 50, en témoigne. Cicéron rentre avec son frère Quintus et son neveu de la province de Cilicie, dont il était gouverneur, mais, en chemin, il a dû laisser Tiron à Patras, chez son ami Lyson. Le précieux secrétaire, surmené pendant le mandat de son maître, est malade. Le même jour, Cicéron lui écrira deux autres lettres.

Tullius Tironi suo S. P. D. et Cicero et Q. frater et Q. F.[1]

Varie sum affectus tuis litteris : valde priore pagina perturbatus, paulum altera recreatus. Quare nunc quidem non dubito quin, quoad plane valeas, te neque navigationi neque viae committas. Satis te mature videro, si plane confirmatum videro. De medico et tu bene existimari scribis et ego sic audio. Sed plane curationes ejus non probo. Jus[2] enim dandum tibi non fuit, cum – κακοστόμαχος[3] esses, sed tamen et ad illum scripsi accurate et ad Lysonem. Ad Curium[4] vero, suavissimum hominem et summi officii summaeque humanitatis, multa scripsi : in eis etiam, ut, si tibi videtur, te ad se transferret. [...]

Tu igitur, quid faciendum sit judicabis. Illud, mi Tiro, te rogo sumptu ne parcas ulla in re quod ad valetudinem opus sit. Scripsi ad Curium, quod dixisses daret[5]. Medico ipsi puto aliquid dandum esse, quo sit studiosior. Innumerabilia sunt tua in me officia, domestica, forensia, urbana, provincialia, in re privata, in publica, in studiis, in litteris nostris. Omnia viceris, si, ut spero, te validum videro. Ego puto te bellissime, si recte erit, cum quaestore Mescinio decursurum[6]. Non inhumanus est teque, ut mihi visus est, diligit ; et cum valetudini tuae diligentissime consulueris, tum, mi Tiro, consulito[7] navigationi. Nulla in re jam te festinare volo. Nihil laboro, nisi ut salvus sis. Sic habeto, mi Tiro, neminem esse qui me amet quin idem te amet ; et cum tua et mea maxime interest te valere, tum multis est curae. Adhuc, dum mihi nullo loco deesse vis, nunquam te confirmare potuisti. Nunc te nihil impedit : omnia depone, corpori servi ! Quantam diligentiam in valetudinem tuam contuleris, tanti me fieri a te[8] judicabo. Vale, mi Tiro, vale et salve. Lepta[9] tibi salutem dicit et omnes. Vale. VII Idus Novembres, Leucade[10].

CICÉRON, *Ad familiares*, XVI, 4.

1. **S (alutem) P (lurimam) D (icit) ; Q (uinti) F (ilius).**
2. **Jus** : ici, de la sauce.
3. Le mot grec se lit *kakostomachos* : « fragile de l'estomac ».
4. Curius, autre habitant de Patras lié à Cicéron.
5. **daret = ut daret.**
6. **decurrere** : faire une traversée maritime.
7. **consulito** et, plus bas, **habeto** : imperatifs futurs.
8. **tanti** (génitif de prix) **me fieri a te = tanti te me aestimare.**
9. Lepta est aussi un ami de Cicéron.
10. **Leucade** : à Leucade.

Pour le commentaire

1 Situez, à l'aide d'une carte, la Cilicie, Patras, et Leucade.

2 Combien de pages comptait la lettre de Tiron à Cicéron ? Justifiez votre réponse.

3 Relevez les traits de langue familière et directe dans cette lettre (que, pour une fois, Cicéron a peut-être écrite de sa main). Est-elle bien composée ? Qu'indique, dans ce contexte, l'usage d'un mot grec ?

4 Dans quel état d'esprit Cicéron se trouve-t-il ? Quel sentiment la dernière phrase laisse-t-elle percer ?

texte suivi

Cicéron entre César et Pompée

Février-avril 49 av. J.-C. César a franchi le Rubicon, il s'avance vers Rome, mais Pompée a imaginé une étrange stratégie : il veut s'embarquer à Brindes, et passer en Illyrie, pour transporter la guerre hors de l'Italie !
Cicéron est embarrassé : ni Pompée ni César ne l'ont vraiment soutenu face à ses ennemis. Mais ils feignent de le tenir en grande estime chaque fois qu'ils ont besoin de son appui… Se rallier à César serait renier ses convictions républicaines et conservatrices ; suivre Pompée serait plus simple, mais peut-on lui faire confiance ? Pendant trois mois, jour après jour, lettre après lettre, il confie ses hésitations à son plus fidèle ami, Titus Pomponius Atticus (qui lui conseille de ne pas bouger…). En fin de compte, après avoir attendu la suite des événements en Campanie, Cicéron rejoindra Pompée.

TEXTE LATIN

1. *Le débat et l'enjeu*

Cicero Attico sal.

Maximis et miserrimis rebus perturbatus, cum coram tecum mihi potestas deliberandi non esset, uti tamen tuo consilio volui. Deliberatio autem omnis haec est : si Pompeius Italia excedat, quod eum facturum esse suspicor, quid mihi agendum putes. Et quo facilius consilium dare possis, quid in utramque partem[1] mihi in mentem veniat explicabo brevi.

Cum merita Pompei summa erga salutem meam[2] familiaritasque quae mihi cum eo est, tum[3] ipsa rei publicae causa me adducit ut mihi vel consilium meum cum illius consilio vel fortuna mea cum illius fortuna conjungenda esse videatur. Accedit illud : si maneo et illum comitatum optimorum et clarissimorum civium desero, cadendum est in unius[4] potestatem. […]

In hac parte haec sunt. Vide nunc quae sint in altera. Nihil actum est a Pompeio nostro sapienter, nihil fortiter, addo etiam nihil nisi contra consilium auctoritatemque meam. Omitto illa vetera, quod istum[5] in rem publicam ille aluit, auxit, armavit […] – sed ut haec omittam, quid foedius, quid perturbatius hoc ab urbe discessu, sive potius turpissima fuga ? quae condicio non accipienda fuit potius quam relinquenda patria ?

Cicéron, *Ad Atticum*, VIII, 3.

1. **in utramque partem** : dans un sens et dans l'autre, le pour et le contre.
2. À la rigueur, Pompée pourrait avoir « sauvé la vie » de Cicéron lorsque celui-ci était physiquement menacé par les bandes armées de Clodius.
3. Lire : **cum…, tum…** ▸ *Mémento 32.*
4. **unius** : César.
5. **istum** : César. Cicéron reproche à Pompée d'avoir plus ou moins favorisé l'ascension de César depuis le triumvirat de 61, par des « échanges de bons procédés » entre *imperatores* : pouvoirs exceptionnels, procédures spéciales, etc.

Pour le commentaire

1. Classez les (nombreux) subjonctifs du texte selon leur emploi.
2. Dans quelle situation voit-on s'affronter les arguments **in utramque partem** ? Chercher l'étymologie du verbe : **deliberare**.
3. Comment Cicéron ordonne-t-il ses arguments ? Un commentateur moderne dit de cette lettre qu'elle est « un monument d'objectivité voulue et d'insincérité inconsciente ». Qu'en pensez-vous, d'après ce passage ?

TEXTE LATIN

2. *Catastrophe !*

Le 12 mars, Cicéron, qui est retourné à Formies, dans sa villa, vient d'écrire à Atticus lorsqu'il reçoit un courrier : « Pompée a passé la mer avec toutes ses troupes. Au total, 30 000 hommes, les deux consuls, les tribuns de la plèbe, les sénateurs qui l'accompagnaient avec leur femmes et leurs enfants. On dit qu'il a embarqué le 4 mars ». Immédiatement, il reprend sa lettre, sous le choc de cette (fausse) nouvelle (en fait, Pompée ne quittera Brindes, assiégée par César, que le 17 mars).

Ante sollicitus eram et angebar, sicut res scilicet ipsa cogebat, quo consilio uti possem[1] ; nunc autem postquam Pompeius et consules ex Italia exierunt, non angor, sed ardeo dolore,

οὐδέ μοι ἦτορ
ἔμπεδον αλλ᾽ ἀλαλύκτημαι[2].

Non sum, inquam, mihi crede, mentis compos[3] ; tantum mihi dedecoris admisisse videor. Mene[4] non primum cum Pompeio, qualicumque consilio usus est, deinde cum bonis[5] esse, quamvis causa temere instituta[6] ? Praesertim cum ii ipsi quorum ego causa timidius me fortunae committebam, uxor, filia, Cicerones pueri[7] me illud sequi mallent, hoc turpe et me indignum putarent. Nam Quintus quidem frater quicquid mihi placeret id rectum se putare aiebat, id animo aequissimo sequebatur.

Tuas nunc epistulas a primo[8] lego. Hae me paulum recreant. Primae monent et rogant ne me projiciam, proximae gaudere te ostendunt me remansisse. Eas cum lego, minus mihi turpis videor, sed tam diu dum lego. Deinde emergit rursum dolor et αἰσχροῦ φαντασία[9]**. Quam ob rem obsecro te, mi Tite, eripe mihi hunc dolorem aut minue saltem aut consolatione aut consilio aut quacumque re potes. Quid tu autem possis ? aut quid homo quisquam ? Vix jam deus[10] ! [...]**

Mais ne rejouons pas la pièce, préparons l'avenir. À ce jour, j'ai commis deux erreurs : d'abord, j'ai espéré un accommodement, qui, dans ma pensée, m'aurait permis de vivre dans la popularité et de libérer ma vieillesse de tout souci. Ensuite, je comprenais que la guerre entreprise par Pompée serait meurtrière, une véritable guerre à mort : ah ! grands dieux ! je pensais qu'il valait mieux, comme citoyen, comme homme, subir n'importe quel supplice que d'être l'ordonnateur, ou simplement le complice de tant de cruauté ! Maintenant, il me semble qu'il aurait mieux valu mourir, plutôt que de me retrouver dans le camp où je suis...

CICÉRON, *Ad Atticum*, IX, 6.

1. Cette interrogative indirecte dépend de **angebar**, « j'étais angoissé par la question de savoir... ».
2. «... mon cœur est hors de lui, mon âme en désarroi », citation d'Homère, *Iliade*, chant X, vers 94.
3. **non sum mentis compos** : je perds la raison, je ne sais plus que penser.
4. **Mene non... esse** : « Quoi, moi, je n'aurai pas été... ? »
5. **bonis** : ces **boni** (les « bons citoyens ») forment le parti conservateur, qui soutient Pompée.
6. **quamvis... instituta** : quelle que soit l'imprudence avec laquelle cette affaire a été organisée.
7. **Ciceronis pueri** : son fils, Marcus Junior, et son neveu.
8. **a primo** : depuis le début (de cette crise).
9. « l'image du déshonneur ».
10. **Vix jam deus (aliquid facere possit).**

Pour le commentaire

1. Quels choix (suivre Pompée, ou rester en Campanie) désignent respectivement **illud** (**sequi**) et **hoc** (**turpe**... **putarent**) ? Justifiez votre réponse.
2. Pourquoi Cicéron rappelle-t-il les avis que lui avaient donnés ses proches ?
3. Que pensez-vous de l'intervention d'une citation d'Homère et d'une expression grecque ? Que nous apprend cette lettre sur la culture de Cicéron, et sur son bilinguisme ?
4. Trouve-t-on dans cette lettre des marques de l'émotion de Cicéron ?

TEXTE & TRADUCTION

3. *Cécité ou manœuvre ?*

Le 5 mars, César avait adressé à Cicéron un court billet, confié à leur ami Furnius : «... ce que j'attends de toi avant tout, puisque j'ai bon espoir d'être vite arrivé à Rome, c'est de t'y voir, et de pouvoir profiter de tes conseils, de ta popularité, de ton influence, de ton aide en toutes choses ». Le 19 mars, Cicéron, répond à César... en se proposant comme médiateur pour le réconcilier avec Pompée.

Cicero imp. S. D. Caesari imp.

Ut legi tuas litteras quas a Furnio nostro acceperam quibus mecum agebas ut ad urbem essem, te velle uti « consilio et dignitate mea » minus sum admiratus ; de « gratia » et de « ope », quid significares mecum ipse quaerebam, spe tamen deducebar ad eam cogitationem ut te pro tua admirabili ac singulari sapientia de otio, de pace, de concordia civium agi velle arbitrarer, et ad eam rationem existimabam satis aptam esse et naturam et personam meam.

Quod si ita est et si qua de Pompeio nostro tuendo et tibi ac rei publicae reconciliando cura te attingit, magis idoneum quam ego sum ad eam causam profecto reperies neminem qui et illi semper et senatui cum primum potui pacis auctor fui, nec sumptis armis belli ullam partem attigi iudicavique eo bello te violari contra cujus honorem populi Romani beneficio concessum inimici atque invidi niterentur. Sed ut eo tempore non modo ipse fautor dignitatis tuae fui verum etiam ceteris auctor ad te adjuvandum, sic me nunc Pompei dignitas vehementer movet. Aliquot enim sunt anni cum vos duo delegi quos praecipue colerem et quibus essem, sicut sum, amicissimus.

Cicéron, *imperator*, à César, *imperator.*

En lisant la lettre que m'avait apportée notre ami Furnius, et dans laquelle tu m'engageais à venir à Rome, je ne me suis guère étonné que tu veuilles « bénéficier de mes conseils et de ma popularité » ; s'agissant de mon « influence » et de mon « aide », je me demandais à part moi ce que tu voulais dire – néanmoins, l'espérance me poussait à cette idée : je pensais qu'à la mesure de ton admirable et singulière sagesse, tu voulais qu'on s'occupe de la tranquillité, de la paix, de la concorde entre citoyens, et il me semblait que, pour servir ce dessein, mon caractère et ma personne étaient particulièrement adéquats.

S'il en est ainsi et si tu te laisses toucher par quelque souci de protéger notre ami Pompée, mais aussi de te réconcilier, toi, avec la république, tu ne trouveras certainement personne qui soit plus propre à une telle entreprise que moi, qui n'ai fait que recommander la paix, à lui, Pompée, de tout temps, et au Sénat, dès que j'ai pu le faire, et qui, une fois qu'on eut pris les armes, n'ai pas le moins du monde pris part à la guerre, en jugeant que cette guerre violait tes droits, puisque tes ennemis personnels et tes détracteurs s'élevaient contre un honneur que t'avait accordé la bienveillance du peuple Romain. Mais à l'époque je ne fus pas seulement le défenseur de l'honneur dû à ton rang, j'engageais aussi les autres à t'apporter leur soutien : de même aujourd'hui c'est l'honneur dû à Pompée qui m'inquiète vivement. En effet, cela fait bien des années que je vous ai choisis, tous les deux, comme premiers objets de mes soins, afin d'être pour vous, comme je le suis aujourd'hui, le meilleur des amis.

CICÉRON, *Ad Atticum*, IX, 11a.

Pour le commentaire

1. En quelles circonstances le titre d'**imperator** (accordé – généreusement – à Cicéron lors de son proconsulat en Cilicie) était-il attribué ? Pourquoi Cicéron commence-t-il ainsi sa lettre ?
2. Documentez-vous sur la carrière politique de Cicéron : qu'est-ce qui lui permet de se présenter comme un bon artisan de la **concordia civium** ?
3. Quel **honor** revendiqué par César, et refusé par ses ennemis, fut le prétexte de la guerre civile ?
4. Pourquoi Cicéron reprend-il, mot à mot, les compliments que lui avait adressés César ?
5. Dans cette lettre, Cicéron essaie-t-il de convaincre César, ou de détourner une éventuelle sanction de celui-ci pour son attitude depuis le début des événements ?

TEXTE LATIN

Désarroi

L'année 45 est très difficile pour Cicéron : carrément exclu de la vie politique, il perd sa fille chérie, Tullia. Disparue à près de trente ans, elle était restée sa « petite Tullia » (Tulliola). Très affecté, Cicéron répond ici à une lettre de condoléances que lui a adressée son ami Servius Sulpicius.

Me autem non oratio tua solum et societas paene aegritudinis, sed etiam auctoritas consolatur ; turpe enim esse existimo me non ita ferre casum meum, ut tu, tali sapientia praeditus, ferendum putas. Sed opprimor interdum et vix resisto dolori, quod ea me solacia deficiunt quae ceteris, quorum mihi exempla propono, simili in fortuna non defuerunt. Nam et Q. Maximus, qui filium consularem, clarum virum et magnis rebus gestis, amisit, et L. Paulus, qui duo septem diebus, et vester Gallus, et M. Cato[1], qui summo ingenio, summa virtute filium perdidit, iis temporibus fuerunt, ut eorum luctum ipsorum dignitas consolaretur ea, quam ex re publica consequebantur. Mihi autem, amissis ornamentis iis quae ipse commemoras quaeque eram maximis laboribus adeptus, unum manebat illud solacium quod ereptum est.

Non amicorum negotiis, non rei publicae procuratione impediebantur cogitationes meae, nihil in foro agere libebat, aspicere curiam non poteram ; existimabam, id quod erat, omnes me et industriae meae fructus et fortunae perdidisse. Sed, cum cogitarem haec mihi tecum et cum quibusdam esse communia, et cum frangerem[2] jam ipse me cogeremque illa ferre toleranter, habebam quo confugerem, ubi conquiescerem, cujus in sermone et suavitate omnes curas doloresque deponerem. Nunc autem, hoc tam gravi vulnere, etiam illa[3], quae consanuisse videbantur, recrudescunt. Non enim, ut tum me a re publica maestum domus excipiebat quae levaret, sic nunc domo maerens ad rem publicam confugere possum, ut in ejus bonis acquiescam. Itaque et domo absum et foro, quod nec eum dolorem quem de re publica capio, domus jam consolari potest, nec domesticum[4] res publica.

CICÉRON, *Ad familiares*, IV, 6.

Jeune fille, fresque romaine, Ier s. ap. J.-C. (Naples, Musée archéologique).

1. Q. (Fabius) Maximus (Cunctator). L. (Æmilius) Paulus (le vainqueur de Persée), (Sulpicius) Gallus (parent de Servius Sulpicius) et M. Cato, le célèbre Censeur.
2. frangere : venir à bout de, maîtriser.
3. illa (vulnera).
4. domesticum (dolorem).

Pour le commentaire

1. Relevez les propositions relatives au subjonctif. De quelles propositions circonstancielles sont-elles l'équivalent ?
2. Montrez, dans la progression du texte et l'architecture des phrases, le souci de composition et de style.
3. Relevez les mots qui renvoient au chagrin du deuil, et ceux qui renvoient à l'isolement politique : pourquoi sont-ils ainsi associés ?
4. Cette lettre laisse percevoir, chez Cicéron, des qualités, mais aussi des défauts que ses contemporains et la postérité lui ont reprochés. Essayez de cerner les uns et les autres.

TEXTE & TRADUCTION

Vive la campagne !

Le poète Horace, avant même de se retirer dans son domaine de Sabine, partageait sa vie entre la ville et la campagne. Dans ses Épîtres, *lettres en vers adressées à ses amis et protecteurs, il vante souvent les avantages de cette retraite rurale...*

Urbis amatorem Fuscum salvere jubemus
ruris amatores, hac in re scilicet una
multum dissimiles, ad cetera paene gemelli
fraternis animis, quicquid negat alter, et alter,
adnuimus pariter, vetuli notique columbi.
Tu nidum servas, ego laudo ruris amoeni
rivos et musco circumlita saxa nemusque.
Quid quaeris ? Vivo et regno, simul ista reliqui
quae vos ad caelum fertis rumore secundo. [...]
Vivere naturae si convenienter oportet,
ponendaeque domo quaerenda est area primum,
novistine locum potiorem rure beato ?
Est ubi plus tepeant hiemes, ubi gratior aura
leniat et rabiem Canis et momenta Leonis,
cum semel accepit Solem furibundus acutum ?
Est ubi divellat somnos minus invida cura ?
Deterius Libycis olet aut nitet herba lapillis ?
Purior in vicis aqua tendit rumpere plumbum,
quam quae per pronum trepidat cum murmure [rivum ?
Nempe inter varias nutritur silva columnas,
laudaturque domus, longos quae prospicit agros.
Naturam expelles furca, tamen usque recurret
et mala perrumpet furtim fastidia victrix.

À Fuscus, qui aime la ville, nous disons le bonjour, nous qui aimons la campagne ; en cela seul c'est vrai, nous différons vraiment, pour le reste, presque jumeaux dans l'âme : quand l'un dit « non », l'autre aussi, et ensemble, nous acquiesçons, comme deux vieux pigeons familiers. Toi, tu gardes le nid ; moi, je vante l'agréable campagne, ses ruisseaux, ses roches moussues, ses bois. Que veux-tu ? Je vis, je suis un roi sitôt que j'ai quitté ce que vous portez aux nues par une flatteuse réputation. [...]

S'il faut vivre conformément à la nature, et pour installer une maison, d'abord choisir l'endroit, connais-tu meilleur lieu qu'une riche campagne ? En est-il où plus tièdes soient les hivers, où une plus douce brise apaise la rage de la Canicule et les mouvements du Lion, sitôt qu'il a reçu, furieux, les traits acérés du Soleil ? En est-il où le souci jaloux déchire moins le sommeil ? Sent-elle moins bon, l'herbe, et brille-t-elle moins que les mosaïques de Libye ? L'eau qui, dans vos quartiers, tend à les rompre les tuyaux de plomb, est-elle plus pure que celle qui bondit en murmurant sur la pente d'un ruisseau ? Ah ! c'est vrai ! On engraisse des forêts entre des colonnes bigarrées, et on vante une maison avec vue au loin sur les champs. Chasse la nature à la fourche, sans cesse elle reviendra en courant, et triomphant, furtivement, de nos vils dégoûts, elle les fera voler en éclats.

HORACE, *Épîtres*, I, 10, 1 sqq.

Pour le commentaire

1. Montrez que les deux premiers vers du texte proposent une variation sur l'en-tête habituel des lettres latines.
2. Relevez les adjectifs qui qualifient la campagne, en précisant les nuances de sens que chacun implique.
3. Expliquez la métaphore des pigeons, ainsi que les expressions désignant l'été (la Canicule et le Lion sont des constellations).
4. « Vivre conformément à la nature » est un précepte des philosophes, mais peut-on dire que cette « lettre » est philosophique ? Dans quelle mesure peut-on mettre en rapport son amour de la nature et certaines attitudes de notre temps ?
5. Par quel proverbe français les deux derniers vers ont-ils été repris ?

TEXTE LATIN

Quittez la ville !

Pline le Jeune, comme Horace, se complaît dans sa très luxueuse villa de Laurentum, non loin d'Ostie, et en vante les avantages à ses amis restés en ville.

C. Plinius Minucio Fundano suo salutem.

Mirum est quam singulis diebus in urbe ratio aut constet[1] aut constare videatur, pluribus cunctisque non constet. Nam si quem interroges : « Hodie quid egisti ? », respondeat : « Officio togae virilis[2] interfui, sponsalia aut nuptias frequentavi, ille me ad signandum testamentum, ille in advocationem, ille in consilium rogavit. » Haec, quo die feceris, necessaria ; eadem, si quotidie fecisse te reputes, inania videntur, multo magis cum secesseris[3]. Tunc enim subit recordatio : « Quot dies quam frigidis rebus absumpsi ! »

Quod evenit mihi, postquam in Laurentino meo aut lego aliquid aut scribo aut etiam corpori vaco, cujus fulturis animus[4] sustinetur. Nihil audio quod audisse, nihil dico quod dixisse paeniteat : nemo apud me quemquam sinistris sermonibus carpit, neminem ipse reprehendo, nisi tamen me, cum parum commode scribo ; nulla spe, nullo timore sollicitor, nullis rumoribus inquietor : mecum tantum et cum libellis loquor. O rectam sinceramque vitam, o dulce otium honestumque ac paene omni negotio pulchrius[5] ! O mare, o litus, verum secretumque Mouseion[6] quam multa invenitis, quam multa dictatis ! Proinde tu quoque strepitum istum inanemque discursum et multum ineptos labores – ut primum fuerit occasio – relinque, teque studiis vel otio trade. Satius est enim – ut Atilius[7] noster eruditissime simul et facetissime dixit – otiosum esse quam nihil agere. Vale.

PLINE LE JEUNE, *Lettres*, I, 9.

1. **ratio constet** : le compte est bon, on retrouve son compte.
2. À dix-sept ans, le jeune Romain revêtait la toge virile, ce qui donnait lieu à une cérémonie.
3. **secedere** : se retirer à la campagne.
4. **cujus fulturis animus sustinetur = quod fulcit animum.**
5. Dans cette phrase, les accusatifs expriment l'exclamation.
6. Lire *Mouséion* = **Musaeum**, temple des Muses.
7. **Atilius (Crescens)** : écrivain, ami de Pline.

La villa de Pline le Jeune à Laurentum, maquette réalisée d'après la description de l'écrivain (Grande-Bretagne, Oxford, Ashmolean Museum).

Pour le commentaire

1. Justifiez, dans la première phrase, l'emploi du subjonctif après **mirum est quam**.
2. Quel effet Pline tire-t-il des paroles rapportées au style direct à l'intérieur de cette lettre ?
3. Relevez l'utilisation de procédés rhétoriques qui font de cette lettre un bel exercice de style.
4. Pline exprime-t-il une idée originale, d'après ce que vous savez de l'évolution des mentalités à Rome à partir d'Auguste ? Comment envisage-t-il son statut d'« intellectuel » ? Dans quelle mesure peut-on le soupçonner de déguiser son snobisme en sagesse ?

La nature, ce beau luxe...

À partir de la seconde moitié du IIe siècle avant J.-C., mais surtout au Ier siècle et à l'époque augustéenne, le cadre de vie des hautes classes de la société romaine change : davantage de confort, un luxe raffiné... et de nouveaux paysages.

Côté jardins

● La ***domus***, demeure urbaine, devient un **véritable hôtel particulier** : l'atrium principal s'orne d'un péristyle (galerie couverte soutenue par des colonnes) et s'ouvre sur un petit jardin. À Rome, les riches demeures du Palatin ou de l'Esquilin couvrent une surface de plus en plus étendue, et s'ornent de jardins intérieurs.

● À côté des maisons les plus somptueuses s'étendent désormais de **véritables parcs privés** : les jardins de Lucullus, les plus anciens, ceux de Salluste, sur le Quirinal, ceux de Torquatus, sur le Cœlius, illustrent ce luxe de la fin de la République ; ceux de Mécène, sur l'Esquilin, d'une superficie de trois cents mètres sur cent, étaient dignes d'un prince : du reste, Tibère s'y installa...

Vue sur mer

● Au Ier siècle avant J.-C., il est déjà très à la mode de disposer d'une villa proche de la mer, dans le **golfe de Naples** ou celui de **Tarente**, tout au sud de l'Italie. Sur ses huit « résidences secondaires », **Cicéron** en possède quatre en **Campanie**, proches du littoral. À Antium, écrit-il, « toute raison m'est bonne pour ne rien faire ». Cicéron se risque parfois à une partie de pêche – mais le grand orateur a le mal de mer.

● Un siècle et demi plus tard, **Pline le Jeune**, de sa villa des **Laurentes** (au sud de Rome) où il vient surtout l'hiver, peut admirer d'un côté la mer, de l'autre les collines, par de larges baies vitrées. Il se méfie des bains marins : l'idéal, pour Pline, est de **nager dans une piscine chauffée** en regardant les vagues de la mer toute proche. Et Martial soutient que dans tel domaine de Formies, « on lance la ligne depuis la chambre à coucher, voire le lit », et l'on contemple d'en haut le poisson qui se prend à l'hameçon.

Les joies du terroir

● L'eau apporte une **indispensable fraîcheur**, surtout à la campagne où l'on se rend l'été pour fuir la chaleur et l'insalubrité de la ville. Rivières, lacs, cours d'eau détournés valorisent un aménagement soigné, avec terrasses, promenades arborées, portiques... Beaucoup de Romains dont la famille est originaire de bourgs du Latium ou de l'Italie ont ainsi transformé leur domaine agricole ancestral en lieu de villégiature.

● L'ancienne ***villa rustica*** (une exploitation agricole) peut ainsi devenir une ***villa urbana***, dans laquelle subsistent généralement des vergers, des vignes, divers élevages et des réserves de chasse. De la sorte, le goût des Romains pour leur « **petite patrie** » **rustique** s'allie au plaisir d'afficher une **fidélité à l'antique culture rurale**.

Locus amœnus

● D'abord position de repli pour fuir l'embarras de la ville, la villa campagnarde devient indispensable à la **méditation** et à la **création poétique**. Les Grecs avaient, en leur temps, fait des sauvages maquis du Péloponnèse le domaine de Pan, dieu artiste et musicien, poursuivant les nymphes de ses assiduités dans les vallons de l'Arcadie. C'est cet **idéal poétique** que les Romains recherchent dans leur « retraite » (***recessus***), à l'instar d'**Horace** en son domaine du pays sabin, « riante campagne, avec ses ruisseaux, ses rochers tapissés de mousse, ses bois ».

● L'aménagement des villas procure ce paysage idéal, dont les composantes sont presque rituelles. Une clairière de gazon (***gramen***), le babil d'un ruisseau (***rivus***), une eau fraîche et bondissante (***lympha***), l'ombre de quelques grands arbres (***pinus, populus***), la proximité troublante d'une grotte moussue (***spelunca***) abritant sous ses stalactites (***pumices***) une source (***fons***) où peut-être viennent se baigner les nymphes, voilà le décor du ***locus amœnus***, souvent artificiellement construit. Il se retrouve non seulement dans les vers des poètes, mais encore dans les jardins urbains. Ainsi poétisée, la nature est bien aimable...

La villa Hadriana : bassin du Canope (Tibur : actuelle Tivoli).

Dans la villa Hadriana, que l'empereur Hadrien fait construire à Tibur entre 118 et 134, la puissance impériale s'exprime à travers l'évocation de sites célèbres de l'Empire. Le tout dans un paysage enrichi par des plantes et des animaux exotiques (paons, singes, perroquets, crocodiles) : ce n'est plus la nature qui entre dans les villas, c'est le monde entier et toute sa culture.

Observation

1 *La culture comme décor*

On trouve dans cette villa tout ce qui peut favoriser l'agrément : un théâtre, des bibliothèques, des bains, des logements pour les étrangers, des temples. L'empereur a voulu reproduire quelques-uns des paysages et des monuments qu'il avait pu admirer au cours de ses nombreux voyages, telles les Caryatides de l'Érechtéion d'Athènes ou le bassin du Canope, réalisé en souvenir d'une ville d'Égypte du même nom, où l'on se rendait en traversant un canal.

2 *Un paysage architectural*

Le Canope, fermé par une colonnade semi-circulaire qui abrite des copies de statues grecques, illustre bien le goût d'Hadrien pour les jeux de lumière favorisés par le mélange de l'eau, du ciel, de la pierre et de la végétation.
Décrivez ceux qu'a fixés la photographie.

TEXTE LATIN

Mon cher Tacite...

Tacite (né en 54 ou 55) était un peu plus âgé que Pline, mais une vive amitié s'est liée entre les deux hommes à l'époque où ils étaient avocats.

C. Plinius Tacito suo S.

Librum tuum legi et, quam diligentissime potui[1], adnotavi quae commutanda, quae eximenda arbitrarer. Nam et ego verum dicere assuevi, et tu libenter audire. Neque enim ulli patientius reprehenduntur, quam qui[2] maxime laudari merentur. Nunc a te librum meum cum adnotationibus tuis exspecto. O jucundas, o pulchras vices[3] ! Quam me delectat quod, si qua[4] posteris cura nostri[5], usquequaque narrabitur qua[6] concordia, simplicitate, fide vixerimus ! Erit rarum et insigne, duos homines aetate, dignitate propemodum aequales, non nullius in litteris nominis – cogor enim de te quoque parcius dicere[7], quia de me simul dico –, alterum alterius studia fovisse. Equidem adulescentulus, cum jam tu fama gloriaque floreres, te sequi, tibi « longo sed proximus intervallo »[8] et esse et haberi concupiscebam. Et erant multa clarissima ingenia ; sed tu mihi – ita similitudo naturae ferebat – maxime imitabilis, maxime imitandus videbaris. Quo magis gaudeo, quod, si quis de studiis sermo[9], una nominamur, quod de te loquentibus statim occurro[10]. Nec desunt qui utrique nostrum praeferantur. Sed nos, nihil interest mea[11] quo loco, jungimur ; nam mihi primus, qui a te proximus. Quin etiam in testamentis[12] debes adnotasse : nisi quis forte alterutri nostrum amicissimus, eadem legata et quidem pariter accipimus. Quae omnia huc spectant, ut invicem ardentius diligamus, cum tot vinculis nos studia, mores, fama, suprema denique hominum judicia constringant. Vale.

Pline le Jeune, *Lettres*, VII, 20.

1. **quam... potui** : aussi attentivement, soigneusement que possible.
2. **(is) qui.**
3. Accusatif d'exclamation. **Vices** : échange.
4. **qua** : forme de l'adjectif indéfini **qui(s), qua, quod,** correspondant au pronom **quis, quae, quid.**
5. sous-entendre : **erit.**
6. **qua** : forme de l'adjectif interrogatif.
7. **parcius dicere** : parler en termes d'une excessive modestie.
8. = **longo intervallo, sed proximus** : « loin derrière toi, mais plus près que tous les autres ». (citation d'un auteur inconnu)
9. **sous-entendre** : **est** ou **fit.**
10 : **occurrere** : venir à l'esprit.
11. **mea** (*Acc. neutre pluriel*) **interest** : il m'importe.
12. À l'époque, dans la haute société romaine, il était d'usage d'inscrire parmi ses légataires, dans un testament, non seulement l'empereur, mais encore des personnalités célèbres, et une pléiade d'amis.

Pour le commentaire

1. Dans ce texte se rencontrent de nombreuses formes communes aux pronoms/adjectifs relatifs, indéfinis, interrogatifs **qui(s), quae/qua, quid/quod** : classez-les selon ces trois catégories, en justifiant leur emploi.
2. Comment, faisant l'éloge de l'amitié littéraire qui le lie à Tacite, Pline fait-il en même temps un éloge de ses propres talents ? Commentez la restriction : **cogor de te quoque parcius dicere**.
3. L'idéal stylistique de Pline pourrait ainsi se résumer : légereté, harmonie, finesse des « traits » et des figures. Illustrez ces qualités par des exemples pris dans le texte. Si vous avez déjà étudié des textes de Tacite, vous semble-t-il que l'historien pratique ce genre de style ?
4. Montrez que l'humour de Pline évite à cette lettre de sombrer dans la flagornerie.

TEXTE LATIN

Mon cher Trajan...

Pline était, de longue date, un ami de Trajan. Lorsque Trajan devint empereur, il nomma Pline consul, puis gouverneur de Bithynie et du Pont, deux provinces d'Asie Mineure, sur les bords de la mer Noire. Il eut à s'occuper des troubles causés par les premières communautés chrétiennes, mais aussi d'étranges « combinazione »...

Salva magnitudine tua, domine, descendas oportet ad meas curas, cum jus mihi dederis referendi ad te, de quibus[1] dubito. In plerisque civitatibus, maxime Nicomediae et Nicaeae, quidam vel in opus damnati vel in ludum[2] similiaque his genera poenarum publicorum servorum officio ministerioque funguntur, atque etiam ut publici servi annua[3] accipiunt. Quod ego cum audissem, diu multumque haesitavi, quid facere deberem. Nam et reddere poenae post longum tempus plerosque jam senes et, quantum affirmatur[4], frugaliter modesteque viventes nimis severum arbitrabar, et in publicis officiis retinere damnatos non satis honestum putabam ; eosdem rursus a re publica pasci otiosos inutile, non pasci etiam periculosum existimabam. Necessario ergo rem totam, dum te consulerem, in suspenso reliqui. Quaeres fortasse quemadmodum evenerit ut poenis in quas damnati erant exsolverentur : et ego quaesii, sed nihil comperi quod affirmare tibi possim. Ut decreta quibus damnati erant proferebantur, ita nulla monumenta[5] quibus liberati probarentur. Erant tamen qui dicerent deprecantes jussu proconsulum legatorumve dimissos. Addebat fidem quod[6] credibile erat neminem hoc ausum sine auctore.

Voici la réponse de Trajan à Pline :

Meminerimus[7] idcirco te in istam provinciam missum, quoniam multa in ea emendanda apparuerint. Erit autem vel[8] hoc maxime corrigendum, quod qui damnati ad poenam erant, non modo ea sine auctore, ut scribis, liberati sunt, sed etiam in condicionem proborum ministrorum retrahuntur. Qui igitur intra hos proximos decem annos damnati nec ullo idoneo[9] auctore liberati sunt, hos oportebit poenae suae reddi ; si qui[10] vetustiores invenientur et senes ante annos decem damnati, distribuamus illos in ea ministeria quae non longe a poena sint. Solent et ad balineum, ad purgationes cloacarum, item munitiones viarum et vicorum dari.

PLINE LE JEUNE, *Lettres*, X, 31 et 32.

1. **... referendi... (ea) de quibus dubito.**
2. **damnare** (**in** + *Acc.*) : condamner à... ; **opus** : les travaux forcés ; **ludus** : les jeux de l'amphithéâtre, où les condamnés à mort étaient livrés aux bêtes ou diversement exécutés.
3. **annuum** : une pension annuelle, un salaire.
4. **quantum affirmatur** : dans la mesure où on l'affirme, à ce qu'on me dit.
5. **Ut..., ita...** : la comparaison a ici un sens restrictif : « on me présentait bien les sentences de leur condamnation, mais, pour autant, aucun document (**monumentum**) »...
6. **Addebat fidem quod** (= le fait que)... : « on était d'autant plus porté à le croire que... »
7. **Meminerimus** : souvenons-nous.
8. **vel maxime** : le plus possible.
9. **idoneus** : valable, légalement compétent.
10. **qui** : nominatif masculin pluriel de **quis**.

Pour le commentaire

1. À quel cas sont **Nicomediae** et **Nicaeae** (les deux plus grandes villes de Bythinie) ? Identifiez la forme **meminerimus** et justifiez la traduction donnée en note.
2. Sur quel ton Pline s'adresse-t-il à Trajan ? Pourquoi cette affaire est-elle embarrassante ? Que suggère la fin de sa lettre ?
3. Que pensez-vous de la réponse de Trajan ? A-t-elle forcément été rédigée (ou dictée) par Trajan en personne ?

TEXTE TRADUIT

Un ami malade

Dans les Lettres *de Pline apparaît une sensibilité nouvelle, qui témoigne de l'évolution des mœurs et des mentalités. On le voit s'attrister de la mort d'une jeune fille, s'intéresser aux études des enfants de Côme, faire partager au lecteur, dans une lettre à son épouse Calpurnia, la tendresse de son amour conjugal, ou, comme ici, sa sollicitude à l'égard d'un ami malade.*

Mon cher Catilius,

Voici déjà longtemps que je suis retenu à Rome dans une véritable consternation. Titus Aristo, un homme à qui je voue une admiration et une amitié singulières, est atteint d'une longue et opiniâtre maladie, qui me cause les plus vives inquiétudes. Chez personne d'autre on ne pourrait trouver autant de sérieux, de moralité et de savoir, à tel point que ce n'est pas un simple individu, mais la littérature même et tous les arts libéraux qui me semblent courir en sa seule personne les plus grands dangers. [...]

Tu serais empli d'admiration, si tu étais des nôtres, en voyant avec quelle patience, justement, il endure sa maladie actuelle, comment il lutte contre la souffrance, comment il résiste à la soif, comment il supporte l'incroyable intensité de ses accès de fièvre en restant sans bouger sous ses couvertures. Il m'a tout dernièrement fait appeler avec quelques-uns de ses meilleurs amis, et nous a demandé de consulter les médecins sur le pronostic de sa maladie, dans l'intention, au cas où elle serait incurable, de quitter volontairement la vie, mais de l'endurer et de rester parmi nous si elle ne devait être que longue et pénible, car les supplications de sa femme, les larmes de sa fille aussi bien que l'attachement de ses amis lui faisaient un devoir de ne pas décevoir leurs espérances par une mort volontaire, à condition toutefois qu'elles ne fussent pas vaines. Voilà une attitude qui est, à mes yeux, particulièrement difficile, et digne de tous les éloges. Se ruer à la mort impétueusement et sans réfléchir, beaucoup en sont capables ; mais peser et calculer les motifs de quitter la vie, et, selon ce que conseille la raison, adopter ou abandonner le projet de vivre ou de mourir, seule une très grande âme peut le faire. Quant aux médecins, disons qu'ils sont plutôt optimistes ; encore faut-il que le Ciel confirme cet optimisme et me délivre de mon inquiétude actuelle, ce qui me permettra de regagner ma villa des Laurentes , je veux dire mes livres et mes tablettes, et le loisir de travailler. Car pour ce qui est de lire et d'écrire, pour le moment le temps que je passe à son chevet ne m'en laisse pas la liberté, et le souci que je me fais m'en ôte toute envie.

Te voilà au courant de mes craintes, de mes souhaits et de mes projets actuels. Donne-moi, à ton tour, de tes nouvelles pour le passé, le présent et l'avenir, mais envoie-moi une lettre plus gaie que la mienne ! Dans le tourment où je me trouve, savoir que tout va bien pour toi me sera une consolation non négligeable.

Bien à toi.

PLINE LE JEUNE, *Lettres*, I, 22, trad. René Martin,
Anthologie de la littérature latine, © Gallimard, Folio.

Madame de Sévigné
(1626-1696)

À PROPOS D'UNE TANTE MALADE

On doit à Mme de Sévigné de nombreuses lettres adressées à ses amis et surtout à sa fille, Mme de Grignan, qui vit en Provence et dont elle ressent douloureusement l'absence. Spirituelle et enjouée, sa correspondance souvent mondaine peut également laisser place à des interrogations émouvantes sur le décès de ses proches et sur la perspective de sa propre mort.

À Paris, mercredi 16 mars 1672

Vous me parlez de mon départ. Ah ! ma chère fille ! je languis dans cet espoir charmant. Rien ne m'arrête que ma tante, qui se meurt de douleur et d'hydropisie[1]. Elle me brise le cœur par l'état où elle est, et par tout ce qu'elle dit de tendresse et de bon sens. Son courage, sa patience, sa résignation, tout cela est admirable. [...]

Vous me demandez, ma chère enfant, si j'aime toujours bien la vie. Je vous avoue que j'y trouve des chagrins cuisants. Mais je suis encore plus dégoûtée de la mort ; je me trouve si malheureuse d'avoir à finir tout ceci par elle, que si je pouvais retourner en arrière, je ne demanderais pas mieux. Je me trouve dans un engagement qui m'embarrasse ; je suis embarquée dans la vie sans mon consentement. Il faut que j'en sorte ; cela m'assomme. Et comment en sortirai-je ? Par où ? Par quelle porte ? Quand sera-ce ? En quelle disposition ? Souffrirai-je mille et mille douleurs, qui me feront mourir désespérée ? Aurai-je un transport au cerveau ? Mourrai-je d'un accident ? Comment serai-je avec Dieu ? Qu'aurai-je à lui présenter ? La crainte, la nécessité, feront-elles mon retour vers lui ? N'aurai-je aucun autre sentiment que celui de la peur ? Que puis-je espérer ? Suis-je digne du paradis ? Suis-je digne de l'enfer ? Quelle alternative ! Quel embarras ! Rien n'est si fou que de mettre son salut dans l'incertitude, mais rien n'est si naturel, et la sotte vie que je mène est la chose du monde la plus aisée à comprendre. Je m'abîme dans ces pensées, et je trouve la mort si terrible que je hais plus la vie parce qu'elle m'y mène que par les épines qui s'y rencontrent. Vous me direz que je veux vivre éternellement. Point du tout, mais si on m'avait demandé mon avis, j'aurais bien aimé à mourir entre les bras de ma nourrice ; cela m'aurait ôté bien des ennuis et m'aurait donné le ciel bien sûrement et bien aisément. Mais parlons d'autre chose.

MADAME DE SÉVIGNÉ,
Lettres, 203.

1. Œdème.

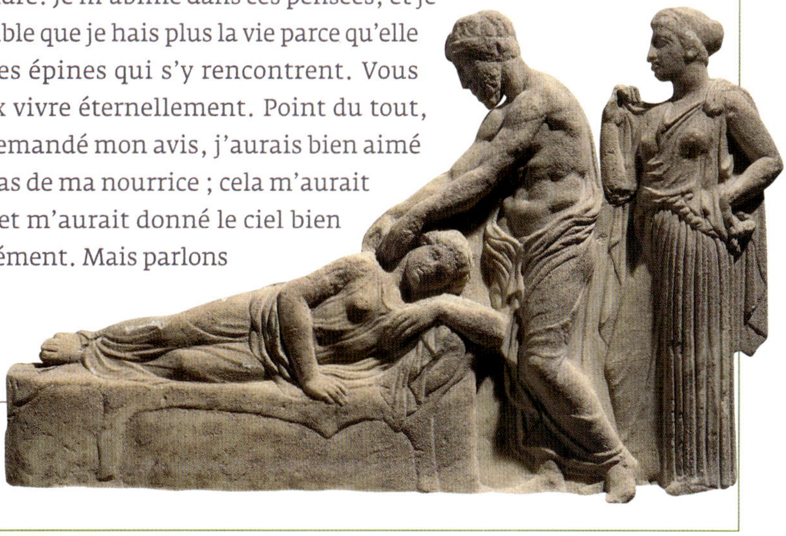

Esculape, dieu de la médecine, soigne une patiente, relief de marbre, Ve s. av. J.-C. (Grèce, musée archéologique du Pirée).

TEXTE TRADUIT

Pline et le Vésuve

Le jour de l'éruption du Vésuve, le 24 août 79, Pline se trouvait à Misène, sur les bords du golfe de Naples, chez son oncle le naturaliste Pline l'Ancien, par ailleurs amiral de la flotte impériale. À la demande de son ami Tacite, il raconte dans une première lettre célèbre (VI, 16) comment ce savant trouva une mort héroïque en voulant examiner l'éruption de près. En fait, ce texte est plein de contradictions… et il n'est pas impossible qu'écrit bien après coup, il doive beaucoup à l'imagination de l'épistolier, resté à la villa pour faire ses devoirs ! Mais dans une seconde lettre, toujours adressée à Tacite, Pline raconte comment il a personnellement vécu la catastrophe…

Pline le Jeune et sa mère lors de l'éruption du Vésuve, par Angelika Kauffmann,1785 (Princeton, The Art Museum).

Une fois mon oncle parti, je consacrai tout mon temps au travail (c'est d'ailleurs pour cela que j'étais resté) ; vinrent ensuite le bain, le dîner et un sommeil agité et bref. Durant plusieurs jours il y avait eu des tremblements de terre annonciateurs, mais pas trop effrayants parce qu'habituels en Campanie. Cette nuit-là, en revanche, ils prirent une telle force que tout semblait non seulement bouger, mais se retourner. Ma mère se précipite dans ma chambre, au moment où je me levais moi-même pour aller la réveiller au cas où elle dormirait. Nous nous asseyons dans la petite cour séparant la maison de la mer. Courage ou inconscience de ma part (j'avais alors dix-sept ans) ? Je me fais apporter un livre de Tite-Live et, comme si tout était normal, je me mets à le lire en prenant même des notes comme j'avais commencé à le faire. Voici qu'arrive un ami de mon oncle, récemment arrivé d'Espagne pour le voir. Trouvant ma mère et moi assis, et qui plus est moi en train de lire, il s'emporte contre sa passivité et contre mon insouciance – ce qui ne m'empêche pas de rester plongé dans mon livre.

Il était déjà près de sept heures, et la lumière était encore incertaine et comme sans vigueur ; déjà les bâtiments qui nous entouraient étaient secoués et, si nous étions à découvert, l'étroitesse du lieu nous faisait assurément courir un risque sérieux au cas où ils s'écrouleraient. Nous nous résolûmes alors à quitter la ville ; nous suit une foule hébétée et, ce qui est la forme que prend la sagesse en cas de grande peur, préférant

l'avis d'autrui au sien : c'est alors une immense colonne qui presse et accélère notre marche. Nous faisons halte une fois sortis de la zone habitée, et nous éprouvons alors bien des surprises et bien des frayeurs. Les voitures qui ouvraient la marche repartaient en arrière bien que le terrain fût parfaitement plat et on avait beau les caler avec des pierres, elles ne restaient pas sur place. Nous constations en outre que la mer se retirait comme sous la poussée du tremblement de terre. En tout cas la rive occupait un plus grand espace et l'on y voyait, échoués sur le sable, un grand nombre d'animaux marins. De l'autre côté, une affreuse nuée noire, que déchiraient les sinuosités et les zigzags de vapeurs incandescentes, s'ouvrait pour laisser passer de longues flammes semblables à des éclairs, mais plus grandes. [...]

Ma mère se met alors à me prier, à m'adjurer, à m'ordonner de fuir à tout prix : un jeune homme pouvait le faire, mais pour elle, qu'alourdissaient les ans et sa corpulence, la mort serait douce si elle n'était pas cause de la mienne. À quoi je réponds que je ne me sauverai pas sans elle. Puis, la prenant par la main, je la force à marcher plus vite, ce qu'elle fait avec peine, et en s'accusant de me retarder. À ce moment, de la cendre, mais encore peu dense ! Je me retourne, et je vois comme un brouillard épais s'avançant sur nous par derrière, semblable à un torrent coulant sur le sol. « Quittons la route, dis-je, tant que nous y voyons, afin de ne pas être piétinés, si jamais nous tombons, par la foule de ceux qui nous suivent ! » À peine sommes-nous assis, que c'est la nuit, non point celle qu'il fait en l'absence de lune ou par temps nuageux, mais celle qu'on a dans une pièce fermée une fois la lumière éteinte. On entendait les lamentations des femmes, les pleurs des bébés, les cris des hommes ; les uns cherchaient de la voix leurs parents, d'autres leurs enfants, d'autres leurs épouses, et tentaient de les reconnaître à la voix ; certains déploraient leur malheur, certains celui des leurs ; il y en avait qui appelaient la mort par crainte de la mort ; beaucoup levaient les mains vers les dieux, d'autres, plus nombreux, prétendaient qu'il n'y avait plus de dieux et que cette nuit durerait toujours et serait pour le monde la dernière. Et il ne manqua pas de gens pour augmenter les dangers réels de terreurs imaginaires et mensongères : certains annonçaient qu'à Misène tel édifice s'était écroulé, tel autre était en flammes – ce n'était pas vrai, mais on les croyait. Il finit par faire un peu plus clair, mais on voyait bien que ce n'était pas la clarté du jour, mais celle du feu, qui se rapprochait. Il s'arrêta tout de même à une certaine distance, et ce furent de nouveau les ténèbres, de nouveau la cendre, abondante et lourde. Nous nous levions de temps en temps pour la secouer, sans quoi elle nous aurait recouverts et écrasés sous son poids. Je pourrais me vanter de n'avoir, au milieu de tels dangers, laissé échapper ni un gémissement ni une parole marquant un manque de courage, si je n'avais trouvé, dans la pensée que je périssais avec le monde, et le monde avec le pauvre être que j'étais, une grande consolation à la condition de mortel...

PLINE LE JEUNE, *Lettres*, VI, 20, trad. René Martin,
Anthologie de la littérature latine, © Gallimard, Folio.

Pour le commentaire

1 Pour écrire cette lettre, bien des années plus tard, Pline a dû faire un effort de mémoire : quels détails vous semblent des souvenirs, pour lui, ineffaçables ?

2 Documentez-vous sur l'éruption du Vésuve et ses caractéristiques physiques. Le récit de Pline est-il en accord avec les analyses des vulcanologues ?

3 Quelle image de lui-même Pline entend-il donner dans ce récit ? Quels traits font ressortir chez lui l'intellectuel et l'aristocrate ? Que pensez-vous de la dernière phrase du texte ?

TEXTE LATIN

Loin de toi...

Déjà âgé, Pline a épousé en troisièmes noces une jeune femme, Calpurnia, pleine de talents et de tendresse, dont il est très amoureux. Dans les quatre lettres qu'il lui adresse, il ne cache rien de ses sentiments, même s'il envisage de publier cette correspondance très intime. En l'occurrence, Calpurnia est loin de Pline : souffrante, elle est partie se reposer en Campanie, la Côte d'Azur des Romains...

Villa en bord de mer, médaillon d'une fresque de Stabies, Ier s. ap. J.-C. (Naples, Musée archéologique).

C. Plinius Calpurniae suae S. D.

Numquam sum magis de occupationibus meis questus, quae me non sunt passae aut proficiscentem te valetudinis causa in Campaniam prosequi aut profectam e vestigio subsequi. Nunc enim praecipue simul[1] esse cupiebam, ut oculis meis crederem quid viribus, quid corpusculo appărares[2], ecquid denique secessus voluptates regionisque abundantiam inoffensa transmitteres[3]. Equidem etiam fortem[4] te non sine cura desiderarem ; est enim suspensum et anxium de eo quem ardentissime diligas[5] interdum nihil scire. Nunc vero me cum absentiae, tum infirmitatis tuae ratio[6] incerta et varia sollicitudine exterret. Vereor omnia, imaginor omnia, quaeque natura metuentium est[7], ea maxime mihi, quae maxime abominor, fingo. Quo impensius rogo ut timori meo cotidie singulis vel etiam binis epistulis consulas. Ero enim securior, dum lego, statimque timebo[8], cum legero. Vale.

Pline le Jeune, *Lettres*, VI, 4.

1. **simul = tecum.**
2. **apparare** : accorder des soins à.
3. **transmittere** : traverser (par exemple : un fleuve, ou des dangers).
4. **fortem** : en bonne santé.
5. **diligas** : on aime (2e pers. sg du subjonctif). **Suspensum** et **anxium** sont attributs de **nihil scire** : « Ne rien savoir,... c'est une source d'inquiétude, d'angoisse. »
6. **ratio** : le fait de penser à... ; **incerta et varia** qualifient **sollicitudine.**
7. **quae (que) est** : « et, attitude qui est naturelle lorsque l'on est plein de craintes » (**quae est**, par attraction, accordé avec **natura**, alors que l'on attendrait le relatif neutre **quod**, « le fait que... »).
8. **(rursus) timebo.**

Pour le commentaire

1 Il existe en latin un usage particulier de l'imparfait, dit « imparfait épistolaire » : parfois (mais pas toujours), considérant que le moment où il écrit sera du passé quand la lettre sera lue, le rédacteur utilise l'imparfait pour désigner le moment où sa lettre est rédigée. Trouvez un exemple de cet usage curieux dans le texte, et substituez le présent à ces imparfaits épistolaires.

2 La deuxième phrase a dû vous paraître difficile à traduire : c'est qu'elle est contournée, et manque de l'habituelle clarté qui caractérise le style de Pline... Qu'est-ce qui peut justifier cet embarras ? Que peut suggérer le rapprochement (un peu incongru) entre **secessus voluptates** et **regionis abundantiam** (la Campanie est loin d'être un désert !) ?

3 À votre avis, Pline s'inquiète-t-il seulement de la santé de sa jeune épouse ? Justifiez votre réponse en interprétant divers points du texte.

« PAS DE LETTRES POUR VOUS »

En février 1915, la France est en guerre. Le poète Guillaume Apollinaire, engagé volontaire, est à Nîmes, dans une caserne, et attend de monter au front. Il est follement amoureux de Louise de Coligny (qu'il appelle Lou), et lui adresse ce billet en alexandrins.

QUATRE jours mon amour pas de lettre de toi
Le jour n'existe plus le soleil s'est noyé
La caserne est changée en maison de l'effroi
Et je suis triste ainsi qu'un cheval convoyé

Que t'est-il arrivé souffres-tu ma chérie
Pleures-tu Tu m'avais bien promis de m'écrire
Lance ta lettre obus de ton artillerie
Qui doit me redonner la vie et le sourire

Huit fois déjà le vaguemestre a répondu
« Pas de lettres pour vous » Et j'ai presque pleuré
Et je cherche au quartier ce joli chien perdu
Que nous vîmes ensemble ô mon cœur adoré

En souvenir de toi longtemps je le caresse
Je crois qu'il se souvient du jour où nous le vîmes
Car il me lèche et me regarde avec tendresse
Et c'est le seul ami que je connaisse à Nîmes

Sans nouvelles de toi je suis désespéré
Que fais-tu Je voudrais une lettre demain
Le jour s'est assombri qu'il devienne doré
Et tristement ma Lou je te baise la main

GUILLAUME APOLLINAIRE, *Poèmes à Lou*, 1915, © Gallimard.

Guillaume Apollinaire (1880-1918) au café de Flore, dessin signé I. M. L. et daté du 24 mai 1914 (coll. part.)

TEXTE & TRADUCTION

Les lectures publiques

*Au Ier siècle après J.-C., la haute société romaine est passionnée d'éloquence et de poésie. Tout un chacun écrit des discours, trousse des épigrammes, compose des idylles ou des épopées (ou trouve une plume habile pour le faire en son nom). Après quoi, on loue une « salle de conférence » dans une basilique ou un palais, on invite tous ses amis, et l'on fait une lecture (*recitatio*) de l'opus. En attendant les applaudissements... et en comptant les absents !*

C. Plinius Sosio Senecioni suo S. D.

Magnum proventum poetarum annus hic attulit : toto mense Aprili nullus fere dies, quo non recitaret aliquis. Juvat me quod vigent studia, proferunt se ingenia hominum et ostentant, tametsi ad audiendum pigre coitur. Plerique in stationibus sedent tempusque audiendi fabulis conterunt, ac subinde sibi nuntiari jubent, an jam recitator intraverit, an dixerit praefationem, an ex magna parte evoluerit librum ; tum demum ac tunc quoque lente cunctanterque veniunt, nec tamen permanent, sed ante finem recedunt, alii dissimulanter et furtim, alii simpliciter et libere. At hercule memoria parentum Claudium Caesarem ferunt, cum in Palatio spatiaretur audissetque clamorem, causam requisisse, cumque dictum esset recitare Nonianum, subitum recitanti inopinatumque venisse. Nunc otiosissimus quisque multo ante rogatus et identidem admonitus aut non venit aut, si venit, queritur se diem – quia non perdidit – perdidisse. Sed tanto magis laudandi probandique sunt quos a scribendi recitandique studio haec auditorum vel desidia vel superbia non retardat. Equidem prope nemini defui. Erant sane plerique amici ; neque enim est fere quisquam, qui studia, ut non simul et nos amet. His ex causis longius quam destinaveram tempus in urbe consumpsi. Possum jam repetere secessum et scribere aliquid, quod non recitem, ne videar, quorum recitationibus adfui, non auditor fuisse sed creditor. Nam ut in ceteris rebus ita in audiendi officio perit gratia si reposcatur. Vale.

Mon cher Sosius Senecio,

Cette année a produit une abondante récolte de poètes. Dans tout le mois d'avril, il n'y a pratiquement pas eu un jour sans quelque lecture publique. Je me réjouis de voir le goût de la littérature prospérer, les talents se produire en public et se faire valoir, même s'il y a peu d'empressement pour les entendre en réunion. La plupart des invités restent assis dans des salles communes et perdent à échanger des ragots le temps qu'ils devraient consacrer à écouter, et de temps en temps ils se font annoncer si le lecteur est entré, s'il a dit l'introduction, s'il a lu un bon morceau du livre ; alors seulement, et même alors, lentement et en traînant les pieds, ils arrivent ; mais ils ne restent pas jusqu'au bout : non, ils se retirent avant la fin, les uns en s'esquivant et à la dérobée, les autres franchement et sans façon.

Et pourtant, du temps de nos pères, on raconte que l'empereur Claude, se promenant dans son palais, entendit des acclamations et en demanda la cause : apprenant que c'était une lecture publique faite par Nonianus, il s'y rendit sans plus attendre et à la grande surprise du lecteur. Aujourd'hui les gens les plus oisifs, invités bien à l'avance et avertis par un rappel à plusieurs reprises, ou bien ne viennent pas, ou s'ils viennent, c'est pour se plaindre d'avoir perdu un jour, parce que justement ce jour n'a pas été perdu. Il faut accorder d'autant plus d'éloges et d'estime à ceux dont le goût d'écrire et de lire en public ne se laisse pas engourdir par cette indolence et cette arrogance des auditeurs.

Pour moi je n'ai fait défaut à aucun auteur, ou presque. La plupart, il est vrai, étaient des amis ; car il n'y a pratiquement aucun ami des lettres qui ne soit aussi mon ami. C'est pour cela que j'ai passé à Rome plus de jours que je n'avais décidé. Je puis maintenant regagner ma retraite et composer quelque écrit que je ne lirai pas en public, afin de ne pas sembler, à tous ceux dont j'ai écouté les lectures, leur avoir non pas donné, mais prêté mon attention. Car comme pour toutes choses, s'agissant du devoir d'assister aux lectures, la reconnaissance n'a plus lieu d'être, si on l'exige. Adieu.

PLINE LE JEUNE, *Lettres*, I, 13.

Pour le commentaire

1. Relevez dans le texte latin le lexique relatif à la **recitatio** : technique, lieu, invitations...
2. Que pensez-vous de l'attitude de Pline vis-à-vis de ces mondanités littéraires ?

1. *Débordé !*

Dans cette lettre à son ami Caninius, qui comme lui aime séjourner en villégiature sur les rives du lac Larius (aujourd'hui le lac de Côme), Pline, resté à Rome, a l'air bien fatigué par toutes ses obligations...

C. Plinius Caninio suo S.

Studes an piscaris an venaris an simul omnia ? Possunt enim omnia simul fieri ad Larium nostrum. Nam lacus piscem, feras silvae quibus lacus cingitur, studia altissimus iste secessus affatim suggerunt. Sed sive omnia simul sive aliquid facis, non possum dicere « invideo » ; angor tamen non et mihi licere, qui sic concupisco ut aegri vinum, balinea, fontes. Numquamne hos artissimos laqueos, si solvere negatur, abrumpam ? Numquam, puto. Nam veteribus negotiis nova accrescunt, nec tamen priora peraguntur : tot nexibus, tot quasi catenis majus in dies occupationum agmen extenditur. Vale.

Pline le Jeune, *Lettres*, II, 8.

2. *À Calpurnia*

Incredibile est quanto desiderio tui tenear. In causa amor primum, deinde quod non consuevimus abesse. Inde est quod magnam noctium partem in imagine tua vigil exigo ; inde quod interdiu, quibus horis te visere solebam, ad diaetam tuam ipsi me, ut verissime dicitur, pedes ducunt ; quod denique aeger et maestus ac similis excluso a vacuo limine recedo. Unum tempus his tormentis caret, quo in foro et amicorum litibus conteror. Æstima tu, quae vita mea sit, cui requies in labore, in miseria curisque solacium. Vale.

Pline le Jeune, *Lettres*, VII, 5.

Portrait d'une jeune femme, IIe s. ap. J.-C. (Massachusets, Worcester Art Museum).

CHAPITRE **5**

Piquantes épigrammes

CIVILISATION

Jeux d'esprit

Littéralement, une épigramme (en grec, ἐπίγραμμα) est une inscription en prose, puis en vers, gravée sur un édifice, un tombeau, par exemple, pour perpétuer le souvenir d'une personne ou d'un événement.

Élégance et brièveté

● À partir du IVe – IIIe s. av. J.-C., les poètes grecs exercent leur verve et leur virtuosité en composant, sous ce nom, de **très courts poèmes** (parfois deux vers seulement !) sur des **sujets très variés** : portraits, éloges, billets amoureux, pensées morales, compliments... Souvent, l'épigramme est explicitement **offerte à un dédicataire** comme une sorte de cadeau poétique. Mais le nom du dédicataire peut aussi désigner la cible d'une moquerie plus ou moins mordante ! Ainsi naît un genre littéraire mineur, mais très convivial : Platon et ses disciples passent pour s'y être exercés, comme à peu près tous les lettrés de la Grèce.

● La difficulté, c'est de « **faire bref** » tout en recherchant l'expression gracieuse ou spirituelle d'une pensée subtile. Il faut, en peu de mots, **trouver des « traits »** pleins d'humour ou de force, et ce « petit format » permet une **joute poétique** permanente entre auteurs.

● Très vite, les meilleures épigrammes grecques furent réunies en **anthologies** (du grec ἄνθος, « fleur », et λέγειν, « choisir » : une anthologie est une « collection de fleurs », un bouquet). La plus célèbre, dont le titre file la métaphore florale, est la *Guirlande* de Philodème de Gadara (IIe s. av. J.-C.). Mais ces recueils s'enrichirent jusqu'à l'époque byzantine (*Anthologie palatine*, Xe siècle ap. J.-C.).

L'épigramme « à la Romaine »

● C'est au début du Ier s. avant J.-C. que les Romains commencèrent à imiter les poètes grecs alexandrins, et, parmi eux, les auteurs d'épigrammes découvertes dans les anthologies. Tout en s'appropriant les règles métriques typiquement grecques de ces poésies, **les artistes latins accentuent certains traits de ce genre** : ils apprécient la violence qu'autorise une expression « concentrée », ils aiment attaquer férocement leurs rivaux amoureux, politiques ou littéraires, ils forcent la **caricature** et, dans la tradition de l'ancienne satire latine, ils ne se privent pas de bousculer les convenances par des « **pointes** » (***acumina***) particulièrement salaces et grivoises.

● **Catulle**, mais aussi, semble-t-il, **Cicéron**, **César** et leurs amis se plurent à ces jeux poétiques. Un siècle plus tard, l'atmosphère littéraire de la cour favorise ces jeux d'esprit, à condition de ne point offenser le Prince et ses proches : l'épigramme devient la « monnaie d'échange » des poètes mondains comme **Martial**, qui en use pour se faire des ennemis, mais aussi des amis !

Et ensuite...

● Plus grossière, plus cynique mais aussi plus acide que l'épigramme grecque, l'épigramme latine devient une **brève satire** « retombant » sur un trait spirituel qui en constitue la **chute**. C'est sur ce modèle, une fois débarbouillé de ses excès, que se développa, aux XVIe et XVIIe siècles, l'épigramme « à la française » ainsi définie par Boileau dans son *Art poétique* (1674) :

« L'Épigramme, plus libre en son tour plus borné,
N'est souvent qu'un bon mot de deux rimes orné... »

Portrait d'un poète (?), fresque de Pompéi, Ier s. ap. J.-C. (Naples, Musée archéologique).

CATULLE (v. 87- v. 54 av. J.-C.)

Ce poète a, pour ainsi dire, frayé la voie à l'épigramme latine. Sur les cent seize poèmes que nous avons conservés, un bon tiers peuvent être considérés comme des épigrammes, parmi lesquelles bon nombre de pièces assez vulgaires et carrément salaces, mais aussi quelques **poésies dédiées à Lesbie** : restés célèbres en raison de la passion que l'on prête à Catulle pour la femme cachée sous ce pseudonyme, ces poèmes courts et vifs, par leurs thèmes et leur style, s'inscrivent dans la **tradition de l'épigramme amoureuse** (en grec, « érotique »). Cent cinquante ans plus tard, Martial ne s'y trompera pas : nombreuses sont les références à Catulle dans son œuvre, et tout en se moquant parfois de sa sophistication, il salue son prédécesseur !

MARTIAL (40- 104 ap. J.-C.)

Non hic Centauros, non Gorgonas Harpiyasque invenies : hominem nostra pagina sapit.
Dans mon livre, des Centaures, des Gorgones, des Harpies, tu n'en trouveras pas : la saveur de ma page, c'est l'homme.
Épigrammes, X, 4.

Né en 40 ap. J.-C. dans une petite ville du nord de l'Espagne, Bilbilis, Martial (Marcus Valerius Martialis) s'installe à Rome en 64. Il devient le client de la *gens Aennea*, originaire d'Espagne, à laquelle appartiennent Lucain et Sénèque. Malheureusement, ces protecteurs du poète sont impliqués dans une conjuration et éliminés par Néron !

- Pendant plusieurs années, Martial vivote en écrivant pour divers protecteurs des poèmes qu'ils font passer pour les leurs : la haute société romaine, en effet, se pique de littérature, et compose à qui mieux mieux. C'est grâce à l'inauguration du Colisée, en 80, que Martial se fait remarquer en écrivant un **recueil de poèmes célébrant les spectacles** (le *Liber spectaculorum*). L'empereur Domitien fait de lui un chevalier, et, grâce à diverses pensions, Martial vit assez largement : il possèdera deux villas, l'une à Nomentum, l'autre sur le Quirinal !
- Au cours de sa vie de bohème, Martial a bien connu la faune des pique-assiettes, les courtisans ... et les courtisanes. Par la suite, sa position l'autorise à prendre pour cible les mauvais poètes, les imbéciles, les vieilles matrones cupides et les snobs.

Il publie **quatorze livres d'épigrammes**, qui ont sans doute connu un vif succès, puis, aidé par l'amitié de Pline le Jeune, il se retire à Bilbilis, où il meurt en 104.

Poète avec une tablette et un stylet, IIe - IIIe s. ap. J.-C. (Trèves, Rheinisches Landesmuseum).

Quelques frimeurs...

1. **causas agere** : plaider.
2. **historiae** : des ouvrages d'histoire.
3. **epigrammata** : forme grecque (*N/Acc. pluriel*).
4. **ardalio** : un frimeur frénétique.
5. Les **Esquilies**, le **Vicus Patricius** étaient des quartiers de Rome.
6. Selon le mythe, Cybèle est veuve de son amant Attis (Atys).
7. **Jovem** = le temple de Jupiter, reconstruit par Domitien en 83.
8. **qua te parte** : de quel côté ?

Declamas belle, causas agis[1], Attice, belle ;
historias[2] bellas, carmina bella facis ;
componis belle mimos, epigrammata[3] belle ;
bellus grammaticus, bellus es astrologus,
et belle cantas et saltas, Attice, belle ;
bellus es arte lyrae, bellus es arte pilae.
Nil bene cum facias, facias tamen omnia belle,
vis dicam quid sis? Magnus es ardalio[4] !

MARTIAL, *Épigrammes*, II, 7.

Carmina Paulus emit, recitat sua carmina Paulus.
Nam quod emas possis jure vocare tuum.

op. cit., II, 20.

Esquiliis domus est, domus est tibi colle Dianae,
et tua Patricius culmina Vicus[5] habet ;
hinc viduae[6] Cybeles, illinc sacraria Vestae,
inde novum, veterem prospicis inde Jovem[7].
Dic ubi conveniam, dic qua te parte[8] requiram ;
quisquis ubique habitat, Maxime, nusquam habitat !

op. cit., VII, 73.

Une villa pour frimeurs, fresque (Naples, Musée archéologique).

Pour le commentaire

1 Ces trois poèmes sont de longueur différente : comment Martial tire-t-il profit, dans chacun des cas, de la dimension qu'il a choisie ?

2 Relevez les procédés rhétoriques utilisés.

Qu'ont en commun les trois personnages épinglés par ces épigrammes ?

TEXTES LATINS

Problèmes de voisinage

1. *Le maître d'école bruyant*

1. = « Pourquoi nous en veux-tu ? que nous reproches-tu ? »

2. = « quand un forgeron installe (la statue d') un avocat sur le dos d'un cheval. »

3. **parma** : petit bouclier rond, et, par métonymie le gladiateur (appelé **threx**) qui le porte.

4. **Vicini** : nous, les voisins ...

Quid tibi nobiscum est[1], ludi scelerate magister,
invisum pueris virginibusque caput ?
nondum cristati rupere silentia galli :
murmure jam saevo verberibusque tonas.
Tam grave percussis incudibus aera resultant,
causidicum medio cum faber aptat equo[2]:
mitior in magno clamor furit amphitheatro,
vincenti parmae[3] cum sua turba favet.
Vicini[4] somnum – non tota nocte ! – rogamus :
nam vigilare leve est, pervigilare grave est.
Discipulos dimitte tuos ! Vis, garrule, quantum
accipis ut clames, accipere ut taceas ?

MARTIAL, *Épigrammes*, IX, 68.

2. *Novius, voisin insaisissable*

1. **(me) cui liceat** : moi à qui il est permis, moi qui peux...

2. Syène est une ville de Haute-Égypte ; Terentianus est sans doute un haut fonctionnaire en mission.

3. **inquilinus, i** : locataire.

Vicinus meus est manuque tangi
de nostris Novius potest fenestris.
Quis non invideat mihi putetque
horis omnibus esse me beatum,
juncto cui liceat[1] frui sodale?
Tam longe est mihi quam Terentianus,
qui nunc Niliacam regit Syenen[2].
Non convivere, nec videre saltem,
non audire licet, nec urbe tota
quisquam est tam prope tam proculque nobis.
Migrandum est mihi longius vel illi.
Vicinus Novio vel inquilinus[3]
sit, si quis Novium videre non vult.

op. cit., I, 86.

Paysage urbain, fresque de Boscoreale (détail), vers 40-30 av. J.-C. (New York, Metropolitan Museum of Art).

Pour le commentaire

1. Relevez les allitérations et les assonances dans les deux poèmes. Quels sont les effets recherchés ?
2. Étudiez la différence de ton entre ces deux épigrammes, et comparez leur « chute ».

De Catulle à Martial

Dans ses recueils d'épigrammes, Martial fait à plusieurs reprises référence à Catulle, qui l'a précédé dans cet art ; il montre à son égard une spirituelle complicité.

TEXTE & TRADUCTION

1. *Un petit moineau*

Passer, deliciae meae puellae,
quicum ludere, quem in sinu tenere,
cui primum digitum dare appetenti
et acris solet incitare morsus,
cum desiderio meo nitenti
carum nescio quid lubet jocari
et solaciolum sui doloris,
credo ut tum gravis acquiescat ardor :
tecum ludere sicut ipsa possem
et tristis animi levare curas !

CATULLE, *Poésies*, 2.

Moineau, qui fais de mon amante [les délices,
Avec qui elle joue et qu'elle tient caché
Dans le pli de sa robe, à qui elle aime offrir
Le bout convoité de son doigt, et qu'elle excite
Afin qu'il le picore ardemment de son bec,
Lorsqu'elle brille des doux feux de mon désir
Et trouve je ne sais quel charme à badiner
Ainsi – menu soulagement à sa langueur,
Pour apaiser, ma foi, cette ardeur qui lui pèse,
Puissé-je moi aussi, en jouant avec toi,
Alléger de mon cœur tristesses et tourments !

Fresque de la maison de Livie, Ier s. ap. J.-C. (Rome, Musée national romain).

Dames au petit chien, fresque de Pompéi, Ier s. ap. J.-C. (Paris, musée du Louvre).

TEXTE LATIN

2. *Une petite chienne*

Issa est passere nequior[1] Catulli,
Issa est purior osculo columbae,
Issa est blandior omnibus puellis,
Issa est carior Indicis lapillis,
Issa est deliciae[2] catella Publi.
Hanc tu, si queritur, loqui putabis;
sentit tristitiamque gaudiumque.
Collo nixa cubat capitque somnos,
ut suspiria nulla sentiantur[3];
et desiderio coacta ventris
gutta pallia non fefellit ulla[4],
sed blando pede suscitat toroque
deponi monet[5] et rogat levari.
Castae tantus inest pudor catellae,
ignorat Venerem; nec invenimus
dignum tam tenera virum puella.
Hanc ne lux rapiat suprema totam,
picta Publius exprimit tabella[6],
in qua tam similem videbis Issam,
ut sit tam similis sibi nec ipsa.
Issam denique pone cum tabella :
aut utramque putabis esse veram,
aut utramque putabis esse pictam.

MARTIAL, *Épigrammes*, I, 109.

1. **nequior** : pire, plus espiègle.
2. **deliciae** est apposé à **catella.**
3. « (un sommeil) si profond qu'on ne la sent plus respirer ».
4. **gutta ... ulla** : « elle n'a jamais endommagé la couverture d'une seule goutte. »
5. **deponi monet** : elle demande qu'on la descende (du lit).
6. **picta...tabella** : ablatif.

Pour le commentaire

1. Reprenez mot à mot la traduction du poème de Catulle.
2. Relevez les mots communs aux deux poèmes. Sont-ils employés avec le même sens, et dans le même contexte ?

TEXTE LATIN

3. *Combien de baisers ?*

Les baisers, leur saveur de nectar et leur nombre fou reviennent souvent dans les épigrammes « érotiques » des anthologies grecques. Sur ce thème, les poètes rivalisent d'esprit – d'où une véritable inflation des baisers...

1. **unius assis** : génitif exprimant le prix.
2. **usque** : immédiatement après, à la suite.

Vivamus, mea Lesbia, atque amemus,
rumoresque senum severiorum
omnes unius aestimemus assis[1]!
soles occidere et redire possunt:
nobis cum semel occidit brevis lux,
nox est perpetua una dormienda.
Da mi basia mille, deinde centum,
dein mille altera, dein secunda centum,
deinde usque[2] altera mille, deinde centum.
dein, cum milia multa fecerimus,
conturbabimus illa, ne sciamus,
aut ne quis malus invidere possit,
cum tantum sciat esse basiorum.

CATULLE , *Poésies*, 5.

TEXTE & TRADUCTION

4. *Sans compter !*

Basia da nobis, Diadumene, pressa. « Quot ? » inquis.
Oceani fluctus me numerare jubes
et maris Aegaei sparsas per litora conchas
et quae Cecropio monte vagantur apes,
quaeque sonant pleno vocesque manusque theatro
cum populus subiti Caesaris ora videt.
Nolo quot arguto dedit exorata Catullo
Lesbia: pauca cupit qui numerare potest.

MARTIAL, *Épigrammes*, VI, 34.

Donne-moi, Diadumène, des baisers bien appuyés. Combien ? demandes-tu.
Tu m'ordonnes de compter les vagues de l'Océan,
Et les coquillages semés par les rivages de la mer Égée,
Et les abeilles qui volent à l'aventure sur le mont de Cecrops,
Et dans le théâtre plein, les voix et les mains dont le bruit retentit
Quand le peuple voit le visage de César qui, soudain, apparaît.
Je n'en veux pas autant que Lesbie, à force de prières, en donna au subtil Catulle :
il n'en veut pas beaucoup, celui qui peut compter.

PROLONGEMENT

Un baiser
abrège la vie humaine de 3 minutes,
affirme le Département de Psychologie
de Western State College,
Gunnison (Col).
Le baiser
provoque de telles palpitations
que le cœur travaille en 4 secondes
plus qu'en 3 minutes.
Les statistiques prouvent
que 480 baisers
raccourcissent la vie d'un jour,
que 2 360 baisers
vous privent d'une semaine
et que 148 071 baisers,
c'est tout simplement une année de perdue.

PAUL MORAND, *Poèmes* © NRF Poésie/Gallimard (1973).

Cupidon chassant une biche, fresque de Pompéi, Ier s. ap. J.-C. (Naples, Musée archéologique).

Pour le commentaire

1 Retraduisez mot à mot le poème de Martial (texte 4).

2 Montrez que Martial « hellénise » son épigramme, pour l'inscrire dans la tradition littéraire grecque. Que pensez vous de l'irruption de César (Domitien) dans ce contexte ?

3 Quels traits particuliers donnent de la fraîcheur au poème de Catulle (texte 3) ?

4 Cherchez dans le dictionnaire ce que désigne le terme : *madrigal*. Vous semble-t-il convenir à ces deux poèmes ?

TEXTE LATIN

5. À table !

Les poètes dépendent (ou feignent de dépendre !) de l'hospitalité de leurs protecteurs : le thème du « pique-assiette » qui se moque plus ou moins gentiment de son hôte est un grand classique de l'épigramme latine...

Cenabis bene, mi Fabulle, apud me
paucis, si tibi di favent, diebus,
si tecum attuleris bonam atque magnam
cenam, non sine candida puella
et vino et sale et omnibus cachinnis.
Haec si, inquam, attuleris, venuste noster,
cenabis bene : nam tui Catulli
plenus sacculus est aranearum.
Sed contra accipies meros amores[1]
seu quid suavius elegantiusvest[2] :
nam unguentum dabo, quod meae puellae
donarunt Veneres Cupidinesque[3] ,
quod tu cum olfacies, deos rogabis,
totum ut te faciant, Fabulle, nasum.

CATULLE, *Poésies*, 13.

1. **meros amores** : des amours sans mélange (*cf.* **merum vinum** : du vin pur).
2. = **elegantiusve est.**
3. = **Venus et Cupido** (pluriel poétique).

TEXTE & TRADUCTION

6. Sentir bon et avoir faim !

Unguentum, fateor, bonum dedisti
convivis here, sed nihil scidisti.
Res salsa est, bene olere et esurire !
Qui non cenat et unguitur, Fabulle,
hic vere mihi mortuus videtur.

Tu as donné, j'en conviens, du bon parfum
Hier à tes invités, mais n'as rien fait découper.
La chose ne manque pas de sel, sentir bon et avoir faim !
Celui qui ne dîne point et qu'on parfume, Fabullus,
Celui-ci, vraiment, pour moi, c'est un mort.

MARTIAL, *Épigrammes*, III, 12.

Nature morte aux grives et champignons, fresque d'Herculanum, Ier s. ap. J.-C. (Naples, Musée archéologique national).

Pour le commentaire

1. Relevez les thèmes abordés dans ces deux poèmes, et mettez-les en relation.
2. Comment l'un et l'autre poètes glissent-ils de l'humour dans leurs épigrammes ?

Bon appétit !

Le petit-déjeuner du Romain ? quelques bouchées de fromage avec un verre d'eau. Le déjeuner ? à la maison, un léger repas froid ; dans la rue, on s'arrête au comptoir d'un thermopolium *(sorte de « snack ») où l'on grignote du pain, des olives, des légumes, des pâtisseries. Heureusement, il y a, le soir, la* **cena** *!*

Tous à table !

● La ***cena*** commence vers la neuvième heure. Lorsqu'il y a des invités, on installe des lits inclinés à trois places dans la salle à manger (***triclinium***). Les convives, déchaussés, s'allongent de biais sur ces lits (***lectus***), en s'appuyant sur leur coude gauche. La place d'honneur est **la plus à droite du lit central**. C'est par là que commence le service : des serveurs (***ministri***) présentent les plats, les convives se servent au passage, ou se font servir des mets déposés sur une table carrée placée devant les lits.

● On se sert de **cuillères** et de **couteaux pour le service**, mais **on mange avec les doigts**, que l'on rince dans des bassins d'eau rafraîchie et que l'on essuie avec des serviettes. Des coussins et des couvertures améliorent le confort des convives. On leur propose du **vin généralement dilué dans de l'eau tiède**, et parfois agrémenté de miel ou d'épices.

● Conservé dans des amphores bouchées au plâtre (***amphorae gypsatae***), le vin romain, souvent importé de Sicile ou de Grèce, est **très concentré**, surtout s'il a vieilli longtemps. Le vin de fête par excellence est le **Falerne** (rouge ou blanc) récolté en Campanie.

Tout l'Empire sur la table

● Très souvent, la *cena* est un repas amical sans prétention gastronomique : on y sert des œufs, des salades, des légumes et divers ragoûts. Mais les *cenae* les plus extravagantes furent rendues possibles par la **diversité des denrées qui convergeaient à Rome** de tout l'Empire.

● Sous Tibère, le fameux gastronome **M. Gavius Apicius** dépensa une fortune en banquets et composa **un extraordinaire recueil de recettes**. On cuisine, selon ce livre :

– 54 espèces cultivées de légumes et 43 sauvages : raves, navets, oignons, asperges, champignons…

– Les viandes, rôties ou en ragoût, sont très variées, avec un goût particulier pour la venaison (sanglier, cerf), les volailles (oies, canards, grives) et les animaux exotiques (faisans, paons, ours, crocodile…).

– On mange beaucoup de poissons (mulets, turbots, murènes…) et des coquillages (moules et huîtres d'élevage, certaines venant de Bretagne, transportées en chariots, sous des couches de glace et de terre !).

– Les sauces sont très épicées (avec du poivre, de la coriandre, du carvi…) et souvent d'une saveur très rude, comme le ***garum*** (jus de viscères de poissons ressemblant assez au nuoc-man).

– Les fruits sont très appréciés : figues (44 espèces différentes !), pommes, prunes, poires, raisins, grenades, noix, châtaignes…

La convivialité du banquet

● La *cena* romaine, moins raffinée que le banquet grec, permet au maître de maison **d'accueillir ses amis, ses *clientes***, et parfois, comme cela se lit dans les épigrammes, **des poètes ou des comédiens à la mode**, et les inévitables **pique-assiettes** : dans la Rome impériale, se faire inviter à dîner est quasiment un métier, jour après jour, pour un grand nombre de parasites !

● En devenant des **soirées mondaines**, les *cenae* s'ouvrent parfois aux femmes ; elles sont agrémentées d'**intermèdes musicaux**, de **ballets**, de **numéros de cirque**, et se prolongent très tard dans la nuit – ce qui n'était pas, sous la République, très « correct ». Néanmoins, bien arrosés, souvent indigestes, les banquets, comme la *cena* de Trimalchion (voir p. 185 sq.), servent surtout à **exhiber la fortune du maître de maison** et son rang social, réel ou prétendu.

TEXTE LATIN

Ligurinus, redoutable poète

Ce Ligurinus, qui accueille pourtant Martial à sa table, est une des cibles favorites du poète : c'est le type même d'obsédé qui, à force de vouloir sans cesse lire ses mauvais vers, se rend détestable malgré ses qualités !

Occurrit tibi nemo quod libenter[1],
quod, quacumque venis, fuga est et ingens
circa te, Ligurine, solitudo,
quid sit, scire cupis ? Nimis poeta es.
Hoc valde vitium periculosum est.
Non tigris catulis citata raptis[2],
non dipsas medio perusta sole[3],
nec sic scorpios improbus timetur.
Nam tantos, rogo, quis ferat labores?
Et stanti[4] legis et legis sedenti,
currenti legis et legis cacanti.
In thermas fugio : sonas ad aurem.
Piscinam peto : non licet natare.
Ad cenam propero : tenes euntem.
Ad cenam venio : fugas edentem.
Lassus dormio : suscitas jacentem.
Vis, quantum facias mali, videre?
Vir justus, probus, innocens, timeris !

MARTIAL, *Épigrammes*, III, 44.

1. = **Quod nemo libenter occurrit tibi.** Ce **quod** (ainsi que le suivant) doit être associé à **quid sit** (vers 4) ; **quid est quod... ?** : quelle est la raison pour laquelle... ? Qu'est-ce qui fait que... ?
2. **tigris... raptis** : « la tigresse mise en fureur parce qu'on lui a pris ses petits. »
3. **dipsas... sole** : « la vipère échauffée par le soleil de midi. »
4. **stanti (mihi).**

Poète, fresque de la maison de Ménandre, Pompéi, Ier s. ap. J.-C.

Pour le commentaire

1. Ce poème est en hendécasyllabes. Quel est le sens de ce mot ? Vérifiez qu'il s'applique bien à ces vers.
2. Quelle est la réponse à la longue question qui ouvre le poème ? Quel effet produit-elle ?
3. Par quels procédés Martial rend-il son texte amusant et dynamique ?
4. Soignez particulièrement la traduction du dernier vers, après avoir bien déterminé quelle est la « chute » du poème.

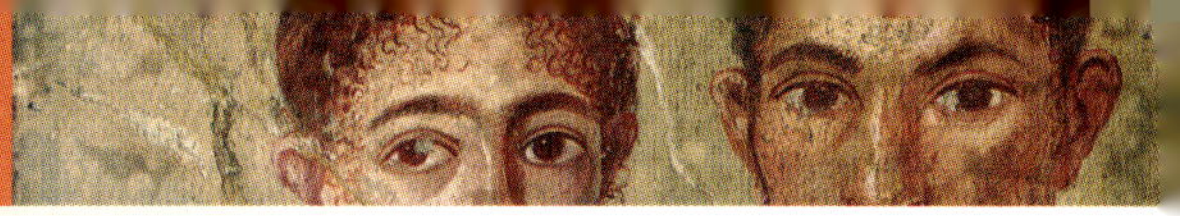

Clément Marot
(1496- 1544)

PROLONGEMENT

UNE ÉPIGRAMME RECYCLABLE

Clément Marot, protégé de Marguerite de Navarre, sœur du roi de France François Ier, est un « poète de cour » typique. Il composa beaucoup de courts poèmes dans l'esprit des épigrammes antiques, et Boileau vante son « élégant badinage ». La première pièce, « imitée de Martial », en est en fait la traduction : le Roi de France se substitue à Domitien... Mais la seconde épigramme, qui reprend un thème classique (la fuite du temps), montre son talent.

À l'Empereur

Magna licet totiens tribuas, majora daturus
Dona, ducum victor, victor et ipse tui :
Diligeris populo non propter praemia, Caesar,
Propter te populus praemia, Caesar, amat.

MARTIAL, *Épigrammes*, VIII, 53.

Au Roy

Quoique tu fasses d'un franc cœur
Dons bien sentant ta Royauté suprême,
D'en faire encore bien t'attend, ô vainqueur,
Des cœurs de tous, et vainqueur de toi-même.
Chacun, pour vrai, te porte amour extrême,
Non pour tes dons à venir et présents:
Mais au rebours, ROY, l'honneur d'Angoulême,
Pour ton amour on aime tes présents.

CLÉMENT MAROT, *Épigrammes* (1535).

De soi-même

Plus ne suis ce que j'ai été,
Et ne le saurais jamais être.
Mon beau printemps et mon été
Ont fait le saut par la fenêtre.
Amour, tu as été mon maître,
Je t'ai servi sur tous les Dieux.
Ah si je pouvais deux fois naître,
Comme je te servirais mieux !

CLÉMENT MAROT, *Épigrammes* (1535).

PROLONGEMENT

Molière
(1622-1673)

L'ÉPIGRAMME DE TRISSOTIN

Trissotin est un « bel esprit » – c'est-à-dire un pédant qui se pique de faire des vers spirituels. Pour éblouir les précieuses Armande et Bélise et leur ami Philaminte, il leur lit cette épigramme de son crû.

TRISSOTIN
Sur un carrosse de couleur amarante donné à une dame de ses amies.

PHILAMINTE
Ses titres ont toujours quelque chose de rare !

ARMANDE
À cent beaux traits d'esprit leur nouveauté prépare !

TRISSOTIN
L'amour si chèrement m'a vendu son lien ...

PHILAMINTE, ARMANDE ET BÉLISE
Ah !

TRISSOTIN
... qu'il m'en coûte déjà la moitié de mon bien ;
Et quand tu vois ce beau carrosse
Où tant d'or se relève en bosse
Qu'il étonne tout le pays
Et fait pompeusement triompher ma Laïs...

PHILAMINTE
Ah ! ma Laïs ! voilà de l'érudition !

BÉLISE
L'enveloppe est jolie, et vaut un million !

TRISSOTIN
... et quand tu vois ce beau carrosse,
Où tant d'or se relève en bosse
Qu'il étonne tout le pays,
Et fait pompeusement triompher ma Laïs,
Ne dis pas qu'il est amarante,
Dis plutôt qu'il est de ma rente.

ARMANDE
Oh ! oh ! oh ! celui-là ne s'attend point du tout !

MOLIÈRE, *Les Femmes savantes*, Acte III, scène 2.

Un « carrosse » pour rire, mosaïque provenant de la villa Hadriana (voir p. 61).

Pour le commentaire

1. Comparez cette épigramme aux textes de Martial que vous avez étudiés : qu'ont-ils de commun et/ou de différent ?
2. L'épigramme de Trissotin est-elle réussie ?
3. D'où vient le comique de cette scène ?
4. À quel « public » s'adresse l'épigramme, antique ou « moderne » ? Quel « paysage social », quels présupposés ce genre littéraire requiert-il ?

1. *Quelle époque !*

1. Bien évidemment, M. Tullius Cicero...
2. César et Pompée, bien sûr...

Dixerat « O mores ! O tempora ! » Tullius[1] olim,
sacrilegum strueret cum Catilina nefas,
cum gener atque socer[2] diris concurreret armis
maestaque civili caede maderet humus.
Cur nunc « O mores ! », cur nunc « O tempora ! » dicis ?
Quod tibi non placeat, Caeciliane, quid est ?
Nulla ducum feritas, nulla est insania ferri !
Pace frui certa laetitiaque licet !
Non nostri faciunt tibi quod tua tempora sordent,
sed faciunt mores, Caeciliane, tui !

MARTIAL, *Épigrammes*, IX, 70.

2. *À table chez Ligurinus (toujours lui !)*

1. L'*oxygarum* est une sauce vinaigrée, variante du *garum* (cf. p. 81). Traduire par « vinaigrette »... pour aller avec les *lactucae* (laitues) !
2. Le scombre (**scomber, bri**) est une sorte de maquereau. Traduire par : « (à manger) aux poissons ».

Haec tibi, non alia, est ad cenam causa vocandi,
versiculos recites ut, Ligurine, tuos.
Deposui soleas, adfertur protinus ingens
inter lactucas oxygarumque[1] liber.
Alter perlegitur, dum fercula prima morantur.
Tertius est, nec adhuc mensa secunda venit :
et quartum recitas, et quintum denique librum.
Putidus est, totiens si mihi ponis aprum !
Quod si non scombris[2] scelerata poemata donas,
cenabis solus jam, Ligurine, domi !

MARTIAL, *Épigrammes*, III, 50.

Nature morte (détail), fresque de Pompéi, Ier s. ap. J.-C. (Naples, Musée archéologique).

Psyché ranimée par le baiser de l'Amour, sculpture en marbre d'Antonio Canova, 1793 (Paris, musée du Louvre).

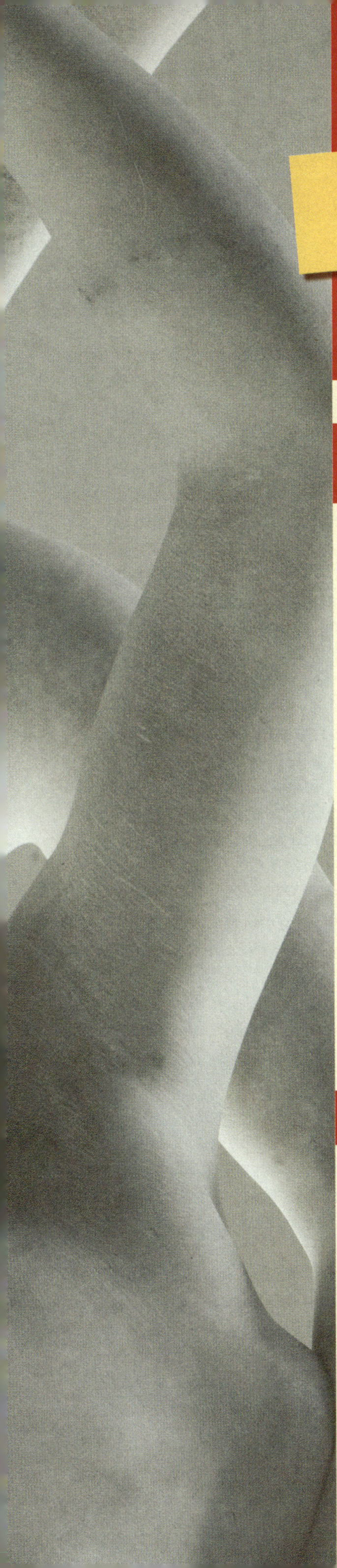

III PARLEZ-MOI D'AMOUR…

CHAPITRE **6**

Séductions, plaisirs, chagrins

CIVILISATION

Roma Amor

La poésie amoureuse connut à Rome un essor remarquable de la fin de la République à l'« âge d'or » du règne d'Auguste. Comme si l'on s'était avisé, tout à coup, qu'AMOR était l'anagramme de ROMA...

Une inspiration nouvelle

● Les genres majeurs de la littérature antique n'ont longtemps offert qu'**une place minime aux sentiments amoureux** : dans l'*Iliade*, Achille entend disposer de Briséis, mais c'est surtout son butin légitime qu'il entend défendre ; et si Ulysse, dans l'*Odyssée*, veut retrouver Pénélope, c'est aussi qu'il lui a confié le soin de conserver son royaume d'Ithaque ; en chemin, la tendre Nausicaa n'aura été qu'une escale et une « adjuvante », au même titre que Médée pour Jason ou Ariane pour Thésée.

● À Rome, les relations amoureuses sont plutôt **matière à comédie**, comme on le voit chez Plaute et Térence : les jeunes *amatores*, prompts à s'embraser, se calmeront avec l'âge. Venu de la **littérature hellénistique**, qui se développe aux IVe et IIIe s. avant J.-C., l'intérêt pour les sentiments amoureux comme aventure personnelle heurte plutôt la vieille mentalité romaine : il n'y a pas là matière à littérature. A priori, **Didon** s'inscrit dans la tradition des princesses séduites et abandonnées : mais lorsque Virgile écrit son épopée, les poètes alexandrins ont déjà beaucoup parlé d'amour... La **passion d'une reine** est un beau sujet – et cet **amour épique**, comme les amours tragiques de Phèdre et de Médée, trouvera des accents magnifiques dans la poésie latine.

Un contexte nouveau

● Dès le début du Ier s. av. J.-C., en imitant les poètes alexandrins, les ***poetae novi*** latins prennent goût à la légèreté des idylles et des épigrammes érotiques (*cf.* p. 76-79). Même si certains poèmes de Catulle semblent sonner comme un « cri du cœur » de souffrance amoureuse, la poésie des élégiaques traduit un **changement de mentalité**.

● Le traumatisme des guerres civiles, drame collectif, a éveillé un **individualisme** que la **paix d'Auguste** favorise. Vivre heureux et vivre pour soi n'est plus contraire à la pesanteur morale du *mos majorum*, qui privilégiait le devoir, l'abnégation et l'héroïsme. Dans une Rome plus élégante, le loisir et le plaisir ont désormais droit de cité, même si l'Empire a besoin de vertus. La jeunesse se découvre une autre vocation que de servir sous les armes : la ***militia amoris***, **« service d'amour »**, a de plus suaves attraits que la conquête d'un grade militaire, et l'on parodie volontiers le langage guerrier pour commenter ses manœuvres, ses victoires ou ses défaites. De ce point de vue, l'élégie est une **« anti-épopée »**, par la forme comme par les thèmes.

Le « je » élégiaque

● Quel est ce « je » qui s'exprime dans l'élégie ? Est-ce la personne même du poète, racontant « sa » vie, « ses » amours, « ses » sentiments ? Oui et non. Les amours réelles du poète le qualifient pour écrire la poésie de l'amour, mais ne transforment pas ses poèmes en confidences romantiques.

● Comme dans nos chansons pathétiques, où l'on n'attend point que l'interprète soit sous le coup d'une rupture réelle pour chanter « Ne me quitte pas... », le pacte de lecture implique un **jeu de rôles** : le « poète amoureux » est l'interprète d'une succession de situations qui caractérisent la « vie amoureuse » – séduction, bonheur, inquiétudes, déconvenues... En les rapportant à sa personne, il leur confère sinon valeur d'exemple, du moins le piquant d'une feinte vérité. Le jeu amoureux devient un **jeu littéraire** – du reste, « écrire des vers d'amour » se dit souvent, dans la langue de l'élégie, *ludere*...

CATULLE (84 ?-54 ? av. J.-C.)

Originaire de Vérone, Catulle (L. Valerius Catullus) est l'un des *poetae novi*. Nous avons conservé de lui un recueil de 116 pièces très variées (voir p. 73 sqq.), qui vont de l'épigramme violente (et parfois très « salée ») à d'assez longs poèmes imitant les poètes grecs de l'époque hellénistique, en passant par une cinquantaine de pièces d'allure « intimiste ». L'amour du poète pour une femme nommée Lesbie y tient une large place. De fait, Catulle vécut une liaison tumultueuse avec la scandaleuse Clodia, grande dame dont les amants ne se comptaient plus... et qui le fit bien souffrir. D'où ses poèmes d'amour tantôt exaltés, tantôt pathétiques !

TIBULLE (vers 55-19 av. J.-C.)

Tibulle (Albius Tibullus) ne se plaisait guère à Rome : pour lui, le bonheur amoureux se vit à la campagne. Il a laissé son nom à un recueil d'élégies, le ***Corpus Tibullianum***, dont la plupart sont de sa main. Les pièces des deux premiers livres évoquent une douce amante, Délie (*Delia*), puis un beau jeune homme, Marathus, enfin, une terrible maîtresse nommée Némésis (en grec, « la Vengeance »).

OVIDE (43 av. J.-C. – 17-18 ap. J.-C.)

Ovide (Publius Ovidius Naso) adore la Rome d'Auguste, la vie mondaine, les jeux amoureux, et surtout, il adore les femmes : après avoir donné la parole aux grandes amoureuses mythiques dans les ***Héroïdes***, il réunit sous le titre d'***Amores*** (« Les Amours ») des élégies dans lesquelles le nom de Corinne désigne moins « une » femme que « la » femme, *puella* (« petite amie ») ou *domina* (« maîtresse »).

- Être un poète amoureux, voilà sa vocation, et, fort de sa connaissance détaillée de la relation amoureuse, il se fera professeur de séduction dans l'***Art d'aimer***. Ses ***Métamorphoses***, savant poème en quinze chants, regorgent d'admirables figures féminines et font la part belle aux amours des Dieux. Mais en 8 après J.-C., exilé par l'empereur (peut-être pour son inconduite), Ovide sombre dans le malheur : à Tomi (Tomes, aujourd'hui Constanza), sur les bords de la mer Noire, il est loin de tout ce qu'il aime, et l'élégie devient pour lui, jusqu'à sa mort, le moyen d'exprimer toute cette souffrance dans les ***Tristes*** et les ***Pontiques***.

HORACE (65-8 av. J.-C.)

Né à Venouse, dans le Sud de l'Italie, Horace (Q. Horatius Flaccus) devient le protégé de Mécène, l'ami d'Auguste et son plus proche conseiller. Après deux livres de ***Satires*** dans lesquelles il se met volontiers en scène, il publie, en 23, trois livres d'***Odes***, de ton et d'inspiration très variés. On y trouve des chansons à boire, des complaintes mélancoliques, des souvenirs personnels, des chants d'amour, des méditations philosophiques d'inspiration épicurienne, et même des pièces à la gloire de Rome et d'Auguste. Par la suite, le poète publiera un quatrième livre d'*Odes* et deux livres de « lettres en vers », les ***Épîtres***.

Cupidon et Psyché, marbre (Florence, Galerie des Offices).

PROPERCE (50 ?-15. ? av. J.-C.)

Properce (Sextus Propertius) a placé la plupart de ses élégies amoureuses sous le signe de sa passion pour une certaine Cynthie (*Cynthia*). Sous ce pseudonyme savant se cachent sans doute plusieurs charmantes contemporaines, mais mieux vaut renoncer à lire les élégies de Properce comme un « roman d'amour » né d'une vraie passion. Toujours est-il qu'elles témoignent d'un goût prononcé pour les sentiments violents.

TEXTE LATIN

Coup de foudre

1. mi = mihi.
2. quod = id quod.
3. simul (= simul ac) : aussitôt que.
4. nihil [...] vocis = nihil vocis (nulla vox) mihi superest.
5. lingua sed = sed lingua.

Nouvelle à Rome, la poésie amoureuse peut s'inspirer des œuvres des poètes lyriques grecs, pour la forme (ici, des strophes) comme pour les thèmes majeurs. Catulle sait néanmoins apporter sa touche personnelle à la poétesse Sappho, son modèle, qui vécut au VIIe s. av. J.-C., à Mytilène, sur l'île de Lesbos.

La poétesse Sappho, fresque de Pompéi, Ier s. ap. J.-C. (Naples, Musée archéologique).

Ille mi[1] par esse deo videtur,
ille, si fas est, superare divos,
qui sedens adversus identidem
te spectat et audit

dulce ridentem, misero quod[2] omnes
eripit sensus mihi ; nam simul[3] te,
Lesbia, aspexi, nihil est super mi
vocis[4] in ore,

lingua sed[5] torpet, tenuis sub artus
flamma demanat, sonitu suopte
tintinant aures, gemina teguntur
lumina nocte.

Otium, Catulle, tibi molestum est ;
otio exsultas nimiumque gestis.
Otium et reges prius et beatas
perdidit urbes.

CATULLE, *Poésies*, 51.

Pour le commentaire

1 Les trois premières strophes du poème sont, en fait, la traduction d'un poème de Sappho. Pourquoi avoir rajouté une quatrième strophe ? Comment Catulle fait-il pour s'approprier ce poème ?

2 Dans la quatrième strophe, pourquoi Catulle maudit-il l'**otium**, c'est-à-dire l'inactivité, le refus de participer à la vie publique ?

TEXTE & TRADUCTION

Les vers d'une amoureuse

Dans le recueil qui nous a transmis les élégies de Tibulle (le Corpus Tibullianum*) figurent des poèmes d'autres auteurs, dont nous ne savons à peu près rien. Certains sont attribués à une nommée Sulpicia, seule voix féminine dans cette poésie d'amour écrite par des hommes.*

Tandem venit amor, qualem texisse pudori
quam nudasse alicui sit mihi fama magis.
Exorata meis illum Cytherea Camenis
attulit in nostrum deposuitque sinum.
Exsolvit promissa Venus : mea gaudia narret,
dicetur si quis non habuisse sua.
Non ego signatis quicquam mandare tabellis,
ne legat id nemo quam meus ante, velim,
sed peccasse juvat, vultus componere famae
taedet : cum digno digna fuisse ferar.

SULPICIA, in *Corpus Tibullianum*, III, 13.

Enfin il est venu, l'amour, si beau que le masquer
me ferait honte plus que de le dévoiler.
La reine de Cythère, tant priée par ma muse,
m'a donné cet amant, l'a mis entre mes bras.
Vénus a exaucé mon vœu : qu'il conte mes plaisirs,
celui qui, paraît-il, n'en a jamais connu !
Non, moi, pas même un mot, même écrit sous scellés,
de peur qu'avant mon amant quiconque puisse le lire.
Ma faute est mon bonheur : le masquer sur mes traits,
pour le qu'en-dira-t-on, j'y répugne.
Qu'on se le dise : j'ai été à un homme digne de moi,
et je suis, moi, digne de lui.

Portrait de jeune femme provenant du Fayoum (Égypte).

Pour le commentaire

1. Comparez le texte et la traduction. Quelles libertés le traducteur s'est-il accordées ? Vous paraissent-elles excessives ou justifiées ?
2. Quels sentiments animent cette proclamation d'amour ?
3. Approuvez-vous le jugement d'un critique, qui considère les poèmes de Sulpicia comme des « billets d'amour » d'un « art imparfait » ?

TEXTE & TRADUCTION

Joueuse de cithare, détail d'une fresque d'Herculanum (Naples, Musée archéologique).

Chanson gaie : le naufragé d'amour

Les Odes d'Horace sont des chansons dont nous avons perdu la musique... Avec une rare virtuosité, le poète construit des strophes régulières, qui étaient sans doute accompagnées à la cithare. Dans cette ode, il se plaint avec humour de la belle Pyrrha, adorable menteuse, qui malmène ses amants naïfs : ils croient s'embarquer pour Cythère, l'île mythique des amours, mais sombrent corps et biens !

Quis multa gracilis te puer in rosa
perfusus liquidis urget odoribus
grato, Pyrrha, sub antro ?
cui flavam religas comam,

simplex munditiis ? heu quotiens fidem
mutatosque deos flebit et aspera
nigris aequora ventis
emirabitur insolens,

qui nunc te fruitur credulus aurea,
qui semper vacuam, semper amabilem
sperat, nescius aurae
fallacis. Miseri, quibus

intemptata nites ! Me tabula sacer
votiva paries indicat uvida
suspendisse potenti
vestimenta maris deo.

Quel svelte garçon, blonde Pyrrha, te presse,
tout baigné de parfums, dans la grotte d'amour,
sur l'épais lit de roses ?
Pour qui, dans tes blonds cheveux, ce lien

si simple et si coquet ? Hélas ! ta foi changeante,
tes parjures tant et tant le feront pleurer,
les vents noirs hérissant la mer
l'étonneront, ce naïf,

qui jouit de toi et te croit toute d'or,
t'espérant toujours libre et aimable toujours,
ignorant que la brise ment.
Malheureux qui ne sait

ce que vaut ton éclat ! Pour moi, un ex-voto,
dans la chapelle, au mur, dit qu'au puissant dieu marin
je fis jadis offrande
de mes habits trempés.

HORACE, *Odes*, I, 5.

Pour le commentaire

1. Explicitez (et éventuellement critiquez) la traduction de : **multa in rosa, simplex munditiis, fidem mutatosque deos, insolens, intemptata nites, sacer paries**. Quelles règles le traducteur s'est-il fixées, et quelles libertés s'accorde-t-il ?
2. Quelle est la couleur des cheveux de Pyrrha ? Commentez **aurea**.
3. Qu'est-ce qu'un ex-voto ? Montrez comment se construit, dans le poème, une métaphore filée.

PROLONGEMENT

Marceline Desbordes-Valmore
(1786 – 1859)

CHANSON MÉLANCOLIQUE : LES SÉPARÉS

Marceline Desbordes-Valmore, née dans une famille modeste, fut comédienne et chanteuse. On lui doit plusieurs recueils de poésies amoureuses d'une grande originalité rythmique, dont Verlaine et Rimbaud ont célébré la musicalité : aussi n'est-ce point un hasard si, en 1997, Julien Clerc a mis en musique et interprété cette « romance triste » d'une poétesse trop peu connue…

Amour pensif, détail d'une fresque de la villa des Mystères, Pompéi.

N'écris pas. Je suis triste, et je voudrais m'éteindre,
Les beaux étés sans toi, c'est la nuit sans flambeau.
J'ai refermé mes bras qui ne peuvent t'atteindre,
Et frapper à mon cœur, c'est frapper au tombeau.
N'écris pas !

N'écris pas. N'apprenons qu'à mourir à nous-mêmes,
Ne demande qu'à Dieu… qu'à toi, si je t'aimais !
Au fond de ton absence écouter que tu m'aimes,
C'est entendre le ciel sans y monter jamais.
N'écris pas !

N'écris pas. Je te crains ; j'ai peur de ma mémoire ;
Elle a gardé ta voix qui m'appelle souvent.
Ne montre pas l'eau vive à qui ne peut la boire,
Une chère écriture est un portrait vivant.
N'écris pas !

N'écris pas ces doux mots que je n'ose plus lire :
Il semble que ta voix les répand sur mon cœur ;
Que je les vois brûler à travers ton sourire ;
Il semble qu'un baiser les empreint sur mon cœur.
N'écris pas !

MARCELINE DESBORDES-VALMORE, *Poésies*, 1860.

texte suivi

Leçons de séduction

Dans son Art d'aimer *(Ars amatoria), Ovide parodie, en vers élégiaques, les nombreux traités savants ou techniques qui portaient le titre d'*ars *(par exemple, un traité d'éloquence pouvait s'intituler* ars oratoria*). En trois livres, le troisième étant consacré – perspective originale à Rome, au point de vue féminin de la question, Ovide explique comment faire des rencontres, séduire, entretenir une relation amoureuse et en gérer tous les aléas... Voici quelques-unes de ses « leçons ».*

TEXTE LATIN

1. *Où trouver la belle ?*

Dum licet, et loris passim potes ire solutis[1],
elige cui dicas « tu mihi sola places. »
Haec tibi non tenues veniet delapsa per auras :
quaerenda est oculis apta puella tuis.
Scit bene venator cervis ubi retia tendat,
scit bene qua frendens valle moretur aper ;
aucupibus noti frutices ; qui sustinet hamos,
novit quae multo pisce natentur aquae :
tu quoque, materiam longo qui quaeris amori,
ante frequens quo sit disce puella loco.
Non ego quaerentem vento dare vela[2] jubebo,
nec tibi, ut invenias, longa terenda via est.
Andromedan Perseus nigris portarit ab Indis[3],
raptaque sit Phrygio Graia puella viro[4],
tot tibi tamque dabit formosas Roma puellas,
« haec habet » ut dicas « quicquid in orbe fuit ! »
Gargara[5] quot segetes, quot habet Methymna racemos,
aequore quot pisces, fronde teguntur aves,
quot caelum stellas, tot habet tua Roma puellas :
mater in Aeneae constitit urbe sui.

OVIDE, *Art d'aimer*, I, 41-60.

1. **loris solutis** : en relâchant les rênes, comme un cavalier qui laisse son cheval aller tout seul (« la bride sur le cou »).
2. **dare vela** : hisser les voiles (pour faire un long voyage outre-mer).
3. Le héros grec Persée enleva l'Éthiopienne Andromède (placer l'Éthiopie « du côté de l'Inde » n'est pas absurde pour un Romain...).
4. Ce Phrygien est Pâris et cette Grecque, Hélène.
5. **Gargara, orum** : le Gargare est la région du mont Ida, près de Troie ; Méthymne est une ville de l'île de Lesbos, célèbre pour ses vins.

Pour le commentaire

1. Quelle particularité de l'expression des compléments de lieu, fréquente en poésie, rencontrez-vous dans ces vers ?
2. Expliquez le dernier vers.
3. Ovide est allé à l'école des rhéteurs, où l'on enseignait la **copia dicendi**, art de « développer », fût-ce en disant la même chose de plusieurs façons différentes : trouvez des exemples de cette technique rhétorique dans le texte.
4. À quoi servent les références mythologiques et géographiques ?

Persée délivre Andromède, fresque de la maison des Dioscures à Pompéi (Naples, Musée archéologique).

TEXTE LATIN

2. *Au théâtre ?*

1. impératif de **venari.**
2. **morari** : ici, faire hésiter.
3. ▶ ***Mémento 11.***

Sed tu praecipue curvis venare[1] theatris :
haec loca sunt voto fertiliora tuo.
Illic invenies quod ames, quod ludere possis,
quodque semel tangas, quodque tenere velis.
Ut redit itque frequens longum formica per agmen,
granifero solitum cum vehit ore cibum,
aut ut apes saltusque suos et olentia nactae
pascua per flores et thyma summa volant,
sic ruit ad celebres cultissima femina ludos :
copia judicium saepe morata[2] meum est ;
spectatum[3] veniunt, veniunt spectentur ut ipsae :
ille locus casti damna pudoris habet.

Ovide, *Art d'aimer*, I, 89-100.

Pour le commentaire

1 Justifiez l'emploi du subjonctif dans les relatives des vers 3 et 4.

2 Commentez l'emploi du singulier et du pluriel dans les comparaisons que fait Ovide entre les fourmis, les abeilles et les amatrices de théâtre.

3 En quoi ces vers montrent-ils une réelle évolution des mœurs de certaines Romaines par rapport au mode de vie des matrones « classiques » ?

TEXTE LATIN

3. *Aux courses ? la théorie...*

1. **qua potes usque** : le plus près possible.

2. **si nolis = etiam si nolis** : même si on ne le veut pas ; bon gré, mal gré.

3. La **lex loci**, c'est que le muret (**linea**) qui découpe les gradins en travées oblige les spectateurs à se serrer.

4. **origo** : le point de départ d'une conversation entre elle et toi (**socii sermonis**).

5. **publica verba** : ce que tout le monde dit, des banalités.

6. **caelestibus eburnis** : les statues d'ivoire des dieux (qui étaient promenées par des porteurs dans le cortège d'ouverture des jeux).

7. « Que n'importe quelle cause te permette de rendre service. »

Nec te nobilium fugiat certamen equorum ;
multa capax populi commoda Circus habet. [...]
Proximus a domina, nullo prohibente, sedeto,
junge tuum lateri qua potes usque[1] latus ;
et bene, quod cogit, si nolis[2], linea jungi,
quod tibi tangenda est lege puella loci[3].
Hic tibi quaeratur socii sermonis origo[4],
et moveant primos publica verba[5] sonos.
Cujus equi veniant, facito studiose requiras :
nec mora, quisquis erit, cui favet illa, fave.
At cum pompa frequens caelestibus ibit eburnis[6],
tu Veneri dominae plaude favente manu ;
utque fit, in gremium pulvis si forte puellae
deciderit, digitis excutiendus erit :
etsi nullus erit pulvis, tamen excute nullum :
quaelibet officio causa sit apta tuo[7].
Pallia si terra nimium demissa jacebunt,
collige et immunda sedulus effer humo :
protinus, officii pretium, patiente puella
contingent oculis crura videnda tuis.

OVIDE, *Art d'aimer*, I, 135-156.

Amour dans un char attelé de deux chevaux, relief de la villa d'Hadrien (Paris, musée du Louvre).

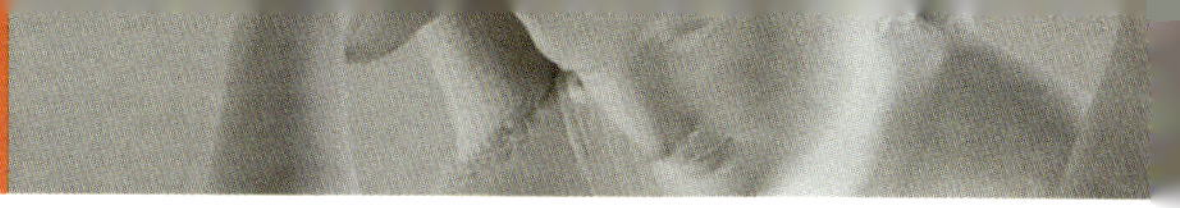

TEXTE TRADUIT

4. ... *et la pratique*

Dans ses Amours, *Ovide avait déjà consacré une élégie à une « scène de drague au Cirque ».*

« Non, je ne suis pas là par amour des chevaux :
tu as un favori ? qu'il gagne, c'est mon vœu !
Je suis venu ici pour causer avec toi,
près de toi : tu sauras l'amour que tu suscites.
Tu regardes la course, et moi, je te regarde :
regardons tous les deux l'objet de nos plaisirs !
Heureux, ton favori, ce cocher plein de chance !
il a donc le bonheur d'occuper ton esprit ? [...]
Tu me fuis ? C'est en vain : avantage du cirque,
le muret nous contraint à rester accolés.
Mais toi, voisin de droite, épargne mon amie :
le contact de ton flanc importune la belle.
Et toi, derrière nous, recule un peu tes jambes,
tiens-toi bien, n'appuie pas ton genou sur son dos.
Ta robe va trop bas, elle traîne par terre :
trousse-là – de mes doigts, tiens, moi, je la relève.
Jaloux tissu, tu me cachais ces belles jambes,
belles jambes que plus on voit... jaloux tissu ! [...]
Sans les voir, j'ai brûlé ; quid, en les ayant vues ?
c'est l'huile sur le feu, c'est de l'eau dans la mer !
À les voir j'ai soupçon que me plaira le reste,
ce reste bien caché sous tout ce fin tissu.
Veux-tu, en attendant, la douceur d'un peu d'air ?
j'agite le programme en guise d'éventail.
Ou serait-ce ma tête, et non l'air, qui s'échauffe,
car mon cœur qu'une femme a séduit est en feu ?
Je parle, et ta robe est ternie par la poussière :
poussière impure, fuis son corps blanc comme neige !
Mais voici le cortège : attentifs, taisez-vous !
c'est l'heure d'applaudir à l'éclat du cortège.
En tête, une effigie de la Victoire ailée :
ô déesse, aide-moi, fais gagner mon amour ! [...]
C'est toi, douce Vénus, et ton fils, fin archer,
que j'applaudis : acquiesce donc à mes projets !
Que ma nouvelle amante accepte d'être aimée !
Vénus, bon signe, acquiesce, opinant du bonnet... »

Ovide, *Les Amours*, III, 2, trad. J. Gaillard,
Anthologie de la littérature latine, © Gallimard, Folio.

Pour le commentaire

La parenté entre ce texte et le passage de *l'Art d'aimer* qui figure ci-contre est évidente : étudiez, en les comparant, comment un même auteur peut traiter le même thème en adoptant une « situation d'énonciation » différente.

Rome, capitale des élégances

Embellie par le Prince, c'est la capitale des plaisirs qu'aiment à la folie les « poètes de l'amour », Properce et Ovide. Entre 86 avant J.-C. et Auguste, la population de Rome a pratiquement doublé, et atteint vraisemblablement un million d'habitants.

César innove

Jules César décide de dépenser une grande partie de son **butin des Gaules** dans de **grands travaux d'urbanisme** : il offre à Rome un nouveau forum, contigu à l'ancien, qui portera son nom et sera complété par une **basilique** (grande halle sur colonnes). En outre, transgressant un vieux tabou religieux, il implante dans le Champ de Mars (auparavant, zone « militaire » réputée sacrée) les ***Saepta Julia***, grand enclos couvert qui, destiné à abriter les Comices d'une République bientôt défunte, deviendra vite une promenade publique.

Auguste embellit

● Selon Suétone, Auguste était fier d'avoir « laissé de marbre une ville qu'il avait trouvée de briques », grâce à de **gigantesques chantiers** : restauration du Capitole, du théâtre de Pompée ; réparation des anciens aqueducs, de quatre-vingt-deux temples, de presque tous les ponts, du réseau d'égouts ; construction, à ses frais, d'un nouveau forum, et du temple de Mars Ultor...

● Quelques inondations opportunes du Tibre (il y en eut huit sous son règne !), qui désolèrent le **Champ de Mars**, permirent à Auguste de poursuivre l'**aménagement de cet espace** : portiques (en l'honneur de sa sœur Octavie ou de son épouse Livie), promenades, monuments à la gloire du *princeps*...

Une politique de la Ville

● Le vieux découpage républicain en quatre secteurs ou *regiones* (la *Roma quadrata*) est désormais inefficace : en 7 après J.-C., Auguste décrète une division en **quatorze *regiones*** et réorganise l'administration urbaine.

● Chaque *regio* possède son administration, attentive au maintien de l'ordre, mais aussi à la sécurité des bâtiments, à l'entretien des canalisations et des infrastructures, à l'attribution des « permis de construire » et à un « plan de circulation » qui fait du centre un secteur piétonnier, à l'exception des chariots utilitaires... Mais surtout, pour faire face à la **menace permanente des incendies**, l'administration d'Auguste gère un **corps de pompiers de 7 000 hommes** distribués en brigades très spécialisées.

Neropolis

● Ces pompiers n'empêchèrent pas le **terrible incendie de 64 après J.-C.** de ravager la Ville : **Néron** n'y était vraisemblablement pour rien, mais saisit l'occasion pour faire une ***nova urbs*** sur les cendres de l'antique cité. Peut-être lui aurait-il donné son nom (Neropolis), comme le fit Alexandre (Alexandrie) et le fera Constantin (Constantinople).

● Néron voyait grand : après avoir construit un premier palais (la *domus transitoria*) détruit par l'incendie, il bâtit sa **« maison d'or »** (***domus aurea***), entourée d'un parc superbe, avec un lac artificiel, un zoo, un portique d'un kilomètre et demi de long, des vergers – imaginez Versailles en plein Paris... Mégalomanie ? Sans doute. Mais l'empereur veilla également à faire **reconstruire rationnellement** la ville détruite, avec de larges avenues, des bâtiments « sécurisés » contre le feu, et des portiques le long des *insulae*.

Grandeurs impériales

● Vespasien fait combler le lac creusé par Néron, et commence, à la place, le **chantier du Colisée**, achevé sous Domitien, lequel fait bâtir un cirque sur l'ex-Champ de Mars : l'actuelle Piazza Navona en épouse exactement la forme. **Le Palatin**, sous les Flaviens, accueille les palais impériaux, dont on ne voit plus, aujourd'hui, que les briques, mais qui étaient recouverts de marbres divers.

● Les empereurs ont eu à cœur d'ajouter « leur » forum aux précédents : les vestiges de cet enchaînement impressionnant de places et d'édifices laissent imaginer la splendeur d'une ville qui compta jusqu'à **3 785 statues** et plus de **1 100 fontaines publiques** !

Les citronniers, fresque de la maison de Livie (Rome, musée national des Thermes).

La maison dite « de Livie » est l'habitation privée d'Auguste. La fresque qui court sur ses murs est un bel exemple du courant réaliste qui se développe au Ier siècle après J.-C.

Observation

1 Jardins d'intérieurs

L'**hortus** qui figure sur cette fresque donne l'illusion d'un verger extraordinaire où les oiseaux volettent entre les citronniers. On a longtemps cru que le citronnier était d'importation récente (XIe s. ap. J.-C.), mais cette représentation, ainsi que d'autres retrouvées à Pompéi, ont pu établir que sa culture s'est répandue en Italie dès le Ier siècle, à des fins sans doute médicinales.

2 Fleurs et oiseaux

Les artistes mettent à la mode le thème du paysage « civilisé » en s'inspirant des paysages alexandrins. Ils prennent plaisir à recréer, sur les murs des maisons, des jardins (**horti**) où sont représentés plantes, arbres et arbustes variés, égayés de fruits et de fleurs, et animés d'oiseaux bigarrés. Identifiez certaines espèces de la faune et de la flore qui figurent sur cette peinture. Qu'est-ce qui contribue à leur réalisme ?

3 Fraîcheur naturelle

Étudiez la composition de cette fresque, les jeux de couleurs et de lumière. Comment l'artiste imprime-t-il vie et mouvement à cette scène ? Étudiez en particulier la place et le rôle des oiseaux. Quel est l'effet recherché par ce type de peinture murale ?

TEXTE LATIN

Pauvre Catulle !

Aimer Lesbie n'était pas de tout repos : la belle était notoirement infidèle, capricieuse, cruelle. De son côté, Catulle était obsédé par la jalousie et par la hantise d'une inévitable rupture. Dans ce poème, il tente en vain de se raisonner.

Miser Catulle, desinas ineptire,
et quod vides perisse perditum ducas[1] !
Fulsere quondam candidi tibi soles,
cum ventitabas quo puella ducebat
amata nobis quantum amabitur nulla.
Ibi illa multa tum jocosa fiebant,
quae tu volebas nec puella nolebat.
Fulsere vere candidi tibi soles.
Nunc jam illa non vult ; tu quoque, impotens[2], noli[3],
nec quae fugit sectare, nec miser vive,
sed obstinata mente perfer, obdura.
Vale, puella ! Jam Catullus obdurat,
nec te requiret nec rogabit invitam ;
at tu dolebis, cum rogaberis nulla[4].
Scelesta, vae te ; quae tibi manet vita !
Quis nunc te adibit ? cui videberis bella ?
quem nunc amabis ? cujus esse diceris[5] ?
quem basiabis ? cui labella mordebis ?
– At tu, Catulle, destinatus obdura !

CATULLE, *Poésies*, 8.

1. **ducere** : ici, considérer comme.
2. **impotens** : faible cœur.
3. **noli** : cesse de vouloir.
4. **cum rogaberis nulla = cum nemo te rogabit.**
5. **cujus esse diceris ?** : à qui dira-t-on que tu appartiens ?

« L'Amour puni » (détail), fresque de Pompéi, Ier s. ap. J.-C. (Naples, Musée archéologique).

Pour le commentaire

1. Observez et commentez l'expression de l'ordre et de la défense.
2. Par quel mouvement Catulle s'adresse-t-il à lui-même ? Quelle situation psychologique sert de support au poème ?
3. Étudiez les mouvements successifs du poème, et l'évolution des tons qui l'animent. En quoi correspond-elle à une succession de sentiments et d'attitudes ?
4. Quel effet les anaphores et les répétitions produisent-elles ?
5. Que pensez-vous des imprécations que Catulle lance à Lesbie et de la chute finale ?

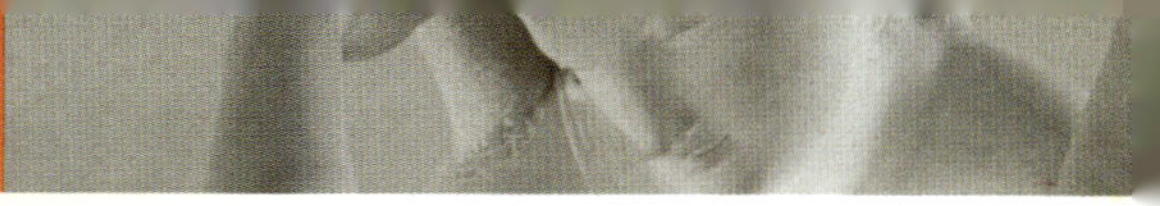

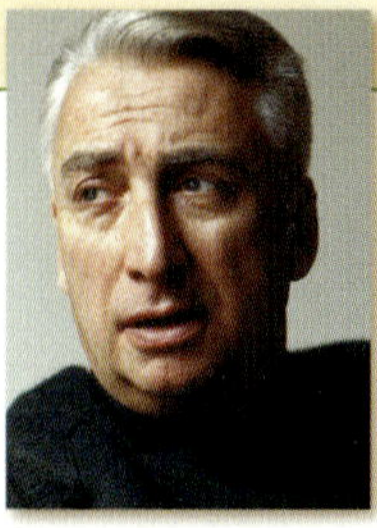

Roland Barthes
(1915-1980)

LES MYSTÈRES DE L'AMOUR

Odi et amo : quare id faciam fortasse requiris
nescio, sed fieri sentio et excrucior.

*Tel est le plus court poème de Catulle (*Poésies*, 85). On peut y voir un court dialogue entre le poète et son Genius. Mais est-ce bien nécessaire ? Le « monologue amoureux » est une réalité psychologique et littéraire ! Le critique et sémiologue Roland Barthes décrit ainsi ce flux de langage intérieur qu'il nomme la « loquèle », par lequel l'amoureux, comme les mystiques, commente ses sentiments, ses contradictions, ses douleurs :*

« Trop penser me font amours » (vers d'une chanson du XVe siècle). Par moment, au gré d'une piqûre infime, il se déclenche dans ma tête une fièvre de langage, un défilé de raisons, d'interprétations, d'allocutions. Je n'ai plus conscience que d'une machine qui s'entretient elle-même, d'une vielle dont un joueur anonyme tourne la manivelle en titubant, et qui ne se tait jamais. Dès que, par hasard, je produis en moi une phrase « réussie » (dans laquelle je crois découvrir l'expression juste d'une vérité), cette phrase devient une formule que je répète à proportion de l'apaisement qu'elle me donne (trouver le bon mot est euphorique) ; je la remâche, je m'en nourris... Je cherche à me faire mal, je m'expulse moi-même de mon paradis, m'affairant à susciter en moi les images (de jalousie, d'abandon, d'humiliation) qui peuvent me blesser ; et la blessure ouverte, je l'alimente avec d'autres images, jusqu'à ce qu'une autre blessure vienne faire diversion.

ROLAND BARTHES, *Fragments d'un discours amoureux*, © Seuil, 1977.

Louise Labé
(vers 1524-1566)

On retrouve la terrible contradiction de l'amour et du tourment dans ce sonnet :

Je vis, je meurs : je me brûle et me noie,
J'ai chaud extrême en endurant froidure ;
La vie m'est et trop molle et trop dure,
J'ai grands ennuis entremêlés de joie.

Tout en un coup je ris et je larmoie,
Et en plaisir maint grief[1] tourment j'endure,
Mon bien s'en va, et à jamais il dure,
Tout en un coup je sèche et je verdoie.

Ainsi Amour inconstamment me mène
Et, quand je pense avoir plus de douleur,
Sans y penser je me trouve hors de peine.

Puis, quand je crois ma joie être certaine,
Et être en haut de mon désiré heur,
Il me remet en mon premier malheur.

LOUISE LABÉ, *Sonnets*.

1. **grief** (*adj.*) : du latin **gravis**.

« Légère élégie »

En Grèce, on appelait « élégie » tout poème écrit en ***distiques élégiaques****, couples de deux vers composés d'un hexamètre (six pieds) suivi d'un pentamètre (cinq pieds), cf. Mémento p. 223. Seule une étymologie contestable permettait de rapprocher cette forme métrique d'un « chant de deuil » : c'est seulement à l'époque hellénistique que l'élégie eut tendance à se spécialiser comme «* ***poème d'amour*** *», sujet qui, évidemment, se prête à bien des romances plaintives... Même si certaines épigrammes de Catulle sont en distiques élégiaques, ce rythme devient à Rome, par excellence, celui de la* ***poésie amoureuse****.*

Le poète élégiaque : portrait-robot

● Écrire de la poésie élégiaque implique le **recours à la première personne** : le poète élégiaque dit « je ». Qui se cache derrière ce « je » ? un homme jeune (ou dans la force de l'âge), célibataire, qui vit à l'écart de toutes les obligations de la vie publique (politiques, religieuses ou militaires), et qui pourtant fréquente la haute société romaine, où il compte un protecteur et beaucoup d'amis... et où éventuellement, il séduit des amies !

● En fait, ces dames qui butinent dans la haute société ne sont vraisemblablement pas de grandes dames : élégantes, souvent instruites, **volages et renommées pour leurs charmes**, elles multiplient les amants par qui elles sont « entretenues ». Ce qui explique que le poète élégiaque, qui fait profession de son art, a l'**ardente obligation de plaire**, en faisant de son talent poétique une arme de séduction – et il a vocation à être **abandonné** par son amante dès qu'un généreux rival se montre à l'horizon !

Les leçons de l'amour

● À force de séduire, d'aimer, de souffrir et de maudire celle qu'il adorait, le poète élégiaque acquiert ce que l'on appelle de nos jours une « expertise » : il en sait long sur toutes les situations amoureuses, au point de pouvoir **donner des leçons** comme un véritable ***magister amoris*** ! Tout autant que l'*Art d'aimer* d'Ovide, les divers recueils d'élégies peuvent, du reste, se lire comme un **choix** (presque un catalogue !) de **situations amoureuses « typiques »**.

● Dès lors, il est délicat de chercher une « sincérité » des poètes dans les élégies : parfois inspirées par leurs aventures amoureuses, certainement colorées par leur sensibilité personnelle (le sentimentalisme de Tibulle, l'affectivité violente de Properce, l'humour et le détachement d'Ovide), **les élégies ne sauraient constituer un « journal de bord » de leurs amours**, et encore moins un « roman vécu », comme on a pu le penser des amours supposées de Properce et Cynthie (= un des noms de Vénus). Comme le note Ovide, qui consacre ses *Amours* à une dénommée Corinne (nom d'une poétesse grecque) : « Il y a, à Rome, beaucoup de femmes qui rêvent d'être Corinne »...

Des thèmes fondamentaux

● Comme tout genre littéraire, cette poésie amoureuse a rapidement privilégié un certain nombre de thèmes. Certains semblent liés à l'époque, comme **l'amour de la paix (*otium*), et le refus de toute gloire politique et militaire**, qui se retrouvera dans le statut de « poète de cour », proche du monarque sans être son chevalier. La célébration de la beauté de l'aimée, la nuit d'amour, la jalousie, la querelle, tout autant que les récréations allégoriques sur Cupidon et les nymphes, avec ces touches d'érudition mythologique qui font partie de la virtuosité poétique, voilà autant de thèmes que l'on retrouvera dans la « **poésie galante** », de Ronsard aux libertins.

● Mais aussi, très présent dans l'élégie romaine, un thème sombre : l'amant prédit sa propre mort, imagine ses funérailles, et objecte à son amante trop légère cette **face grave de la vie** – un thème qui, plus tard, plaira aux Romantiques.

Paul Veyne
(né en 1930)

ÉLÉGIE ET MISE EN SCÈNE

*Dans une étude remarquable sur l'*Élégie érotique romaine*, Paul Veyne balaie définitivement une lecture « romantique » des élégiaques latins, qui faisait d'eux des amoureux déchirés ou transis…*

L'élégie est un photomontage de sentiments et de situations typiques de la vie passionnelle irrégulière, exposés à la première personne. Les procédés de mise en pages varient de poète à poète. Properce traite de préférence un seul thème par pièce, mais le fait avec des raccourcis, des discontinuités de narration, dans le goût hellénistique, qui lui ont valu une réputation de poète obscur et rocailleux ; Tibulle, dont les pièces sont plus longues, affirme autrement son arbitraire de metteur en scène : il glisse de thème en thème sur de simples associations d'idées ou de mots et ces transitions affectivement peu engagées lui ont valu sa réputation de douceur, de mollesse. […]

Les élégiaques ne sont pas sérieux : ils se comportent comme s'ils étaient metteurs en scène de sentiments qu'ils affectent de vivre en leur propre nom ; chez Tibulle, des tirades d'amoureux transis sont plaisamment démenties par la mollesse des transitions, où d'aucuns semblent apercevoir l'âme rêveuse et distraite du poète. Si distraite, assurément, que Tibulle a dû écrire ses vers en état de demi-sommeil, tant les thèmes s'y succèdent de façon imprévisible, par des associations d'idées ou de mots comme il en vient à un esprit qui somnole. On se demande comment cette somnolence a pu être compatible avec l'intensité et les souffrances d'une passion…

Bref, l'attitude générale de ces poèmes est humoristique en elle-même ; mais l'humour ne s'en tient pas là : le poète affecte en principe d'épouser les sentiments qu'il développe, le démenti ne venant que du mouvement d'ensemble ; mais, fréquemment, le poète manie aussi des traits d'humour plus explicites et ses propres paroles font entendre qu'il s'amuse avec son lecteur et qu'il ne participe pas à ce qu'il met en scène. C'est bien ainsi que les Anciens ont compris l'art élégiaque, cette « création trompeuse » dont parle Properce.

Paul Veyne, *L'Élégie érotique romaine*, © Seuil, 1983 (p. 46-47).

Deux Amours jouant avec deux coqs, marbre de Tarse, Turquie (Musée archéologique d'Istanbul).

TEXTE LATIN

Soldat d'amour

L'élégie est le contrepoint (souvent parodique) de l'épopée, car l'amour est aussi exigeant que le service militaire : tel est un des thèmes favoris de la poésie élégiaque. Dans ce poème dédié à son ami Atticus, Ovide le traite avec humour, fût-ce en cultivant le paradoxe.

1. **militare** : être soldat.
2. **turpe** : chose honteuse.
3. **animos** : l'ardeur (antécédent inclus dans la relative ▶ *Mémento 7*).
4. **mitte puellam (= si mittetur puella)** : faites partir, éloignez sa maîtresse.
5. **exempto fine** : jusqu'au bout du monde.
6. **discincta otia** : la tranquillité et le laisser-aller ; l'adjectif **discinctus** s'applique à une personne qui drape mal sa toge, de façon débraillée – mais aussi à un soldat qui a ôté cuirasse, armes et baudrier.
7. **aera merere** : mériter sa solde (= s'engager, servir comme soldat).

Militat[1] omnis amans, et habet sua castra Cupido :
Attice, crede mihi, militat omnis amans.
Quae bello est habilis, Veneri quoque convenit aetas :
turpe[2] senex miles, turpe senilis amor.
Quos petiere duces animos[3] in milite forti,
hos petit in socio bella puella viro.
Pervigilant ambo ; terra requiescit uterque :
ille fores dominae servat, at ille ducis.
Militis officium longa est via : mitte puellam[4],
strenuus exempto fine[5] sequetur amans :
ibit in adversos montes duplicataque nimbo
flumina, congestas exteret ille nives. [...]
Quis, nisi vel miles vel amans, et frigora noctis
et denso mixtas perferet imbre nives ?
Mittitur infestos alter speculator in hostes :
in rivale oculos alter, ut hoste, tenet.
Ille graves urbes, hic durae limen amicae
obsidet : hic portas frangit, ut ille fores. [...]
Ipse ego segnis eram discinctaque in otia[6] natus :
mollierant animos lectus et umbra meos ;
impulit ignavum formosae cura puellae,
jussit et in castris aera merere[7] suis.
Inde vides agilem nocturnaque bella gerentem.
Qui nolet fieri desidiosus, amet !

OVIDE, *Les Amours*, I, 9 sqq.

Mariage de Mars et de Vénus (détail), fresque de la maison de Marcus Lucretius Fronto, Pompéi, Ier s. ap. J.-C.

Pour le commentaire

1. Étudiez les emplois du génitif dans le texte ▶ *Mémento* 1.
2. Ce texte est-il narratif, argumentatif ou injonctif ?
3. Relevez les termes appartenant au champ lexical de l'activité militaire. Comment peuvent-ils s'appliquer, métaphoriquement, aux activités amoureuses ?
4. En quoi ce texte peut-il, par rapport à la culture et aux valeurs traditionnelles romaines, revêtir un caractère provocateur ?

TEXTE LATIN

Guérir du mal d'amour

Tout donne à penser que la rupture entre Lesbia-Clodia et Catulle se fit sans ménagement, et que le poète connut là un pathétique chagrin d'amour.

1. **pote (est).**
2. **si vestrum est misereri** : « si la pitié est un de vos attributs ».
3. **illud** est développé par la proposition complétive **ut** (+ subj.).
4. **contra** : en retour.

Difficile est longum subito deponere amorem.
Difficile est, verum hoc qualibet efficias.
Una salus haec est, hoc est tibi pervincendum ;
hoc facias, sive id non pote, sive pote[1].
O dei, si vestrum est misereri[2], aut si quibus umquam
extremam jam ipsa in morte tulistis opem,
me miserum aspicite et, si vitam puriter egi,
eripite hanc pestem perniciemque mihi,
quae mihi subrepens imos, ut torpor, in artus
expulit ex omni pectore laetitias.
Non jam illud[3] quaero, contra[4] ut me diligat illa,
aut, quod non potis est, esse pudica velit ;
ipse valere opto et taetrum hunc deponere morbum.
O dei, reddite mi hoc pro pietate mea !

CATULLE, *Poésies*, 76, v. 13 sqq.

Amours avec un char tiré par des griffons, fresque d'Herculanum, Ier s. ap. J.-C. (Naples, Musée archéologique).

Pour le commentaire

1 Identifiez la forme métrique de ce poème. Correspond-elle à la « spécialisation » que revêt ce type de vers dans la poésie amoureuse latine ?

2 Quelles indications présentent ce chagrin d'amour comme une maladie mortelle ? Comment comprenez-vous le vers 4 ?

3 Le romancier Albert Cohen, parlant des amours romanesques, conclut : « Bref, on souffre, et c'est intéressant. » Quels poètes français vous semblent avoir, après Catulle, exploré ce thème ? Quel mouvement littéraire fit de la souffrance un de ses sujets favoris ?

TEXTE & TRADUCTION

L'amour, cette belle folie

Properce, qui vient d'obtenir de la belle Cynthie une nuit d'amour, est dans une grande exaltation : ah ! si seulement ce bonheur pouvait durer toujours !

Errat, qui finem vesani quaerit amoris :
verus amor nullum novit habere modum.
Terra prius falso partu deludet arantes,
et citius nigros Sol agitabit equos,
fluminaque ad caput incipient revocare liquores
aridus et sicco gurgite piscis erit,
quam possim nostros alio transferre dolores :
hujus vero vivus, mortuus hujus ero.
Quod mihi si secum tales concedere noctes
illa velit, vitae longus et annus erit.
Si dabit haec multas, fiam immortalis in illis :
nocte una quivis vel deus esse potest.
Qualem si cuncti cuperent decurrere vitam
et pressi multo membra jacere mero,
non ferrum crudele neque esset bellica navis,
nec nostra Actiacum verteret ossa mare,
nec totiens propriis circum oppugnata triumphis
lassa foret crines solvere Roma suos. [...]
Tu modo, dum lucet, fructum ne desere vitae !
Omnia si dederis oscula, pauca dabis.
Ac veluti folia arentes liquere corollas,
quae passim calathis strata natare vides,
sic nobis, qui nunc magnum speramus amantes,
forsitan includet crastina fata dies.

Il se trompe, celui qui cherche une fin à l'amour fou : le véritable amour ne connaît pas de mesure. La Terre aura plus tôt fait de tromper les laboureurs en portant des récoltes imprévues, le Soleil mènera plus vite un char aux chevaux noirs, les fleuves se mettront à ramener leurs eaux vers leur source et le poisson sera laissé à sec au fond des gouffres marins, avant que je puisse porter ailleurs mes tourments : vivant, je suis à elle, mort, je serai à elle. Et si elle consent à m'accorder de telles nuits avec elle, même une seule année sera vivre longtemps ; mais si elle m'offre beaucoup de telles nuits, j'y deviendrai immortel : en une seule nuit, tout homme peut devenir un dieu. Et si tous les hommes désiraient vivre comme moi, et rester couchés, écrasés par force vin, il n'y aurait point de cruelles épées, ni de navires de guerre, les flots de la mer d'Actium ne rouleraient point nos os, et Rome, tant de fois assiégée par ses propres triomphes, ne serait pas lassée de dénouer ses cheveux en signe de deuil. [...]

Toi, tant que luit le jour, goûte au fruit de la vie !
Donne tous tes baisers, ce sera peu donner !
Des couronnes fanées tombent quelques pétales,
et tu les vois flotter sur le vin de nos coupes.
Ainsi, pour nous, amants aujourd'hui pleins d'espoir,
demain, qui sait, clôra notre destin.

PROPERCE, *Élégies*, II, 14, v. 29 sqq.

Pour le commentaire

1 Faites correspondre vers à vers le poème et sa traduction. Quelle remarque faites-vous sur la place de **et** au vers 6, et sur son sens au vers 10 ? Pour les cinq derniers vers, la traduction en vers vous paraît-elle restituer correctement le texte et ses tonalités ? Essayez de reprendre dans ce style la traduction de quelques vers précédents.

2 Relevez, dans le texte latin, des traits de préciosité poétique : lexique, figures, comparaisons...

3 Dans les sept premiers vers, Properce utilise un procédé traditionnel que les Grecs appelaient **adunaton** (« impossible »). À la lumière du texte, expliquez en quoi consiste ce procédé.

4 Éclairez l'allusion historique à la bataille d'Actium (**Actiacum mare**). Properce exprime-t-il ici une position politique ou une profession de foi ? En quoi consiste, selon lui, le bonheur ? Quelle nuance sentimentale les derniers vers apportent-ils ?

UNE BELLE ENDORMIE

Dans ses poèmes d'amour consacrés à sa compagne Elsa Triolet, Louis Aragon retrouve, avec une musicalité remarquable, les accents des élégiaques...

Louis Aragon et Elsa Triolet, photographiés par Robert Doisneau en 1963.

Tandis que je parlais le langage des vers
Elle s'est doucement tendrement endormie
Comme une maison d'ombre au creux de notre vie
Une lampe baissée au cœur des myrtes verts

Sa joue a retrouvé le printemps du repos
Ô corps sans poids posé dans un songe de toile
Ciel formé de ses yeux à l'heure des étoiles
Un jeune sang l'habite au couvert de sa peau

La voilà qui reprend le versant de ses fables
Dieu sait obéissant à quels lointains signaux
Et c'est toujours le bal la neige les traîneaux
Elle a rejoint la nuit dans ses bras adorables

Je vois sa main bouger Sa bouche Et je me dis
Qu'elle reste pareille aux marches du silence
Qui m'échappe pourtant de toute son enfance
Dans ce pays secret à mes pas interdit

Je te supplie amour au nom de nous ensemble
De ma suppliciante et folle jalousie
Ne t'en va pas trop loin sur la pente choisie
Je suis auprès de toi comme un saule qui tremble

J'ai peur éperdument du sommeil de tes yeux
Je me ronge le cœur de ce cœur que j'écoute
Amour arrête-toi dans ton rêve et ta route
Rends-moi ta conscience et mon mal merveilleux.

LOUIS ARAGON, *Elsa*, © Gallimard, 1959.

texte suivi

Une chaumière et deux cœurs

Seul de tous les élégiaques, Tibulle rêve d'une vie amoureuse à la campagne, mais, comme les autres élégiaques, il entend fuir les ambitions, la richesse et surtout les contraintes de la vie militaire. Dans cette élégie, ces thèmes s'entrelacent pour exprimer le rêve d'un art de vivre placé sous le signe de la tranquillité.

TEXTE LATIN

1. *Un bonheur champêtre*

Divitias alius fulvo sibi congerat[1] auro
et teneat culti jugera multa soli,
quem labor adsiduus vicino terreat hoste,
Martia cui somnos classica pulsa fugent :
me mea paupertas vita traducat inerti[2],
dum meus adsiduo luceat igne focus. [...]
Jam modo, jam possim contentus vivere parvo
nec semper longae deditus esse viae[3],
sed Canis aestivos ortus[4] vitare sub umbra
arboris ad rivos praetereuntis aquae !
Nec tamen interdum pudeat tenuisse bidentem
aut stimulo tardos increpuisse boves ;
non agnamve sinu pigeat fetumve capellae
desertum oblita matre referre domum.
At vos exiguo pecori, furesque lupique,
parcite : de magno praeda petenda grege.
Hic ego pastoremque meum lustrare quotannis
et placidam soleo spargere lacte Palem[5].
Adsitis, divi, nec vos e paupere mensa
dona nec e puris spernite fictilibus :
fictilia antiquus primum sibi fecit agrestis
pocula, de facili composuitque luto[6].
Non ego divitias patrum fructusque requiro,
quos tulit antiquo condita messis avo :
parva seges satis est, noto requiescere lecto
si licet[7] et solito membra levare toro.

1. Ici, comme dans la suite du texte, le subjonctif exprime un vœu ou une injonction.
2. **vita inerti (abl.) = trans vitam inertem.**
3. **longa via** : métonymie pour « de longues marches » (exigées par la vie militaire).
4. **Canis ortus** : la canicule, en juillet, quand l'apparition de cette constellation marque les jours les plus chauds.
5. Palès est la divinité protectrice des troupeaux.
6. **de facili luto** : avec une argile malléable.
7. Construire : **si licet [...] requiescere [...] et [...] levare.**

Paysage avec villa, fresque de la maison des Vettii, à Pompéi.

Pour le commentaire

Qu'est-ce qu'une « idylle » ? Quels traits dénotent, dans ce début de l'elégie, une évocation « idyllique » de la vie à la campagne ?

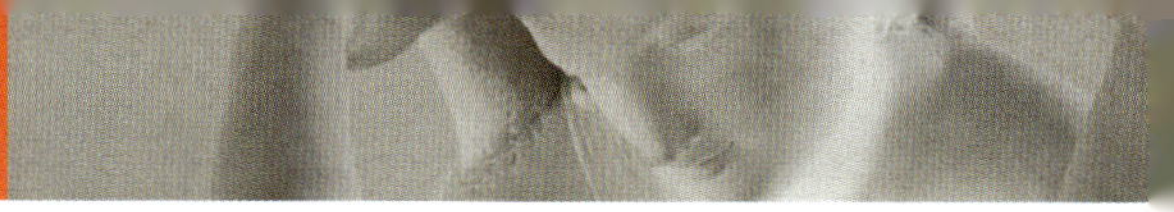

TEXTE LATIN

1. **continuisse** = **continere.**

2. **Auster** : vent du sud qui amène la pluie.

3. **O quantum [...] quam...** : « Que tout l'or, que toutes les émeraudes du monde périssent, plutôt que... »

4. **Messala** : ami et protecteur de Tibulle, accomplit sérieusement sa carrière militaire.

5. Comme le **janitor** (portier, esclave enchaîné à la porte pour la surveiller), l'amant ne peut quitter le seuil de sa belle.

2. *Bien au chaud*

Quam juvat immites ventos audire cubantem
et dominam tenero continuisse[1] sinu
aut, gelidas hibernus aquas cum fuderit Auster[2],
securum somnos igne juvante sequi !
Hoc mihi contingat : sit dives jure, furorem
qui maris et tristes ferre potest pluvias !
O quantum est auri pereat potiusque smaragdi,
quam[3] fleat ob nostras ulla puella vias !
Te bellare decet terra, Messalla[4], marique,
ut domus hostiles praeferat exuvias :
me retinent vinctum formosae vincla puellae,
et sedeo duras janitor[5] ante fores.
Non ego laudari curo, mea Delia : tecum
dum modo sim, quaeso segnis inersque vocer !

TEXTE LATIN

1. **Illo [...] de funere** = **de illo funere.**

2. **lumina sicca** = **oculos siccos.**

3. **ne laede Manes meos** : n'offense pas mes Mânes = prends le deuil.

3. *Jusqu'à ma mort...*

Te spectem, suprema mihi cum venerit hora,
te teneam moriens deficiente manu.
Flebis et arsuro positum me, Delia, lecto,
tristibus et lacrimis oscula mixta dabis.
Flebis : non tua sunt duro praecordia ferro
vincta, nec in tenero stat tibi corde silex.
Illo non juvenis poterit de funere[1], quisquam
lumina, non virgo, sicca[2] referre domum.
Tu Manes ne laede, meos[3], sed parce solutis
crinibus et teneris, Delia, parce genis.
Interea, dum fata sinunt, jungamus amores :
jam veniet tenebris Mors adoperta caput ;
jam subrepet iners aetas, nec amare decebit,
dicere nec cano blanditias capite.
Nunc levis est tractanda Venus, dum frangere postes
non pudet et rixas inseruisse juvat.
Hic ego dux et miles bonus : vos, signa tubaeque,
ite procul, cupidis vulnera ferte viris,
ferte et opes : ego, composito securus acervo,
dites despiciam despiciamque famem.

TIBULLE, *Élégies*, I, 1.

Pour le commentaire

1 Dans le second extrait, relevez quelques traits caractéristiques de la sensualité de Tibulle.

2 Quel effet produit l'évocation par le poète de sa propre mort ?

3 Dans l'ensemble du poème, repérez les passages évoquant les thèmes suivants : refus des richesses – refus de la guerre – amour de la campagne – amour de la paix et du plaisir. Quels sont les rapports entre ces différents thèmes, et comment passe-t-on de l'un à l'autre ?

Une flèche en plein cœur !

On connaît l'aimable figure de Cupidon, tel que les peintres et les sculpteurs se sont plu à le représenter. Cet « adorable petit monstre », qui perce les cœurs de ses flèches acérées, a pris Properce pour cible.

1. **Idem** : le même (= de même il...).
2. **fecit et = et fecit.**
3. **alterna quoniam = quoniam alterna** (même construction aux vers 11 et 15).
4. **nostra [...] aura** : la brise qui nous porte.
5. **Gnosia** : les archers crétois étaient réputés.
6. **manet et = et manet.**

Quicumque ille fuit, puerum qui pinxit Amorem,
nonne putas miras hunc habuisse manus ?
Hic primum vidit sine sensu vivere amantes,
et levibus curis magna perire bona.
Idem[1] non frustra ventosas addidit alas,
fecit et[2] humano corde volare deum,
scilicet alterna quoniam[3] jactamur in unda,
nostraque non ullis permanet aura[4] locis.
Et merito hamatis manus est armata sagittis
et pharetra ex humero Gnosia[5] utroque jacet :
ante ferit quoniam tuti quam cernimus hostem
nec quisquam ex illo vulnere sanus abit.
In me tela manent, manet et[6] puerilis imago :
sed certe pennas perdidit ille suas ;
evolat, hei, nostro quoniam de pectore nusquam,
adsiduusque meo sanguine bella gerit.

PROPERCE, *Élégies*, II, 12, v. 1 sqq.

Cupidon, copie romaine de l'original grec de Lysippe, IVe s. av. J.-C. (Rome, musée du Capitole).

Pour le commentaire

1. Rappelez ce qu'est, en peinture comme en rhétorique, une allégorie. Quels sont les attributs caractéristiques de Cupidon ?
2. Commentez les vers 3 et 4 : en quoi les amants ressemblent-ils aux enfants ?
3. Expliquez l'expression **alterna jactamur in unda** (v. 7). Quel est le rapport avec les ailes de Cupidon ?
4. Ce poème de Properce vous semble-t-il être un aveu d'amour ou un exercice de style ?

PROLONGEMENT

Pierre de Ronsard
(1524-1585)

L'AMOUR PIQUÉ PAR UNE ABEILLE

Né dans l'imaginaire de la mythologie antique pour symboliser le désir et l'amour, le charmant Cupidon est devenu un personnage à part entière de la poésie amoureuse, notamment à la Renaissance : Ronsard (dont on connaît le goût pour les diminutifs !) lui consacre cette « odelette » piquante...

Le petit enfant Amour
Cueillait des fleurs à l'entour
D'une ruche, où les avettes
Font leurs petites logettes,
Comme il les allait cueillant,
Une avette sommeillant
Dans le fond d'une fleurette
Lui piqua la main douillette.
Sitôt que piqué se vit,
« Ah ! je suis perdu », ce dit,
Et s'encourant vers sa mère
Lui montra sa plaie amère.
« Ma mère, voyez ma main »,
Ce disait Amour tout plein
De pleurs, « voyez quelle enflure
M'a fait une égratignure. »
Alors Vénus se sourit
Et en le baisant le prit,
Puis sa main lui a soufflée
Pour guérir sa plaie enflée :
« Qui t'a, dis-moi, faux garçon,
Blessé de telle façon ?
Sont-ce mes Grâces riantes
De leurs aiguilles poignantes ?
– Nenni, c'est un serpenteau,
Qui vole au Printemps nouveau
Avecque deux ailerettes
Çà et là sur les fleurettes.
– Ah ! vraiment, je le connois,
Dit Vénus, les villageois
De la montagne d'Hymette

Vénus et Amour piqué par une abeille, par Lucas Cranach, 1530 (New York, Metropolitan Museum of Art).

Le surnomment Mélissette.
Si donques un animal
Si petit fait tant de mal,
Quand son alène époinçonne
La main de quelque personne,
Combien fais-tu de douleur
Au prix de lui, dans le cœur
De celui en qui tu jettes
Tes amoureuses sagettes[1] ? »

RONSARD, *Odes de jeunesse*, VI.

1. **sagettes** : un mot latin vous permet de reconnaître le sens de ce mot.

TEXTE LATIN

Belle menteuse !

La puella *chère à Ovide (appelons-la Corinne...) a « juré ses grands Dieux » on ne sait quoi... et a menti ! Au lieu de la punir en la défigurant, les Dieux ne bronchent pas...*

Esse deos, i, crede[1] ! Fidem jurata fefellit,
et facies illi, quae fuit ante, manet !
Quam longos habuit nondum perjura capillos,
tam longos, postquam numina laesit, habet ! [...]
Pes erat exiguus : pedis est artissima forma,
longa decensque[2] fuit, longa decensque manet !
Argutos habuit[3] : radiant ut sidus ocelli,
per quos mentita est perfida saepe mihi !
Scilicet aeterni falsum jurare puellis
di quoque concedunt, formaque numen habet.
Perque suos illam nuper jurasse recordor
perque meos oculos : en doluere mei !
Dicite, di, si vos impune fefellerat illa,
alterius meriti cur ego damna tuli ? [...]
Aut sine re nomen[4] deus est frustraque timetur
et stulta populos credulitate movet ;
aut, siquis deus est, teneras amat ille puellas
et nimium solas omnia posse jubet !

OVIDE, *Les Amours*, III, 3.

1. « Va-t-en croire que les Dieux existent ! »
2. **longa decensque** : grande et bien proportionnée.
3. **Argutos habuit (ocellos).**
4. **sine re nomen** : « rien qu'un mot, sans réalité ».

Profil de jeune femme, détail d'une fresque de la Villa des Mystères, Pompéi.

Pour le commentaire

1. Justifiez l'emploi de l'indicatif dans : « **si... fefellerat** ».
2. Par quel procédé rhétorique Ovide fait-il l'éloge de Corinne tout en instruisant son procès ?
3. Qualifiez le ton de ce poème : d'emblée, Ovide se prend-il au sérieux ?
4. Dans les pays puritains (et l'empire romain, à bien des égards, en était un...), le parjure est non seulement un péché, mais un délit. Que nous apprend ce texte sur les mœurs et l'humour de la société romaine que fréquentait Ovide ?

1. *Après la mort du moineau de Lesbie...*

1. **suam ...ipsam = suam dominam.**
2. **vobis male sit** : soyez maudites !
3. **bella < bellus, a, um.**
4. **tua opera** : à cause de toi.

Passer mortuus est meae puellae,
passer, deliciae meae puellae,
quem plus illa oculis suis amabat.
Nam mellitus erat suamque norat
ipsam[1] tam bene quam puella matrem,
nec sese a gremio illius movebat,
sed circumsiliens modo huc modo illuc
ad solam dominam usque pipiabat.
Qui nunc it per iter tenebricosum illuc,
unde negant redire quemquam.
At vobis male sit[2], malae tenebrae
Orci, quae omnia bella[3] devoratis :
tam bellum mihi passerem abstulistis.
O factum male! o miselle passer !
Tua nunc opera[4] meae puellae
flendo turgiduli rubent ocelli.

Catulle, *Poésies.*

2. *Au service de l'amour*

Pour rejoindre sa belle, l'amant doit souffrir autant qu'un vaillant soldat (cf. p. 104)...

1. **rota** : (métonymiquement) une voiture.
2. **haec signa** : les étendards de l'amour.

Amor odit inertes :
si rota[1] defuerit, tu pede carpe viam.
Nec grave te tempus sitiensque Canicula tardet,
nec via per jactas candida facta nives.
Militiae species amor est : discedite, segnes !
Non sunt haec timidis signa[2] tuenda viris !
Nox et hiems longaeque viae saevique dolores
mollibus his castris et labor omnis inest.
Saepe feres imbrem caelesti nube solutum,
frigidus et nuda saepe jacebis humo !

Ovide, *Art d'aimer.*

3. *Profitez de la jeunesse !*

*Dans le dernier livre de l'*Art d'aimer, *Ovide s'adresse aux* puellae, *et leur conseille de ne pas attendre d'être vieilles pour aimer...*

1. **iners** : vide, sans que vous en ayez profité.
2. **ludite** : amusez-vous.

Venturae memores jam nunc estote senectae :
sic nullum vobis tempus abibit iners[1].
Dum licet, et vernos etiamnum educitis annos,
ludite[2] : eunt anni more fluentis aquae ;
nec quae praeteriit, iterum revocabitur unda,
nec quae praeteriit, hora redire potest.
Utendum est aetate : cito pede labitur aetas,
nec bona tam sequitur, quam bona prima fuit. [...]
Tempus erit, quo tu, quae nunc excludis amantes,
frigida deserta nocte jacebis anus,
nec tua frangetur nocturna janua rixa,
sparsa nec invenies limina mane rosa !

Ovide, *Art d'aimer.*

CHAPITRE **7**

Passions épiques et tragiques

CIVILISATION

Héroïnes de l'Amour

À l'origine, la passion amoureuse n'est pas un thème majeur de l'épopée ou de la tragédie : il faut attendre les tragédies d'Euripide pour que les « amours fatales » de Médée ou de Phèdre s'inscrivent dans une intrigue tragique et caractérisent un personnage féminin digne de donner son nom à la pièce...

Escales brûlantes

● Dans l'*Odyssée*, la magicienne **Circé**, éprise d'Ulysse, use de tous ses sortilèges pour le garder ; le héros tombe ensuite dans les bras de la nymphe **Calypso**, qui le garde sept ans auprès d'elle dans son île d'Ogygie (sans doute la presqu'île de Ceuta, en face de Gibraltar) ; enfin, pour rejoindre Ithaque, il doit refuser d'épouser **Nausicaa**, fille du roi des Phéaciens Alkinoos, qui l'avait tendrement recueilli après son naufrage...

● Dans l'*Énéide*, **Didon** recueille de même un beau marin grec épuisé par la tempête, et lui offre non seulement son bras et son royaume, mais encore l'occasion de raconter, comme Ulysse au festin offert par Alkinoos, ses malheurs antérieurs (la prise de Troie, l'errance au pays des Harpyes, la tempête...). On sait qu'**en bon héros épique, Énée reprendra la mer**, comme, avant lui, Ulysse...

Séduites et abandonnées

● Les « grandes amoureuses » apparaissent donc au détour d'un des grands cycles mythologiques, où elles interviennent lors d'une escale pour offrir leur amour à un héros lié (et parfois épuisé) par les épreuves qu'il a affrontées ou qu'il doit affronter. Les aventures de **Thésée** le conduisent en Crète, pour affronter le Minotore. La jeune **Ariane** lui procure le fil grâce auquel il pourra sortir du labyrinthe après avoir tué le monstre – après quoi, le héros l'abandonnera sur une plage de l'île de Naxos... La sœur d'Ariane, **Phèdre**, n'en épousera pas moins, dans une autre séquence de la légende, ce même **Thésée**, parti en guerre contre les Amazones, avant de tomber amoureuse d'**Hippolyte**, son fils !

● De son côté, **Jason**, conquérant de la Toison d'Or, se distingue par le nombre de ses « adjuvantes » : **Hypsypile**, reine de Lemnos, puis, en Colchide, la magicienne **Médée**, et enfin **Créüse**, princesse de Corinthe : Médée, délaissée, se venge en tuant les enfants de Jason !

Les frasques des Dieux et des héros

● À partir de l'époque hellénistique, la mythologie, qui a depuis longtemps perdu son caractère symbolique, voire religieux, se colore nettement de rose : les **amours des dieux** y jouent un rôle essentiel, et provoquent des « **crises de famille** » **plus cocasses que tragiques** : Vénus trompe son époux Vulcain avec Mars, Bacchus fait la fête et finit par épouser Ariane, et Jupiter n'en finit plus de séduire nymphes et mortelles en prenant toutes les apparences possibles ! Quant aux demi-dieux comme Hercule, ils multiplient noces et caprices...

● Il y a là un **fantastique réservoir de scènes et d'intrigues** pour les artistes : des fresques de Pompéi aux « grands sujets » de la peinture académique, en passant par les plafonds des palais et les galantes compositions qui, seules, autorisaient le nu quand les mœurs le réprouvaient, les amours des dieux ont procuré aux peintres **des milliers de « sujets »**. Quant aux poètes, légers ou érudits, sensibles au drame ou à la romance, ils ont porté aux nues cette « face rose » du paganisme !

VIRGILE (70-19 av. J.-C.)

Virgile (Publius Vergilius Maro) est sans doute le plus grand poète latin, celui, en tout cas, dont les œuvres ont, au cours des siècles, toujours été considérées comme des monuments littéraires exceptionnels : les ***Bucoliques***, pièces de « **pastorale poétique** », dans lesquelles s'affrontent en joutes musicales ou amoureuses des « gardiens de bœufs » (en grec, *boukoloi*) ; les ***Géorgiques***, poème en quatre chants qui constitue une « **défense et illustration** » **de l'agriculture**, agrémentée d'épisodes mythologiques ; l'***Énéide***, enfin, dont vous avez certainement déjà étudié quelques épisodes, et **qui a pour ambition de doter Rome d'une épopée nationale** (en 12 chants) en racontant comment Énée, quittant Troie en flammes, se rend à Carthage puis dans le Latium pour fonder une nouvelle cité.

● Né en 70 av. J.-C. en Italie du Nord (d'où son surnom : « le cygne de Mantoue »), mort en 19 av. J.-C., Virgile fait carrière à Rome sous la **protection de Mécène**, proche ami d'Auguste, et il est profondément marqué par l'idéologie du nouveau régime que celui-ci vient de fonder : formé à l'école des ***poetae novi*** épris d'art hellénistique, le poète met son talent, dans les *Géorgiques* et l'*Énéide*, au service d'**une Rome soucieuse de** « **retrouver ses racines** », et il endosse avec gravité les habits un peu solennels du *vates*, le « poète inspiré » dont la voix résonne comme celle d'un prophète...

Virgile et deux muses, mosaïque d'El Jem, IIIe s. ap. J.-C. (Tunis, musée du Bardo).

texte suivi

Les plaintes d'Ariane

Les Héroïdes *sont un recueil de lettres en vers par lesquelles Ovide permet aux « belles abandonnées » d'adresser à leurs séducteurs les reproches qu'ils méritent : on voit ainsi la malheureuse Ariane supplier Thésée de ne pas la laisser mourir, seule, sur cette plage de Naxos où il l'a abandonnée, en profitant lâchement de son sommeil...*

TEXTE LATIN

1. *Terrible réveil*

1. **incertum** : employé ici comme un adverbe, « peut-être ».
2. **metus** : pluriel poétique.

Tempus erat, vitrea quo primum terra pruina
spargitur et tectae fronde queruntur aves ;
incertum[1] vigilans an somno languida, movi
Thesea prensuras semisupina manus :
nullus erat. Referoque manus iterumque retempto
perque torum moveo bracchia : nullus erat.
Excussere metus[2] somnum ; conterrita surgo
membraque sunt viduo praecipitata toro.
Protinus adductis sonuerunt pectora palmis
utque erat e somno turbida, rupta coma est.
Luna fuit ; specto si quid nisi litora cernam ;
quod videant oculi, nil nisi litus habent.
Nunc huc, nunc illuc et utroque sine ordine, curro,
alta puellares tardat harena pedes.

Ovide, *Héroïdes*, X, « Ariane à Thésée ».

TEXTE LATIN

2. *Thésée, où es-tu ?*

1. Le Notus, vent du sud, pousse vers Athènes le navire de Thésée, qui a mis le cap au nord.
2. **revertere** : impératif présent de **reverti**.
3. **Numerum** : « le nombre complet de ses passagers » (trouvez une traduction élégante !).

Interea toto clamanti litore « Theseu ! »
reddebant nomen concava saxa tuum
et quotiens ego te, totiens locus ipse vocabat :
ipse locus miserae ferre volebat opem.
Mons fuit ; apparent frutices in vertice rari ;
hinc scopulus raucis pendet adesus aquis.
Adscendo ; vires animus dabat ; atque ita late
aequora prospectu metior alta meo.
Inde ego – nam ventis quoque sum crudelibus usa –
vidi praecipiti carbasa tenta Noto[1].
Aut vidi aut fuerant quae me vidisse putarem ;
frigidior glacie semianimisque fui.
Nec languere diu patitur dolor. Excitor illo,
excitor et summa Thesea voce voco.
« Quo fugis ? », exclamo, « scelerate, revertere[2], Theseu !
Flecte ratem ! Numerum[3] non habet illa suum ! »

Ovide, *Héroïdes*, X, « Ariane à Thésée ».

TEXTE LATIN

3. *Honte au héros !*

Ossa superstabunt volucres inhumata marinae :
haec sunt officiis digna sepulcra meis.
Ibis Cecropios portus[1] patriaque receptus,
cum steteris urbis celsus in arce tuae
et bene narraris letum taurique virique[2]
sectaque per dubias saxea tecta vias[3] ;
me quoque narrato[4] sola tellure relictam ;
non ego sum titulis subripienda tuis ! [...]
Has tibi plangendo lugubria pectora lassas
infelix tendo trans freta lata manus ;
hos tibi qui superant ostendo maesta capillos ;
per lacrimas oro, quas tua facta movent :
flecte ratem, Theseu, versoque relabere vento ;
si prius occidero, tu tamen ossa feres.

OVIDE, *Héroïdes*, X, « Ariane à Thésée ».

1. **Cecropios portus** (pluriel poétique) : complément de lieu sans préposition, « jusqu'au port de Cécrops ». Cécrops est le premier roi (mythique) d'Athènes.
2. « du taureau et de l'homme » = le Minotaure.
3. « la demeure de roches découpée en voies incertaines » = le Labyrinthe.
4. **narrato** : impératif futur.

Ariane abandonnée, fresque de Pompéi, Ier s. ap. J.-C. (Naples, Musée archéologique).

Pour le commentaire

1. Comment Ovide raconte-t-il, au réveil d'Ariane, la terrible découverte de son abandon ?
2. Quels effets Ovide tire-t-il du paysage (imaginaire) dans lequel évolue Ariane ? Peut-on penser, comme certains critiques, qu'ici (et dans bien d'autres textes, notamment dans les *Métamorphoses*) Ovide s'inspire de représentations plastiques (fresques, tableaux...) de son sujet ?
3. Documentez-vous sur la « geste » de Thésée, et notamment sur la fin de son voyage. Quelle résonance prennent alors les paroles d'Ariane ?
4. Qu'est-ce qui permet de reconnaître dans l' « Héroïde », lettre fictive prêtée à une héroïne de fiction, un jeu littéraire sophistiqué ? Quelles qualités Ovide montre-t-il ici ?

TEXTE & TRADUCTION

Ariane abandonnée

Ariane encore, mais selon Catulle… Au cœur d'un long poème de style alexandrin consacré au récit des noces mythiques de Thétis et de Pélée, Catulle en vient à décrire une tapisserie jetée sur la couche nuptiale, et sur laquelle sont représentés « les hauts faits des héros, avec un art merveilleux »., et, notamment, Ariane découvrant son malheur…

Namque fluentisono prospectans litore Diae,
Thesea cedentem celeri cum classe tuetur
indomitos in corde gerens Ariadna furores,
necdum etiam sese quae visit visere credit,
utpote fallaci quae tum primum excita somno
desertam in sola miseram se cernat harena.
Immemor at juvenis fugiens pellit vada remis,
irrita ventosae linquens promissa procellae.
Quem procul ex alga maestis Minois ocellis,
saxea ut effigies bacchantis, prospicit, eheu,
prospicit et magnis curarum fluctuat undis,
non flavo retinens subtilem vertice mitram,
non contecta levi velatum pectus amictu,
non tereti strophio lactentis vincta papillas,
omnia quae toto delapsa e corpore passim
ipsius ante pedes fluctus salis alludebant.

CATULLE, *Poésies*, LXIV, 50-70.

Car du rivage de Dia[1] aux flots bruissants,
Ariane regarde au loin et voit Thésée qui part avec sa flotte rapide,
le cœur lourd de fureurs implacables, et tout ce qu'elle a vu,
elle se refuse toujours de croire l'avoir vu, car, elle qui vient à peine
de s'éveiller d'un sommeil trompeur,
elle se voit abandonnée, pitoyable, sur une plage déserte.
Et pourtant, oublieux, le jeune héros dans sa fuite
bat les flots de ses rames, laissant ses vaines promesses
au vent tempêtueux. Il s'éloigne
et, depuis les algues, la fille de Minos aux yeux tristes,
telle la statue de pierre d'une Bacchante, elle le voit là-bas,
hélas ! là-bas, et elle roule dans les grandes vagues du chagrin,
elle ne retient ni le bandeau de fin tissu qui liait ses cheveux blonds,
ni le léger voile qui couvrait sa poitrine nue,
ni l'écharpe délicate qui soutenait ses seins blancs comme le lait,
tout a glissé de tout son corps ici, là,
et les vagues salées de la mer en jouaient à ses pieds.

1. **Dia** : autre nom de Naxos.

Pour le commentaire

1. Étudiez la dernière phrase du texte : obéit-elle à une construction grammaticale stricte ? Quel est l'effet recherché par le poète ?
2. Les poètes alexandrins appelaient *ekphrasis* la description d'une œuvre d'art au sein d'un récit ou d'un poème. Quels éléments « plastiques » sont évoqués par le poème ? Sont-ils directement décrits ?
3. Quel procédé Catulle emploie-t-il pour évoquer à la fois l'allure d'Ariane et sa détresse ?
4. À quoi tient l'érotisme de cette « Ariane abandonnée » ?

Les larmes de Briséis, fresque de la maison du poète tragique, Pompéi, Ier s. ap. J.-C. (Naples, Musée archéologique).

L'Iliade tout entière ne traite qu'un sujet : la colère d'Achille, après qu'Agamemnon lui a repris la jeune Briséis « aux belles joues », son butin légitime.

Observation

1 Affaire d'honneur ou cœurs brisés ?

Chez Homère (*Iliade*, I), le héros charge son compagnon bien aimé, Patrocle, de remettre la « vierge » Briséis aux envoyés d'Agamemnon : « la jeune femme allait, les suivant à contre-cœur. Et Achille, en pleurant, s'assit, loin des siens, sur le rivage blanc d'écume. » Mais ce sont des larmes de colère…

Dans sa troisième *Héroïde*, Ovide fait de Briséis et Achille des amants séparés : il a tué son père et ses trois frères, mais, lui dit-elle, « Tu dominus, tu vir, tu frater eras » (*Héroïdes*, III) – et elle lui reproche de l'avoir laissé emmener, sans se révolter, par orgueil… Le départ de Briséis est devenu, au fil des siècles et en passant de Grèce à Rome, un moment d'émotion et de passion.

2 Le jeu des regards

Dans cette fresque, à peine postérieure à Ovide, l'artiste représente Patrocle (de dos) remettant Briséis aux envoyés d'Agamemnon sous les yeux d'Achille. Elle essuie une larme avec un coin de son pallium. Le peintre a accordé une grande importance aux yeux des personnages : Briséis regarde-t-elle Achille ? Achille regarde-t-il Briséis ? Donnez votre interprétation de ce jeu de regards : quels sentiments y lisez-vous ? Pouvez-vous reconnaître ces sentiments avec certitude ?

3 Peintures héroïques

De nombreuses scènes tirées des épopées ou de la mythologie décoraient les demeures pompéiennes. Comment un Romain pouvait-il identifier celle-ci ? Que faut-il supposer, de sa part, et de la part du peintre ? Relevez les détails qui dénotent les personnages comme « grecs » et « épiques ». Commentez la composition (notamment, la place de la tête d'Achille), les attitudes, les expressions des personnages secondaires, les jeux de lumière et de fond.

TEXTE LATIN

Didon saisie par la passion

Elle-même venue de Tyr pour fonder Carthage, Didon a écouté, fascinée, le récit de ce beau prince troyen que la tempête a jeté sur son rivage. Assis près d'elle, le petit Cupidon qui, sur l'ordre de sa mère, Vénus, a pris les traits d'Ascagne, fils d'Énée, insuffle à la reine le poison de l'amour : c'en est fait, la reine brûle de passion, mais a-t-elle le droit de se remarier ? Elle se confie à sa sœur Anna...

**At regina gravi jamdudum saucia cura
vulnus alit venis et caeco carpitur igni.
Multa viri virtus animo multusque recursat
gentis honos ; haerent infixi pectore vultus
verbaque nec placidam membris dat cura quietem.
Postera Phoebea lustrabat lampade terras
humentemque Aurora polo dimoverat umbram,
cum sic unanimam[1] adloquitur male sana sororem :
« Anna soror, quae me suspensam insomnia terrent !
Quis novus hic nostris successit sedibus hospes,
quem sese ore ferens[2], quam forti pectore et armis !
credo equidem, nec vana fides, genus[3] esse deorum.**

1. **unanimam.... sororem** : « sa sœur qui ne forme qu'un esprit avec elle », c'est-à-dire : « qui partage son cœur ».
2. **quem sese ore ferens** : « (portant) quelle assurance sur son visage. »
3. **genus** (acc. de « point de vue ») = **generis.**

Enée racontant à Didon les malheurs de Troie, par Pierre Guérin, 1815 (Paris, musée du Louvre).

4. **ne cui... vellem sociare** : « la décision de ne pas vouloir m'unir avec quiconque »...

5. Didon est veuve de Sychée. C'est le propre frère de Didon, Pygmalion, qui a tué Sychée.

6. Sur la construction des impersonnels, ▶ *Mémento* **14**.

7. **potui = potuisset.**

8. **Erebo = in Erebo,** « dans l'Érèbe, aux Enfers ». Érèbe, frère de Nyx (la Nuit), est une divinité infernale devenue un fleuve qui délimite une région des Enfers où passent les âmes des défunts.

Degeneres animos timor arguit. Heu, quibus ille
jactatus fatis ! quae bella exhausta canebat !
Si mihi non animo fixum immotumque sederet
ne cui me vinclo vellem sociare[4] jugali,
postquam primus amor deceptam morte fefellit[5] ;
si non pertaesum thalami taedaeque fuisset[6],
huic uni forsan potui[7] succumbere culpae.
Anna (fatebor enim) miseri post fata Sychaei
conjugis et sparsos fraterna caede penates,
solus hic inflexit sensus animumque labantem
impulit. Agnosco veteris vestigia flammae.
sed mihi vel tellus optem prius ima dehiscat
vel pater omnipotens adigat me fulmine ad umbras,
pallentes umbras Erebo[8] noctemque profundam,
ante, pudor, quam te violo aut tua jura resolvo.
Ille meos, primus qui me sibi junxit, amores
abstulit ; ille habeat secum servetque sepulcro ! »
Sic effata sinum lacrimis implevit obortis.
Anna lui répond : Ô toi que ta sœur aime plus que la lumière,
Vas-tu consumer toute ta jeunesse, seule, en lamentations ?
Sans connaître d'enfants ni les autres présents de la douce Vénus ?
Crois-tu que les cendres des morts et leur Mânes ensevelis s'en soucient ?
Soit : dans ton chagrin, aucun prétendant ne t'a jamais fait fléchir,
ni en Libye ni, avant, à Tyr : tu as dédaigné Iarbas
et les autres chefs que nourrit l'Afrique féconde en triomphes.
Mais repousseras-tu encore un amour qui t'a séduite ?

VIRGILE, *Énéide*, IV, 1-38.

Pour le commentaire

1 L'ensemble du texte latin est dominé par une allitération particulièrement repérable au début : laquelle ? Peut-on lui assigner une signification particulière ?

2 Quels « symptômes » de la passion amoureuse apparaissent dans ce texte ?

3 Quels traits d'Énée bouleversent particulièrement Didon ? En quoi, malgré les obstacles, s'accordent-ils avec le personnage de la reine de Carthage ? Anna vous paraît-elle lire clairement dans le cœur de sa sœur ?

4 Plusieurs paroles prononcées par Didon prendront, par la suite, une valeur prémonitoire : lesquelles ? Rappelez ce que vous savez de la fin de cette passion amoureuse. Dans quelles circonstances Énée reverra-t-il Didon ?

Virgile, mosaïque d'El Jem, IIIe s. ap. J.-C. (Tunis, musée du Bardo).

TEXTE LATIN

J'ai perdu mon Eurydice...

Dans les Géorgiques, *Virgile rappelle la déconvenue de l'apiculteur mythique Aristée, fils d'Apollon, dont Orphée a fait périr toutes les abeilles : amoureux de la dryade Eurydice, Aristée la poursuivait le jour de ses noces avec Orphée lorsqu'un serpent caché dans les herbes la piqua au talon, et elle en mourut. Fou d'amour et de douleur, Orphée reçut alors de Perséphone, reine des Enfers, la permission d'aller chercher sa belle dans le royaume des morts et de la ramener à la lumière, à une condition : elle le suivrait pas à pas, et il ne devrait jamais regarder derrière lui pendant ce retour vers la vie...*

Orphée, mosaïque du IIe s. ap. J.-C. (France, musée lapidaire de Vienne).

Jamque pedem referens casus evaserat[1] omnes ;
redditaque Eurydice superas veniebat ad auras,
pone sequens, namque hanc dederat Proserpina legem,
cum subita incautum dementia cepit amantem,
ignoscenda[2] quidem, scirent si ignoscere Manes !
Restitit Eurydicenque suam jam luce sub ipsa
immemor, heu !, victusque animi[3] respexit. Ibi omnis
effusus labor atque immitis rupta tyranni
foedera, terque fragor stagnis auditus Avernis.
Illa : « Quis et me, inquit, miseram et te perdidit, Orpheu,
quis tantus furor ? En iterum crudelia retro
fata vocant, conditque natantia lumina[4] somnus.
Jamque vale : feror ingenti circumdata nocte
invalidasque tibi tendens, heu non tua[5], palmas ! »
Dixit et ex oculis subito, ceu fumus in auras
commixtus tenues, fugit diversa, neque illum,
prensantem nequiquam umbras et multa volentem
dicere, praeterea vidit, nec portitor Orci[6]
amplius objectam passus transire paludem[7].

VIRGILE, *Géorgiques*, IV, 485-503.

1. sujet : **Orpheus**. Orphée a dû trouver Eurydice dans le dédale des Enfers, peuplés de suppliciés et de monstres...
2. **ignoscenda** : pardonnable.
3. **victus animi** : « vaincu dans son cœur » (génitif dit « de relation »).
4. **natantia lumina** : mes yeux baignés de larmes.
5. **non tua** : moi qui ne suis plus tienne.
6. Orcus est un des noms du dieu des Enfers Pluton.
7. Ce marais s'étend dans la région du Cocyte et du Styx, fleuves infernaux.

Pour le commentaire

1. Examinez la composition de ce passage : en combien de parties le récit s'articule-t-il ? Comment Virgile marque-t-il le moment le plus pathétique de l'épisode ?
2. Virgile dit-il explicitement pourquoi Orphée se retourne ? Quelles explications proposeriez-vous ?
3. Comment le texte poétique rend-il le mélange de sentiments humains et de merveilleux mythologique qui caractérisent cette légende ?
4. De nombreuses œuvres musicales ont été inspirées par ce mythe : cherchez les plus connues. Pourquoi Orphée semble-t-il avoir particulièrement inspiré les musiciens ?

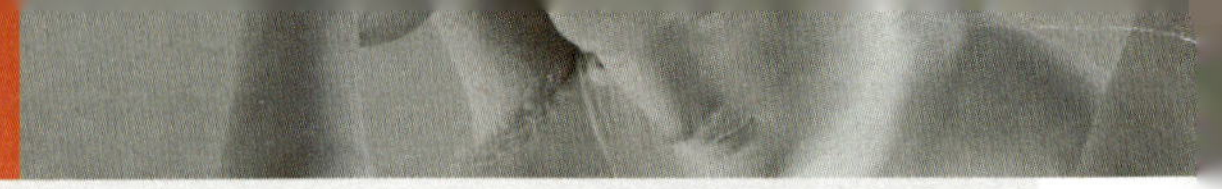

1. *Trop tard !*

Aux Enfers, Énée aperçoit l'ombre de Didon, qui passe, silencieuse...
Il tend les bras vers elle et lui dit :

Infelix Dido, verus mihi nuntius ergo
venerat exstinctam[1] ferroque extrema secutam ?
Funeris, heu !, tibi causa fui ? Per sidera juro,
per Superos et si qua fides tellure sub ima est[2],
invitus, regina, tuo de litore cessi.
Sed me jussa deum[3], quae nunc has ire per umbras,
per loca senta situ[4] cogunt noctemque profundam,
imperiis egere suis ; nec credere quivi
hunc tantum tibi me discessu ferre dolorem.
Siste gradum[5] teque aspectu ne subtrahe nostro.
Quem fugis? Extremum[6] fato quod te adloquor hoc est.

VIRGILE, *Énéide*, VI.

1. (te) exstinctam (et) secutam (esse) : propositions infinitives dépendant de **nuntius**, « la nouvelle disant que .. ».
2. si qua fides ...est : « si la bonne foi a quelque valeur »...
3. deum = deorum.
4. «ces lieux repoussants de moisissure. »
5. Siste gradum : arrête ton pas.
6. Extremum : la dernière fois.

2. *Médée, épouse et mère*

Au nom de leurs enfants, Médée supplie Jason de quitter sa nouvelle épouse.

Quod si forte preces praecordia ferrea tangunt,
nunc animis audi verba minora meis[1].
Tam tibi sum supplex, quam tu mihi saepe fuisti,
nec moror ante tuos procubuisse pedes.
Si tibi sum vilis, communis respice natos :
saeviet in partus dira noverca meos.
Et nimium similes tibi sunt, et imagine[2] tangor
et quotiens video, lumina nostra madent.

OVIDE, *Héroïdes*, XII.

1. « des paroles plus humbles que mon ressentiment. »
2. « cette ressemblance. »

3. *Dur, dur d'être Madame Hercule !*

Déjanire, fille de roi, mais simple mortelle, est l'épouse « officielle » d'Hercule,
fils de Zeus : un mari difficile à supporter...

At bene nupta feror, quia nominer Herculis uxor,
sitque socer, rapidis qui tonat altus equis.
Quam male inaequales veniunt ad aratra juvenci,
tam premitur magno conjuge nupta minor.
Non honor est, sed onus, species laesura ferentes[1] :
Siqua[2] voles apte nubere, nube pari !
Vir mihi semper abest, et conjuge notior hospes[3]
monstraque terribiles persequiturque feras !

OVIDE, *Héroïdes*, XII.

1. construire : **species laesura ferentes onus**, « une illusion faite pour blesser celles qui supportent cette charge ».
2. siqua : si en quelque manière, si d'aventure...
3. « plus connu (de moi) comme »...

Deux masques de théâtre, mosaïque de la villa d'Hadrien à Tivoli, IIe s. ap. J.-C. (Rome, musée du Capitole).

IV

THÉÂTRES ROMAINS

CHAPITRE **8**

Scènes romaines

Un spectacle total

CIVILISATION

Les citoyens romains, laissant aux esclaves le soin de travailler, ont loisir d'aller au cirque pour y suivre des courses (presque tous les jours), à l'amphithéâtre pour y voir « chasses » et gladiateurs (une vingtaine de jours par an, hors triomphes), ou au théâtre (près d'un jour sur trois sous l'Empire)...

Demandez le programme !

● Les spectacles dramatiques n'avaient pas lieu le soir (comment les aurait-on éclairés ?), mais commençaient **le matin** par une procession, suivie de plusieurs farces et pièces comiques ou tragiques. Pendant longtemps les pièces ont été jouées sur **une simple estrade**, dressée sur une place et démontée après le spectacle. Les spectateurs s'asseyaient sur des gradins en bois. En **145 avant J.-C.** on édifia à Rome un **théâtre permanent**, imité de ceux des Grecs, mais encore en bois, et c'est en **55** av. J.-C. que fut construit un **théâtre en pierre**, suivi de deux autres, mais pas davantage ; ces édifices allaient en revanche se multiplier dans tout l'Empire.

● Comme en Grèce, les représentations ont pour cadre, à date fixe, une **célébration religieuse** : des « jeux » (***ludi***) durant de six à quinze jours, offerts au peuple par un magistrat, scandaient la vie des Romains, en proposant une série de spectacles (mais, avant Néron, pas d'épreuves athlétiques), sous le prétexte d'« actions de grâces » solennelles. Le magistrat engageait un directeur de troupe (***dux*** ou ***dominus gregis***) ; celui-ci achetait alors à un auteur une pièce (tragédie ou comédie) qu'il mettait en scène avec un régisseur (***choragus***) chargé des costumes et des décors (en général les façades de deux maisons, peintes sur des toiles tendues devant le mur du fond).

Des comédiens... sans comédiennes

● Les acteurs de théâtre pouvaient être des esclaves, propriété du directeur de troupe, ou des hommes libres déchus de leurs droits civiques lorsqu'ils paraissaient sur scène : l'acteur à Rome est « **frappé d'infamie** », son art est assimilé à de la prostitution. Comme en Grèce, **les rôles féminins étaient tenus par des hommes**, dont le visage était blanchi à la chaux, la peau blanche étant l'apanage des dames.

● Le masque, qui symbolise pour nous le théâtre antique, est un accessoire grec, qui ne fut adopté à Rome que vers la fin de la République. Auparavant, une **perruque** permettait de reconnaître chaque « rôle » : blanche pour les hommes âgés, blonde pour les jeunes gens, brune pour les adultes, elle était rousse pour les esclaves. Le costume des vieux était blanc, celui des jeunes de couleur vive, et les esclaves portaient une tunique très courte, qui leur permettait de se démener sur la scène. Quant aux personnages féminins, leur robe était blanche pour une femme mariée, mais celle des courtisanes (***meretrices***) était jaune safran.

Paroles et musique

● Le théâtre romain, toujours écrit en vers, ressemble à un **opéra** ou à une **comédie musicale**. L'acteur (***ludius***) doit savoir déclamer et danser, au son d'une musique jouée par des flûtes et rythmée par des claquettes de bois (le ***scabellum***, sorte de castagnettes). Dans certaines scènes de comédie, il mime son rôle (comme en play-back), pendant qu'un ***cantor*** chante à sa place. Des entrées de clowns (***exodia***) précèdent et suivent la pièce, qui comprend plusieurs ballets.

● En fait, aux tragédies et aux comédies, le public populaire, volontiers bruyant et passablement chahuteur, préférait souvent, sous l'Empire, des **« revues » musicales**, des **« mimes »** (saynètes assez lestes jouées par des hommes et des femmes parfois très dénudées...) et des **« pantomimes »** (sans paroles, musicales et sophistiquées) à sujet mythologique.

PROLONGEMENT

Une représentation au grand théâtre de Pompéi, gravure, début xxe s. (Paris, Bibliothèque des Arts décoratifs).

UN THÉÂTRE QUI CHANTE ET DANSE

La comédie relève d'une esthétique semblable à celle de la tragédie : danse, musique et irréalité. À ceci près qu'au lieu de voir des crimes mythologiques, les Romains assistent incrédules à des histoires rocambolesques, romanesques et mélodramatiques à souhait. Nourrisson volé par des pirates, jeune fille enlevée par un marchand d'esclaves ou qu'agresse un inconnu par une nuit sans lune, fils perdu dans l'incendie d'un théâtre, permettent d'imaginer toutes sortes de dénouements aussi heureux qu'inattendus. [...] Avant d'en arriver là, la scène a été occupée par des personnages tous ridicules qui constituent la société comique : des vieillards acariâtres et avares, des jeunes gens amoureux, pleurnichards et sans un sou, des esclaves qui courent dans tous les sens afin de donner aux jeunes gens la femme qu'ils aiment et l'argent pour banqueter avec elle et leurs amis. Ils prononcent sans arrêt des mensonges, se travestissent, montent des intrigues tortueuses. Tout ce monde chante et danse selon son rôle. Les vieillards ont une voix de basse, un rythme lent, les jeunes gens piaillent et se plient en deux de douleur. Les esclaves, rouquins à gros mollets, courent, bondissent, inventent, savent tout faire et tout imiter. Des personnages odieux, comme les banquiers, obèses et grimaçants, attirent la haine joyeuse du public. Le parasite, grande asperge molle et pâle, toujours en quête d'un banquet pour s'y faire inviter, hurle à la mort sur un ton très aigu. Le public rit de ses malheurs et de sa silhouette équivoque. Tout finit dans une farandole générale, le jeune homme a la fille et l'argent pour faire la fête, le banquier est jeté dehors, volé et étrillé, le père se résigne à payer, l'esclave boit un coup, le parasite est invité à s'empiffrer avec les jeunes gens. On applaudit et les spectateurs sortent banqueter de leur côté.

Florence Dupont, *La Vie quotidienne du citoyen romain sous la République*, © Hachette, 1994.

TEXTE & TRADUCTION

La naissance du théâtre

360 avant J.-C. : Rome subit depuis deux ans une épidémie de peste…

Et cum vis morbi nec humanis consiliis nec ope divina levaretur, victis superstitione animis ludi quoque scaenici, nova res bellicoso populo – nam circi modo spectaculum fuerat – inter alia caelestis irae placamina instituti dicuntur ; ceterum parva quoque, ut ferme principia omnia, et ea ipsa peregrina res fuit. Sine carmine ullo, sine imitandorum carminum actu ludiones ex Etruria acciti, ad tibicinis modos saltantes, haud indecoros motus more Tusco dabant. Imitari deinde eos juventus, simul inconditis inter se jocularia fundentes versibus, coepere ; nec absoni a voce motus erant.

Accepta itaque res saepiusque usurpando excitata. Vernaculis artificibus, quia hister Tusco verbo ludio vocabatur, nomen histrionibus inditum ; qui […] impletas modis saturas descripto jam ad tibicinem cantu motuque congruenti peragebant. Livius post aliquot annis, qui ab saturis ausus est primus argumento fabulam serere, idem scilicet – id quod omnes tum erant – suorum carminum actor, dicitur, cum saepius revocatus vocem obtudisset, venia petita puerum ad canendum ante tibicinem cum statuisset, canticum egisse aliquanto magis vigente motu quia nihil vocis usus impediebat. Inde ad manum cantari histrionibus coeptum diverbiaque tantum ipsorum voci relicta. Postquam lege hac fabularum ab risu ac soluto joco res avocabatur et ludus in artem paulatim verterat, juventus, histrionibus fabellarum actu relicto, ipsa inter se more antiquo ridicula intexta versibus jactitare coepit ; unde exorta quae exodia postea appellata consertaque fabellis potissimum Atellanis sunt.

TITE-LIVE, *Ab Urbe condita*, VII, 2.

Mais comme rien ne parvenait à atténuer la violence de l'épidémie, ni les mesures décidées par les hommes, ni par l'aide des dieux, les esprits cédaient à la superstition : c'est pourquoi, entre autres moyens d'apaiser le courroux des dieux, on institua également des jeux scéniques, pratique encore inconnue pour ce peuple belliqueux (en effet, jusque- là, son seul spectacle avait été celui du cirque). Ces jeux furent d'ailleurs modestes d'abord, comme c'est le cas général pour les débuts, et leur contenu lui-même fut emprunté à un peuple étranger. Sans paroles chantées, sans mimique en accompagnement des chants, des « joueurs » (« ludions ») venus d'Étrurie dansaient au son des flûtes et exécutaient, selon la coutume toscane, des pas qui ne manquaient pas de grâce. Par la suite, les jeunes gens de Rome se mirent à les imiter, tout en se lançant les uns aux autres des plaisanteries en vers improvisés, avec des gestes à peu près accordés à ces paroles. C'est ainsi que, peu à peu, cette pratique reçut droit de cité et, à force d'être souvent mise en œuvre, prit son essor. Comme le mot « *hister* » désignait le « joueur » en langue étrusque, on appela « histrions » les acteurs indigènes, et désormais ils jouèrent des « satires » aux rythmes variés, comportant des chants consignés par écrit, accompagnés par la flûte et des gestes appropriés aux chants. Bien des années plus tard, Livius [Andronicus] osa pour la première fois abandonner le genre de la satire en composant des pièces bâties sur une intrigue ; il jouait d'ailleurs lui-même ses propres compositions, comme le faisaient tous ses confrères, et on raconte qu'à force d'être bissé il avait fini par perdre sa voix et que pour cette raison, en présentant ses excuses, il chargea un jeune esclave de chanter à sa place, tandis que lui-même se bornait à faire les gestes, mais avec d'autant plus d'énergie qu'il n'avait plus besoin d'utiliser sa voix. Par la suite les acteurs disposèrent d'un « chanteur » (*cantor*), et ils réservèrent leurs voix aux dialogues (*diverbia*). Ainsi organisé le théâtre s'éloignait du rire et des plaisanteries débridées, et le « divertissement » (*ludus*) était devenu peu à peu un art ; alors les jeunes gens cessèrent de jouer les pièces, abandonnées aux histrions, et recommencèrent, selon l'ancienne manière, à échanger des bouffonneries agrémentées de vers improvisés ; cela donna naissance à ce qu'on appela plus tard les « sorties clownesques » (*exodia*), le plus souvent associées aux « atellanes ».

Pour le commentaire

1 En vous aidant des pages de civilisation de ce chapitre (126 et 132), explicitez les formes artistiques évoquées.

2 Comment Tite-Live marque-t-il une certaine distance par rapport à cette « histoire » ? Comment lui confère-t-il pourtant de la vraisemblance ?

TEXTE LATIN

La grève des joueurs de flûte

Les fêtes des Quinquatrus minores *(les petites Quinquatries, en juin) étaient dédiées à Minerve, qu'Ovide interroge ici directement : « Pourquoi, ces jours-là, le joueur de flûte se promène-t-il ainsi dans tous les quartiers de la ville ? Pourquoi ces masques, cette longue robe ? » Et voici la réponse de la déesse.*

Temporibus[1] veterum tibicinis usus avorum
magnus et in magno semper honore fuit :
cantabat fanis, cantabat tibia ludis,
cantabat maestis tibia funeribus ;
dulcis erat mercede labor. Tempusque secutum
quod subito gratae frangeret artis opus.
Adde quod aedilis pompam qui funeris irent
artifices solos jusserat esse decem[2].
Exilio mutant Urbem Tiburque recedunt :
exilium quodam tempore Tibur erat.

Voilà que la flûte en bois creux est absente des scènes, elle manque près des autels ; aucun chant funèbre n'accompagne désormais les derniers convois. Il se trouva un homme, digne d'appartenir au plus haut rang : jadis esclave à Tibur, il était affranchi, depuis longtemps déjà. Dans sa demeure de campagne, il apprête un banquet et invite la troupe des musiciens : celle-ci vient à la fête. La nuit était venue ; le vin noyait les yeux comme les esprits, lorsque se présenta un messager, qui, prenant un air alarmé selon un plan convenu, prononça ces paroles : « Qu'attends-tu pour congédier le banquet ? Le maître qui t'a affranchi[3] arrive ; le voici qui vient. »

Nec mora, convivae valido titubantia vino
membra movent ; dubii stantque labantque pedes.
At dominus : « Discedite », ait, plaustroque morantes
sustulit ; in plaustro scirpea lata fuit.
Adliciunt somnos tempus motusque merumque,
potaque se Tibur turba redire putat.
Jamque per Esquilias Romanam intraverat urbem,
et mane in medio plaustra fuere foro.

C'est ainsi que fut brisée la grève des joueurs de flûte.

OVIDE, *Fastes*, VI, 657-692.

1. **temporibus** : au IVe siècle avant J.-C.
2. Construire la proposition infinitive ainsi : **artifices qui irent funeris pompam esse solos decem.**
3. Même après son affranchissement, un affranchi rend des comptes à son ancien maître.

Joueur de flûte, détail d'une fresque de la tombe des Léopards, nécropole de Monterozzi, Tarquinia, art étrusque, Ve s. av. J.-C.

Pour le commentaire

1. Localisez Tibur. Quelle était la particularité de son site ? Comment s'appelle aujourd'hui cette ville ? Expliquez l'humour du vers : **exilium quondam Tibur erat**.
2. Comment Ovide décrit-il l'ivresse des joueurs de flûte ?
3. Recherchez des exemples de jeux de mots plaisants, et notamment une paronomase : quel est le registre dominant de ce récit ?
4. Pourquoi les joueurs de flûte sont-ils associés au culte de Minerve ?

Construire un théâtre

*Vitruve (*Marcus Vitruvius Pollio*) construisit des machines de guerre dans l'armée de César, et probablement des édifices publics sous Auguste, auquel il dédia un traité en dix livres intitulé* De Architectura. *Le terme* architectus, *emprunté au grec, signifie « constructeur » et recouvre à la fois les métiers d'ingénieur et d'architecte. Plusieurs pages de son traité nous procurent de très précieux renseignements sur la conception des théâtres.*

TEXTE LATIN

1. Bien placer le théâtre

Cum forum constitutum fuerit, tum deorum immortalium diebus festis ludorum expectationibus eligendus est locus theatro quam saluberrimus, uti in primo libro de salubritatibus in moenium conlocationibus est scriptum. Per ludos enim cum conjugibus et liberis persedentes delectationibus detinentur et corpora propter voluptatem immota patentes habent venas[1], in quas insiduntur aurarum flatus, qui, si a regionibus palustribus aut aliis regionibus vitiosis advenient, nocentes spiritus corporibus infundent. Itaque si curiosius[2] eligetur locus theatro, vitabuntur vitia. Etiamque providendum est ne impetus habeat a meridie[3]. Sol enim cum implet ejus rutunditatem, aer, conclusus curvatura neque habens potestatem vagandi, versando[4] confervescit, et candens adurit excoquitque et imminuit e corporibus umores. Ideo maxime vitandae sunt his rebus vitiosae regiones et eligendae salubres. Fundamentorum autem, si in montibus fuerit, facilior erit ratio[5] ; sed si necessitas coegerit in plano aut palustri loco ea constitui, solidationes substructionesque ita erunt faciendae.

Vitruve, *De architectura*, V, 3.

1. **patentes venae** : les pores de la peau dilatés (par lesquels, pour les Anciens, les maladies s'insinuaient).
2. **curiosius** (*adv.*) : avec un soin particulièrement attentif.
3. **impetus habere** : être exposé aux agressions (climatiques).
4. **versando** : en s'y attardant, en y stagnant.
5. **ratio** : la conception, l'organisation.

TEXTE LATIN

2. Un son de qualité

Etiam diligenter est animadvertendum ne sit locus surdus, sed ut in eo vox quam clarissime vagari possit. Hoc vero fieri ita poterit si locus electus fuerit ubi non impendiantur resonantia. Vox autem, ut spiritus fluens aeris, et actu sensibilis auditu[1]. Ea movetur circulorum rutundationibus infinitis, uti si in stantem aquam lapide immisso nascantur innumerabiles undarum circuli crescentes a centro, quam latissime possint, et vagantes, nisi angustia loci interpellaverit aut aliqua offensio quae non patitur designationes earum undarum ad exitus pervenire[2]. Itaque cum interpellentur offensionibus, primae redundantes insequentium disturbant designationes. Eadem ratione vox ita ad circinum efficit motiones ; sed in aqua circuli planitiae in latitudine moventur, vox et in latitudine progreditur et altitudinem gradatim scandit. Igitur ut in aqua undarum designationibus, item in voce, cum offensio nulla primam undam interpellaverit, non disturbat secundam nec insequentes, sed omnes sine resonantia perveniunt ad imorum et ad summorum aures. Ergo veteres architecti, naturae vestigia persecuti, indagationibus vocis scandentis[3] theatrorum perfecerunt gradationes, et quaesierunt per canonicam mathematicorum et musicam rationem ut, quaecumque vox esset in scaena, clarior et suavior ad spectatorum perveniret aures.

Vitruve, *De architectura*, V, 3.

1. **actu sensibilis auditu** : « est audible du fait de son mouvement » (**supin en -u ▶ *Mémento* 11**).
2. **designationes... pervenire** : « (que) les ondulations (= figures concentriques de ces eaux) se développent complètement (jusqu'à leurs termes) ».
3. **indagationibus vocis scandentis** : « par des recherches sur la façon dont la voix s'élevait. »

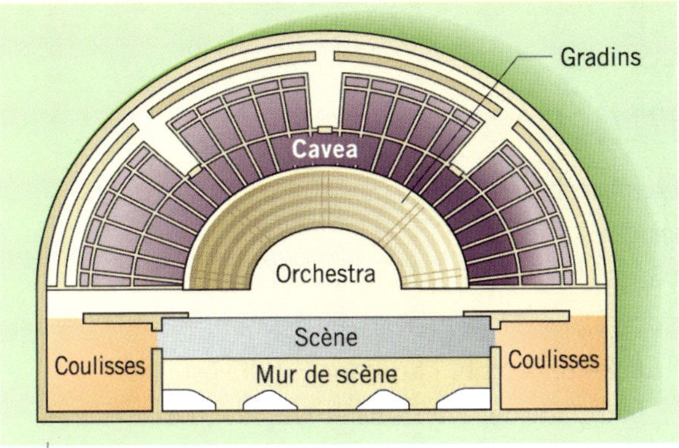

Plan d'un théâtre romain.

Le théâtre antique de Leptis Magna, en Libye.

TEXTE TRADUIT

3. *Des vases pour le son !*

D'après ces principes, il faudra fabriquer, selon des calculs mathématiques, des vases d'airain qui soient proportionnés à la dimension du théâtre ; leur grandeur doit être définie de façon à ce que, venant à être frappés, ils rendent des sons qui répondent entre eux à la quarte, à la quinte et aux autres consonances, jusqu'à la double octave. Ensuite ils devront être placés, selon les règles de l'harmonie musicale, dans des niches pratiquées entre les sièges du théâtre. [...]

On objectera peut-être qu'on construit tous les ans à Rome de nombreux théâtres, sans tenir compte de ces règles : ce serait une erreur car tous les théâtres publics ont des scènes constituées d'un assemblage de planches de bois, lesquelles résonnent nécessairement. On peut constater d'ailleurs que lorsque les musiciens qui chantent en s'accompagnant de la cithare ont à produire des sons élevés, ils se tournent vers les portes de la scène, qui, en faisant caisse de résonance, leur renvoient le son de leur voix. Mais lorsqu'on bâtit un théâtre avec des matériaux solides comme des moellons, des pierres de taille ou du marbre, tous matériaux qui ne peuvent résonner, alors il faut recourir à des résonateurs.

Dans quel théâtre y a-t-on recouru ? me demandera-t-on. Je ne peux en montrer à Rome mais je le pourrais en revanche dans plusieurs endroits de l'Italie, et dans beaucoup de villes de la Grèce. Et pour preuve nous avons L. Mummius qui, après avoir fait abattre un théâtre à Corinthe, en fit transporter à Rome les vases d'airain, et qui choisit dans ces dépouilles une offrande à consacrer au temple de la Lune. Beaucoup d'ingénieux architectes aussi, qui avaient à construire des théâtres dans de petites villes sans grandes ressources, ont utilisé des vases de terre choisis pour leur résonance, et en les disposant selon notre méthode de calcul, sont parvenus à des résultats très satisfaisants.

VITRUVE, *De architectura*, V, 3.

Pour le commentaire

1. En relevant les termes du lexique scientifique, précisez l'étendue de la science de Vitruve, et ses différents domaines.
2. La comparaison avec les ondulations d'un plan d'eau est-elle scientifiquement pertinente ?
3. Quels rapports la science antique établissait-elle entre la musique et les mathématiques ?
4. Quelle importance revêt la construction d'un théâtre pour l'Empire romain ?

Théâtre grec, théâtre romain

Comme dans tout le champ de la culture, le théâtre romain a subi l'influence de la Grèce, et s'est nourri de ses chefs-d'œuvre. Mais il présente des traits originaux...

Une architecture modifiée

● Alors que les théâtres grecs sont généralement adossés à une colline, dans laquelle est creusé l'hémicycle des gradins, les théâtres romains reposent, en principe, sur **plusieurs niveaux d'arcades**, parcourues par des couloirs qui permettent aux spectateurs de gagner leur place « par l'intérieur ». La ***cavea*** peut contenir jusqu'à 10 000 spectateurs (théâtre de Pompée, à Rome), sous l'ombre d'un *velum* (toile tendue).

● En Grèce, le champ de vision (***théatron*** = « lieu où l'on regarde ») est limité par un mur du fond présentant un décor fixe (plusieurs portes, des colonnes). Devant ce mur se dresse une estrade (***skènè***) surplombant un espace circulaire (***orchestra***) sur lequel évolue un chœur autour d'un autel de Dionysos. Diverses machines permettent des effets scéniques aériens.

● À Rome, l'*orchestra*, réduite à un demi-cercle, n'accueille plus les chants et danses du chœur, mais les **spectateurs de marque** (d'où nos « fauteuils d'orchestre »). Le mur du fond offre un souvent **décor architectural complexe** ; au IIe s. av. J.-C. apparaissent des rideaux de scène que l'on hisse à la fin de la pièce, et, vers 100 av. J.-C., des décors mobiles. Les acteurs jouent sur l'avant de la scène, le ***pulpitum***, et des bassins de métal placés sous les gradins permettent d'amplifier les voix.

Comédie : un vieux fonds italique

● Il existait à Rome une très vieille tradition de spectacles dramatiques et musicaux, héritée des anciennes cultures d'Italie. Les ***histriones*** étrusques étaient essentiellement des danseurs. On ne sait pas trop si la ***satura***, création composite de prose et de vers, était un vrai spectacle théâtral.

● En revanche, l'**atellane** (Atella est une bourgade des environs de Naples), farce bouffonne jouée sous des masques grotesques, reste populaire bien après l'apparition des comédies. Cet ancêtre de la *commedia dell'arte* fait évoluer **des personnages typiques** : Dossenus (le Bossu), Maccus (le Couillon), Pappus (le Pépé), Manducus (le Glouton)... Certains de leurs traits caractéristiques se retrouvent dans les personnages de Plaute : le public attendait leur « numéro » avec impatience !

Tragédie : une filiation contrariée

● **Livius Andronicus** (un esclave grec affranchi par les *Livii*) traduit et adapte en latin, à partir de 240 av. J.-C., des pièces grecques, tragiques et comiques. Mais les « tragédies en habit grec » (***fabulae palliatae***, le ***pallium*** étant le manteau grec), bâties sur des sujets mythologiques très « sérieux », demandaient trop de culture : elles sont vite concurrencées par des « tragédies en toge romaine » (***fabulae togatae*** ou ***praetextae***), dont les sujets, tirés de l'histoire de Rome, ressassent les vertus du *mos majorum*. Ennius, Pacuvius, Accius, au IIe siècle et au début du Ier siècle av. J.-C., composent des pièces de ces deux genres, mais le public s'en lasse vite : nous n'avons conservé que des bribes de ces *palliatae*, et aucune *togata* de cette époque.

● La **tragédie** devient un **pur exercice littéraire d'imitation**, qui fait fureur dès l'époque d'Auguste : écrites comme si elles devaient être jouées, en reprenant à l'envi les sujets mythologiques (notamment, Euripide) et les « phases » des tragédies grecques (avec des chœurs, qu'ignore la comédie latine), ces tragédies n'ont sans doute jamais donné lieu à un spectacle public. Mais elles restent jouables de nos jours...

TEXTE TRADUIT

Une féerie mythologique

Un passage des Métamorphoses *d'Apulée (cf. p. 179, chapitre 11) illustre le goût des Romains pour les ballets, qui associaient à la musique, au mime et à la danse, la splendeur des costumes et des décors. Le sujet en était volontiers mythologique : en l'occurrence, l'épisode fameux du jugement de Pâris.*

C'étaient des garçons et des filles, dans la fleur de leur jeunesse, tous d'une éclatante beauté, richement vêtus, la démarche expressive ; ils s'étaient disposés en ordre pour danser une pyrrhique grecque, et décrivaient des figures harmonieuses, tantôt infléchissant leur ligne et formant une ronde, tantôt se rapprochant et se tenant obliquement par la main ou dessinant un angle droit, puis se séparant en deux groupes. Mais aux arabesques sans fin de leurs allées et venues vient mettre un terme une sonnerie de trompette ; alors, le rideau s'ouvre et, les tentures repliées, apparaît la scène avec son décor.

C'était une montagne de bois, construite dans les airs, pour ressembler à la célèbre montagne que le poète Homère appelle l'Ida dans ses vers ; elle était plantée de bosquets et d'arbres véritables et, tout au sommet jaillissait une source artificielle où prenaient naissance les eaux d'un fleuve. Quelques chèvres broutaient l'herbe et, figurant Pâris, le berger phrygien, un jeune homme, les épaules recouvertes d'un long manteau oriental et revêtu, dessous, d'une tunique légère magnifique, une tiare d'or sur la tête, faisait semblant de garder le troupeau. Il y avait aussi un jeune garçon d'une grande beauté, sans autre vêtement qu'une chlamyde d'éphèbe recouvrant son épaule gauche ; ses cheveux blonds attiraient tous les regards et, dans sa chevelure, se dressaient de petites ailes d'or disposées symétriquement ; à son caducée, on reconnaît Mercure. Il s'avance en dansant et dans la main droite il a une pomme recouverte d'une mince feuille d'or, qu'il tend à l'adolescent qui joue le rôle de Pâris ; par sa mimique, il lui fait comprendre ce qu'attend de lui Jupiter, puis, sans plus attendre, avec un savant pas arrière, disparaît de la scène.

Vient ensuite une jeune fille à l'expression noble, qui ressemble à la déesse Junon : sa tête est nimbée d'un diadème blanc et elle porte un sceptre. Brusquement en entre une autre, figurant Minerve ; sa tête est couverte d'un casque étincelant et, par-dessus le casque, est posée une couronne d'olivier ; elle porte un bouclier, elle brandit une lance, toute pareille à la déesse lorsqu'elle combat.

APULÉE, *Métamorphoses*, X, 29-30,
trad. Pierre Grimal, *Romans grecs et latins*,
Bibliothèque de la Pléiade © Gallimard.

Le jugement de Pâris, fresque de Pompéi, Ier s. ap. J.-C. (Naples, Musée archéologique).

Pour le commentaire

1. Cherchez le sens des mots *pyrrhique, chlamyde, éphèbe, caducée, diadème, sceptre* : quelle est leur origine ?
2. Rappelez les circonstances et les enjeux du jugement de Pâris.
3. Comment le texte met-il en valeur la grâce raffinée du spectacle ?

TEXTE TRADUIT

Théâtre et politique...

À la fin de la République, sur fond de crise permanente qui oppose les optimates, *partisans de Pompée, et les* populares, *partisans de César, le public des théâtres n'hésite pas à exprimer ses préférences politiques. En 59 avant J.-C., dans une* Lettre à Atticus, *Cicéron exprime l'inquiétude que lui inspire cette fronde des gradins : Curion, agent de César, a doté la Ville d'un théâtre en bois, qu'il utilise pour exciter le peuple contre Pompée. Quatre ans plus tard, Pompée fera construire le premier théâtre en pierre de la capitale... pour s'y faire applaudir !*

C'est dans les théâtres et dans les spectacles qu'on perçoit le mieux les sentiments du peuple. Au cours de combats de gladiateurs, on a copieusement sifflé celui qui les donnait et tout son cortège. Aux jeux en l'honneur d'Apollon (*ludi Apollinares*), le tragédien Diphilus a lancé une pique très acérée contre notre ami Pompée, en prononçant ce vers : « C'est notre misère qui te fait Grand » – on le lui a fait répéter mille fois. Et quand il a dit : « Cette puissance, un temps viendra où elle te causera de profonds gémissements », la clameur de tout le théâtre a accompagné sa voix, et dans bien d'autres passages encore. Car des vers de ce genre semblent avoir été écrits pour la circonstance par un ennemi de Pompée ; et par exemple celui-ci : « Si l'on n'est contraint ni par les lois, ni par les mœurs », comme beaucoup d'autres, ont déclenché les grondements et la clameur de la foule. César, en entrant, n'a obtenu que des applaudissements poussifs, mais quand Curion, son protégé, est entré à son tour, il a été, lui, salué d'applaudissements nourris, comme ceux qu'autrefois Pompée obtenait fréquemment aux temps heureux de la République. César a eu du mal à encaisser le coup. On dit qu'il a aussitôt envoyé un courrier à Pompée, qui est à Capoue. On en veut aux chevaliers qui se sont levés pour applaudir Curion, les chevaliers ont tous à présent des ennemis.

Cicéron,
Lettres à Atticus, II, 19.

Le théâtre de Marcellus, construit sous Auguste, à Rome.

Pour le commentaire

1. Le premier vers déclamé par Diphilus est, en latin : « **nostra miseria tu es magnus** ». Expliquez en quoi consiste l'attaque.
2. À quel ordre Cicéron appartenait-il ? Que craint-il dans la fin de ce passage ?
3. Recherchez les circonstances particulières de la construction, quatre ans plus tard, du théâtre de Pompée.
4. De quelles « scènes » les hommes politiques modernes disposent-ils ?

TEXTE LATIN

Des spectatrices ravies ?

Si l'on en croit Ovide (cf. p. 95), après le forum, le théâtre est l'endroit le plus commode pour se procurer une amante. Pourquoi ? À cause de Romulus, dit le poète : avec son humour habituel, il n'hésite pas à transporter au théâtre le célèbre épisode du rapt des Sabines...

Primus sollicitos fecisti, Romule, ludos[1],
cum juvit viduos rapta Sabina[2] viros.
Tunc neque marmoreo pendebant vela theatro,
nec fuerant liquido pulpita rubra croco[3] ;
illic quas tulerant nemorosa Palatia, frondes
simpliciter positae, scaena sine arte[4] fuit.
In gradibus sedit populus de caespite factis,
qualibet hirsutas fronde tegente comas.
Respiciunt, oculisque notant sibi quisque puellam
quam velit, et tacito pectore multa movent.
Dumque, rudem praebente modum tibicine Tusco,
ludius aequatam ter pede pulsat humum,
in medio plausu (plausus tunc arte carebant)
rex populo praedae signa petita dedit.
Protinus exiliunt, animum clamore fatentes,
virginibus cupidas iniciuntque manus.
Ut fugiunt aquilas, timidissima turba, columbae,
utque fugit visos agna novella lupos :
sic illae timuere viros sine lege ruentes ;
constitit in nulla qui fuit ante color ;
nam timor unus erat, facies non una timoris :
pars laniat crines, pars sine mente sedet ;
altera maesta silet, frustra vocat altera matrem ;
haec queritur, stupet haec ; haec manet, illa fugit... [...]
Romule, militibus scisti dare commoda solus[5] :
haec mihi si dederis commoda, miles ero !
Scilicet ex illo sollemnia more theatra
nunc quoque formosis[6] insidiosa manent.

OVIDE, *Art d'aimer*, I, 101-134.

1. **sollicitos ludos fecisti** : tu as jeté le trouble dans les Jeux.
2. **rapta Sabina = raptae Sabinae** (singulier poétique).
3. « et les scènes n'étaient pas encore rougies d'eau safranée » (il s'agissait d'un effet scénographique).
4. **sine arte** : sans artifices ; **scaena** désigne le fond de scène.
5. **solus** : toi seul.
6. **formosis (puellis).**

Acteur romain, ivoire (Paris, musée du Petit-Palais).

Pour le commentaire

1 Dans ce passage, Ovide prétend-il faire l'histoire du théâtre à Rome ?

2 Relevez le champ lexical du théâtre, puis les oppositions entre le théâtre des temps anciens et celui du temps d'Ovide.

3 Comment le poète évoque-t-il la scène traditionnellement violente et pathétique du rapt ?

4 Que suggère l'incise : **plausus tunc arte carebant** ? Que veut dire Ovide en proclamant : **miles ero** (*cf.* p. 104) ?

Médée, d'Euripide à Sénèque

Auteur tragique grec du « siècle de Périclès », Euripide (480-406) s'inspira, comme Sophocle et Eschyle, des récits légendaires. Le personnage de Médée est lié au mythe des Argonautes. Tombée amoureuse de Jason, elle usa de ses pouvoirs magiques pour aider le héros. Mais bien des années plus tard, réfugiée à Corinthe avec les deux fils qu'elle a eus de Jason, elle apprend que celui-ci va épouser Créüse, la fille du roi Créon. Pour se venger, Médée médite de tuer ses enfants : face à eux, et en présence du chœur, effrayée par ses propres pensées, elle exprime son tourment en un poignant monologue.

TEXTE TRADUIT

1. *Dilemme tragique*

MÉDÉE

Malheur ! Que faire ? Le cœur me manque, femmes, quand je vois le regard brillant de mes enfants. Non, je ne pourrais pas. Adieu, mes anciens projets. J'emmènerai mes fils loin du pays. Pourquoi me faut-il, pour torturer leur père par leur malheur à eux, redoubler mes malheurs à moi ? Non, non, pas moi. Adieu, mes projets. Mais quoi ? Je veux être condamnée à la risée en laissant mes ennemis impunis ? Allons ! de l'audace ! Ah ! quelle est ma lâcheté d'abandonner mon cœur à ces faiblesses ! Rentrez dans le palais, mes enfants. (*Elle lève le bras vers le Soleil.*) Celui à qui Thémis interdit d'assister à mon sacrifice, cela le regarde, mais je ne laisserai pas faiblir ma main. Hélas ! Non, mon cœur, non, n'accomplis pas, toi, ce crime. Laisse-les, malheureuse ! Épargne tes enfants. Ils vivront là-bas avec moi et seront ma joie. Non, par les vengeurs souterrains de l'Hadès, il n'arrivera jamais que je livre moi-même mes fils aux insultes de mes ennemis. Il faut absolument qu'ils meurent ; puisqu'il le faut, c'est moi qui les tuerai, qui les ai mis au monde. C'est chose faite, inévitable. D'ailleurs, la couronne sur la tête, dans ses voiles, la royale épousée expire ; j'en suis sûre, moi. Allons ! puisque je vais entrer dans la voie des plus terribles malheurs et leur faire prendre une voie plus funeste encore, je veux dire adieu à mes fils. Donnez, mes enfants, donnez à baiser votre main droite à votre mère. Ô main adorée, ô bouche adorée, traits et visage si nobles de mes enfants ! Puissiez-vous être heureux tous les deux, mais là-bas ! Le bonheur ici-bas, votre père vous l'a ravi. Ô doux embrassement ! ô délicieuse peau ! ô haleine si douce de mes enfants ! – Allez-vous-en ! Allez-vous-en ! Je ne suis plus capable de tourner mes regards vers mes fils. Je suis vaincue par les malheurs. Je sais les crimes que je vais oser, mais ma colère est plus puissante que ma volonté et c'est elle qui cause les plus grands maux aux mortels.

EURIPIDE, *Médée*, v. 1050-1082, trad. Henri Berguin © Garnier, 1954.

Pour le commentaire

1. Repérez les revirements successifs de Médée.
2. Le dilemme tragique donne lieu au théâtre à des monologues de convention : les tourments de l'âme s'expriment rarement à voix haute. Ce monologue de Médée peut-il néanmoins émouvoir ? Comment s'exprime le pathétique ?
3. À quels dilemmes tragiques, à la fois comparables mais tout à fait différents, Agamemnon et Andromaque, deux autres héros mythiques, se trouvent-ils confrontés ?

TEXTE LATIN

2. L'emprise du « furor »

*Dans les tragédies antiques, l'intensité des passions précipite les personnages dans une sorte de délire qui autorise tous les crimes et tous les aveux : c'est la conséquence de l'*hybris*, démesure criminelle dans laquelle le héros s'est enfermé ; en latin, on appelle* furor *cet état physique proche de la transe, et Florence Dupont décrit ainsi les monologues du* furiosus *: « Étant homme, il est instinctivement humain, et lutte violemment avec lui-même pour tuer en lui la moralité et l'horreur du* scelus nefas*. Ce combat avec lui-même, il le livre avec les mots. Il retrouve des forces, quand son courage faiblit, en ressassant son* dolor*. » Voici le monologue de Médée, dans la tragédie de Sénèque.*

MEDEA

Cor pepulit horror, membra torpescunt gelu
pectusque tremuit. Ira discessit loco
materque, tota conjuge expulsa, redit :
egone ut[1] meorum liberum ac prolis meae
fundam cruorem ? Melius[2], a, demens furor !
Incognitum istud facinus ac dirum nefas
a me quoque absit ; quod scelus miseri luent ?
scelus est Iason genitor et majus scelus
Medea mater. Occidant, non sunt mei ;
pereant, mei sunt[3]. Crimine et culpa carent,
sunt innocentes, fateor : et frater fuit[4] !
Quid, anime, titubas ? Ora quid lacrimae rigant
variamque[5] nunc huc ira, nunc illuc amor
diducit ? Anceps aestus incertam rapit ;
Ut[6] saeva rapidi bella cum venti gerunt,
utrimque fluctus maria discordes agunt
dubiumque fervet pelagus, haut aliter meum
cor fluctuatur : ira pietatem fugat
iramque pietas. Cede pietati, dolor !
Huc, cara proles, unicum afflictae domus
solamen, huc vos ferte et infusos mihi
conjungite artus ! Habeat incolumes pater,
dum et mater habeat[7]. Urguet exilium ac fuga[8] :
jamjam meo rapientur avulsi e sinu,
flentes, gementes osculis : pereant patri,
periere matri ! Rursus increscit dolor
et fervet odium, repetit invitam manum
antiqua Erinys[9]. Ira, qua ducis, sequor !

SÉNÈQUE, *Médée*, vers 926-953.

1. **egone ut... fundam** : « quoi ! moi, je verserais... »
2. **melius (consule)...**
3. « Qu'ils meurent puisqu'ils ne sont pas miens ; qu'ils périssent, puisqu'ils sont de moi. »
4. **et (= etiam) ; fuit (innocens)** : pour aider Jason, Médée avait tué son propre frère.
5. **variam (me)** ; au vers suivant : **incertam (me).**
6. **Ut... haud aliter...** : de même que... de la même façon (pas autrement).
7. **habeat (vos incolumes).**
8. asyndète : nouveau revirement de Médée, sans liaison.
9. **Erinys** : les Érinyes (que les Latins appellent **Furiae**) sont les divinités infernales de la vengeance.

Médée et ses enfants, fresque de Pompéi, Ier s. ap. J.-C. (Naples, Musée archéologique).

Pour le commentaire

1 Quels traits (indications explicites, façon de parler, structure des vers...) traduisent les effets « physiques » du **furor** sur le personnage ?

2 Relevez les passages du texte dans lesquels apparaît l'opposition entre la « mère » et l'« épouse ». Expliquez la phrase : « **Occidant, non sunt mei ; pereant, mei sunt.** »

3 Peut-on dire, avec Florence Dupont, qu'une telle scène est « une tragédie en réduction » ?

4 Comparez ce monologue avec celui d'Euripide.

Phèdre, de Sénèque à Racine

TEXTE LATIN

« Hippolyte, sic est... »

Euripide avait également traité le sujet des amours de Phèdre. Pour nous, c'est évidemment la pièce de Racine qui vient à l'esprit lorsqu'on évoque la « fille de Minos et de Pasiphaé », et cette scène fameuse au cours de laquelle elle avoue sa brûlante passion à son beau-fils Hippolyte. Voici la version de Sénèque, que Racine cite dans sa préface au même titre qu'Euripide : comparez les deux tirades, et mesurez les emprunts de Racine à sa source.

PHAEDRA

Hippolyte, sic est : Thesei vultus amo
illos priores, quos tulit quondam puer[1],
cum prima puras barba signaret genas
monstrique caecam Gnosii vidit domum
et longa curva fila collegit via[2].
Quis tum ille fulsit ! Presserant vittae comam
et ora flavus tenera tinguebat pudor[3].
Inerant lacertis mollibus fortes tori,
tuaeque Phoebes vultus aut Phoebi mei[4],
tuusve potius[5] - talis, en talis fuit
cum placuit hosti[6], sic tulit celsum caput.
In te magis refulget incomptus decor :
est genitor in te totus, et torvae tamen
pars aliqua matris[7] miscet ex aequo decus :
in ore Graio Scythicus apparet rigor.
Si cum parente Creticum intrasses[8] fretum,
tibi fila potius nostra nevisset soror.
Te te, soror, quacumque siderei poli
in parte fulges[9], invoco ad causam parem :
domus sorores una corripuit duas,
te genitor, at me gnatus... En supplex jacet
adlapsa genibus regiae proles domus !

SÉNÈQUE, *Phèdre*, v. 646 – 667.

1. **puer** : « tout jeune ».
2. La « sombre demeure de Gnosse » (ville de Crète où régnait Minos) est le labyrinthe, et le « monstre » est le Minotaure.
3. « et ses joues encore tendres rosissaient de pudeur ».
4. **tua Phoebe** : Hippolyte, comme Phoébé (autre nom d'Artémis-Diane), aime courir les bois à la chasse ; **meus Phoebus** : Phèdre descend du Soleil (Phoebus-Apollon).
5. **tuusve potius (vultus inerat).**
6. **hosti** : Ariane, fille de Minos, et, comme Phèdre, sœur du Minotaure...
7. **torvae matris** : Antiope, la reine des Amazones.
8. **= intravisses.**
9. Selon une des versions du mythe, après son abandon par Thésée, Ariane fut aimée de Bacchus, et donc admise au séjour céleste des divinités.

Pour le commentaire

1 Rappelez les épisodes des aventures de Thésée évoquées dans le texte, et les circonstances dans lesquelles il a séduit Ariane, puis Phèdre. Quelle malédiction pèse sur la lignée dont Phèdre est issue ?

2 Étudiez la progression de la tirade : qu'est-ce qui suscite l'aveu de Phèdre et le rend impossible à taire ? Comment, après avoir évoqué Thésée, l'efface-t-elle au profit d'Hippolyte ?

3 Commentez les deux derniers vers.

4 Le « style tragique » de Sénèque est, souvent, un mélange entre des effets simples (voire un certain prosaïsme) et des ornements rhétoriques plutôt lourds : trouvez des exemples de ces deux aspects dans le texte.

5 Comparez de près le texte de Sénèque et celui de Racine.

« OUI, PRINCE, JE LANGUIS... »

PHÈDRE

Oui, Prince, je languis, je brûle pour Thésée.
Je l'aime, non point tel que l'ont vu les enfers,
Volage adorateur de mille objets divers,
Qui va du Dieu des morts déshonorer la couche ;
Mais fidèle, mais fier, et même un peu farouche,
Charmant, jeune, traînant tous les cœurs après soi,
Tel qu'on dépeint nos Dieux, ou tel que je vous voi.
Il avait votre port, vos yeux, votre langage,
Cette noble pudeur colorait son visage,
Lorsque de notre Crète il traversa les flots,
Digne sujet des vœux des filles de Minos.
Que faisiez-vous alors ? Pourquoi sans Hippolyte
Des héros de la Grèce assembla-t-il l'élite ?
Pourquoi, trop jeune encor, ne pûtes-vous alors
Entrer dans le vaisseau qui le mit sur nos bords ?
Par vous aurait péri le monstre de la Crète,
Malgré tous les détours de sa vaste retraite.
Pour en développer l'embarras incertain,
Ma sœur du fil fatal eût armé votre main.
Mais non, dans ce dessein je l'aurais devancée :
L'amour m'en eût d'abord inspiré la pensée.
C'est moi, Prince, c'est moi dont l'utile secours
Vous eût du Labyrinthe enseigné les détours.
Que de soins m'eût coûté cette tête charmante !
Un fil n'eût point assez rassuré votre amante.
Compagne du péril qu'il vous fallait chercher,
Moi-même devant vous j'aurais voulu marcher ;
Et Phèdre, au Labyrinthe avec vous descendue,
Se serait avec vous retrouvée ou perdue.

RACINE, *Phèdre*, Acte II, scène 5.

Décor architectural, fresque de Boscoreale, Ier s. av. J.-C. (Naples, Musée archéologique).

Jean Giraudoux
(1882-1944)

LA HAINE DE LA HAINE

*Jean Giraudoux, connaisseur et admirateur du théâtre antique (il a également écrit, sous le titre d'*Amphitryon 38, *une version de la pièce de Plaute venant après les trente-sept précédentes !), se plaît à illustrer des drames modernes par des personnages antiques : c'est ainsi que, dans* Électre, *après Sophocle et Euripide, il « réinterprète » le personnage de Clytemnestre, épouse puis meurtrière d'Agamemnon, et la précipite dans un délire à la fois violent et cynique – un* furor *pour spectateurs du XX*e *siècle...*

CLYTEMNESTRE. – Oui, je le haïssais. Oui, tu vas savoir enfin ce qu'il était, ce père admirable ! Oui, après vingt ans, je vais m'offrir la joie que s'est offerte Agathe[1] !... Une femme est à tout le monde. Il y a tout juste au monde un homme auquel elle ne soit pas. Le seul homme auquel je n'étais pas, c'était le roi des rois, le père des pères, c'était lui ! Du jour où il est venu m'arracher à ma maison, avec sa barbe bouclée, de cette main dont il relevait toujours le petit doigt, je l'ai haï. Il le relevait pour boire, il le relevait pour conduire, le cheval s'emballât-il, et quand il tenait son sceptre, et quand il me tenait moi-même, je ne sentais sur mon dos que la pression de quatre doigts : j'en étais folle, et quand dans l'aube il livra à la mort ta sœur Iphigénie, horreur, je voyais aux deux mains le petit doigt se détacher sur le soleil ! Le « roi des rois », quelle dérision ! Il était pompeux, indécis, niais. C'était le fat des fats, le crédule des crédules. « Le roi des rois » n'a jamais été que ce petit doigt et cette barbe que rien ne rendait lisse. Inutile, l'eau du bain, sous laquelle je plongeais sa tête, inutile la nuit de faux amour, où je la tirais et l'emmêlais, inutile cet orage de Delphes sous lequel les cheveux des danseuses n'étaient plus que des crins ; de l'eau, du lit, de l'averse, du temps, elle ressortait en or, avec ses annelages. Et il me faisait signe d'approcher, de cette main à petit doigt, et je venais en souriant. Pourquoi ?... Et il me disait de baiser cette bouche au milieu de cette toison, et j'accourais pour la baiser. Et je la baisais. Pourquoi ? [...] Et s'il insistait tant soit peu, bégayant, lamentable, je lui jurais qu'il était un dieu. « Roi des rois », la seule excuse de ce surnom est qu'il justifie la haine de la haine. Sais-tu ce que j'ai fait, le jour de son départ, Électre, son navire encore en vue ? J'ai fait immoler le bélier le plus bouclé, le plus indéfrisable, et je me suis glissée vers minuit dans la salle du trône, toute seule, pour prendre le sceptre à pleines mains ! Maintenant tu sais tout. Tu voulais un hymne à la vérité : voilà le plus beau !

GIRAUDOUX, *Électre*, Acte II, scène 8, © La Table Ronde (1937).

1. Giraudoux insère dans sa pièce un personnage de vaudeville : Agathe est une épouse qui trompe son mari avec cynisme et jubilation.

VERSIONS

1. *Phèdre amoureuse*

Très inquiète, la nourrice de Phèdre décrit les effets de la passion amoureuse sur sa maîtresse.

Spes nulla[1] tantum posse leniri malum,
finisque flammis nullus insanis erit.
Torretur aestu tacito et inclusus quoque,
quamuis tegatur, proditur vultu furor ;
erumpit oculis ignis et lassae genae[2]
lucem recusant ; nil idem dubiae[3] placet,
artusque varie jactat incertus dolor :
nunc ut soluto labitur marcens gradu
et uix labante sustinet collo caput,
nunc se quieti reddit et, somni immemor,
noctem querelis ducit.

SÉNÈQUE, *Phèdre.*

1. s.e. **est.**
2. **genae** : paupières.
3. **nil idem (ei = Phaedrae) dubiae placet** : « rien ne plaît à cette âme indécise en restant le même » = durablement.

Masque tragique de femme, fresque de Pompéi, Ier s. ap. J.-C. (coll. part.).

2. *Lamentations d'Octavie*

Néron répudia puis fit tuer son épouse Octavie, fille de Claude et de Messaline, sœur de Britannicus. C'est le sujet d'une tragédie écrite sous Vespasien (?) par un inconnu. Vu son sujet historique et romain, c'est notre seul exemple (très artificiel !) d'une fabula togata. *Octavie se compare ici à Électre, fille d'Agamemnon et de Clytemnestre, et sœur d'Oreste.*

O mea nullis aequanda malis
fortuna, licet
repetam luctus, Electra, tuos :
tibi maerenti caesum licuit
flere parentem,
scelus ulcisci vindice fratre,
tua quem pietas hosti rapuit
texitque fides :
me crudeli sorte parentes
raptos prohibet lugere timor
fratrisque necem deflere vetat,
in quo fuerat spes una mihi
totque malorum breve solamen.
Nunc in luctus servata meos
magni resto nominis umbra.

PSEUDO-SÉNÈQUE, *Octavie*, v. 59–71.

3. *La vérité sur Hercule*

La tragédie Hercule sur l'Œta *raconte la mort tragique du héros, martyrisé par la fameuse « tunique de Déjanire » : Déjanire, sa dernière épouse, avait trempé cette tunique dans le sang du centaure Nessus, pour recouvrer l'amour de son époux... trop volage ! Cette tunique « empoisonne » le héros.*

Hic quem per urbes ire praeclarum vides
et viva tergo spolia gestantem ferae,
qui regna miseris donat et celsis rapit
vasta gravatus horridam clava manum,
cujus triumphos ultimi Seres canunt
et quisquis alius orbe consaepto jacet,
levis est nec illum gloriae stimulat decor.
Errat per orbem, non ut aequetur Jovi
nec ut per urbes magnus Argolicas eat :
quod amet requirit, virginum thalamos [petit.
Si qua est negata, rapitur ; in populos [furit,
nuptas ruinis quaerit et vitium impotens
virtus vocatur.

SÉNÈQUE, *Hercule sur l'Œta.*

CHAPITRE **9**

Illustres comédies

Le rire des Romains

CIVILISATION

Plaute et Térence présentent ouvertement leurs comédies comme des adaptations d'une ou de plusieurs pièces grecques – que nous ne possédons plus...

Des sujets grecs

● En Grèce, le théâtre comique a revêtu deux formes successives : un théâtre de **satire politique**, illustré à Athènes par **Aristophane**, au ve siècle av. J.-C. ; puis, au ive et iiie siècle, sous le nom de « Nouvelle Comédie », un théâtre d'**intrigues sentimentales** dont nous n'avons plus que deux pièces du poète grec **Ménandre**. Même si les pièces de **Plaute** sont connues sous un titre latin, leur intrigue se déroule, comme chez **Térence**, dans une ville de Grèce, généralement un port, lieu propice aux arrivées et aux départs romanesques, et les personnages portent des noms grecs.

● L'adaptation des pièces grecques consiste simplement à les rendre familières au public romain par quelques détails : ici, un ***Lar familiaris*** prononce le prologue ; là un « parasite » porte le nom latin de **Curculio** (« Charançon ») ou **Peniculus** (« Ramasse-miettes »). Les petites sommes sont en as et sesterces, les grosses (nécessaires à l'intrigue !) en drachmes et talents grecs ! En fait, tout se joue dans **une « Grèce d'opérette » assez peu réaliste**, et le public peut rire sans retenue de ces esclaves malins et de ces vieillards pingres, puisqu'ils ne sont pas romains, mais grecs, donc, bizarres et compliqués !

Une intrigue romanesque

● Aux yeux des Romains, c'est en effet une idée bizarre, pour un jeune homme (***adulescens***), de tomber amoureux d'une courtisane (***meretrix***), au point de vouloir la racheter à son propriétaire-exploitant (un ***leno*** ou une ***lena***). Et c'est une affaire compliquée d'extorquer au papa (le ***senex***, pas vraiment un « vieillard » : c'est le père, d'âge mûr) la somme nécessaire à cette transaction. Sur cette histoire d'amour doublée d'un conflit de générations se greffent diverses péripéties, pour aboutir à un dénouement heureux : des reconnaissances tardives suite à des rapts par des pirates, des quiproquos enfin élucidés, des chantages réussis permettent de rendre la jeune fille parfaitement épousable.

● Les « adjuvants », qui permettent aux jeunes amoureux de résoudre leurs difficultés, ne sont autres que des esclaves (***servi***), parfois aidés par des « **parasites** » habitués de la maison (l'équivalent des *clientes* du maître romain, qui vivent à ses dépens). Parfois survient en outre un rival, un ***miles*** haut en couleur, mercenaire enrichi qui souhaite acheter la jolie ***meretrix***... et lui, il a l'argent !

Un théâtre de rôles

● Les pièces de Plaute sont écrites pour sa troupe : on y retrouve donc plutôt **des « rôles » dans une distribution récurrente** que des « types » humains. Par exemple, le rôle de l'esclave implique beaucoup de mobilité (il est souvent obligé de courir et de recevoir des coups !), une faconde qui va jusqu'à l'insolence aux dépens du *senex* colérique, méfiant, mais vite dépassé par les événements. Le *leno*, la *lena*, le *miles* sont caricaturaux : ivrognes, cupides, mythomanes, ils relèvent du « gros comique » de la farce. La *meretrix*, forcément enjôleuse, peut être plus ou moins sincère dans ses sentiments.

● Quant à l'*adulescens*, son statut est assez ambigu : cet amoureux transi, geignard et empoté, était sans doute très ridicule aux yeux des Romains ; mais d'un autre côté, c'est un « jeune premier » sentimental, et finalement, il rafle la mise ! Dans l'histoire du théâtre, c'est **un rôle plein d'avenir**, comme cette intrigue qui s'achève toujours sur ce que Marivaux devait appeler « le triomphe de l'amour », et qui inspirera, bien sûr, Molière ou Beaumarchais.

LE RIRE DE PLAUTE

Plaute (Titus Maccius Plautus, 254-184) passait, selon le témoignage des Anciens, pour l'auteur de plus de cent comédies. Mais dès l'Antiquité, seules vingt et une étaient considérées comme authentiques et ont été conservées. Elles se caractérisent par un **comique débridé**, avec beaucoup d'action, de mouvement et de gags, et aussi beaucoup de verve. Elles comportent en outre de **nombreuses scènes chantées**, qui les rapprochent un peu de nos « comédies musicales » ou de nos opérettes.

• Ces pièces connurent un grand succès populaire. Le public romain appréciait, chez Plaute, sa « puissance comique » (*vis comica*), et il est effectivement, dans la littérature universelle, l'un des plus grands maîtres du rire. Il a d'ailleurs été, comme Molière pour qui il fut un modèle, **chef de troupe**, donc, à tous points de vue, un homme du métier.

LE SOURIRE DE TÉRENCE

Né en 185 avant J.-C. et prématurément disparu à l'âge de 25 ans, Térence (Publius Terentius Afer) n'a écrit que six comédies. Ses personnages et les sujets qu'il traite sont les mêmes que ceux de Plaute, mais la *vis comica* est très atténuée : dans ces comédies plus élégantes, destinées à un **public plus raffiné**, il y a moins de mouvement, moins de verve, et la musique a presque entièrement disparu.

• Même s'il n'est qu'un ancien esclave, affranchi par son maître pour ses talents intellectuels, Térence n'a pas vécu dans le même milieu que Plaute : c'est un des poètes attitrés du « **cercle des Scipions** » qui rassemble, autour de Scipion Émilien, des aristocrates soucieux d'**adoucir les mœurs romaines en s'inspirant de la pensée grecque**. Voilà pourquoi cet auteur met l'accent sur l'**analyse psychologique** de ses personnages et pose volontiers des **problèmes moraux**, comme celui de l'éducation.

Masque de vieillard, fresque de la villa des Mystères, Pompéi, Ier s. av. J.-C. (Naples, Musée archéologique).

PARTICULARITÉS DE LA LANGUE DES COMIQUES

Quand la forme verbale **es** ou **est** suit un mot se terminant par **-us**, il y a disparition du **s** final et du **e** initial (**fortunatus es** → **fortunatu's**);

• quand elle suit un mot se terminant par **-um**, il y a maintien du **m**, mais disparition du **e** (**certum est** → **certumst**);

• dans la déclinaison du pronom-adjectif **hic** (qui vient de **hi-ce**), la particule **-ce** est souvent maintenue (**hosce** = **hos**, **hisce** = **his**) , on trouve également **istunc** = **istum**, **istoc** = **isto**, etc. ;

• **ipse** se trouve parfois, au nominatif, sous la forme **ipsus** ;

• au subjonctif présent de **sum** : **siem**, **sies**, **siet** = **sim**, **sis**, **sit** ;

• l'infinitif présent passif ou déponent en **-ier** au lieu de **-ri** (**imitarier** = **imitari**) ;

• les pronoms personnels et les adjectifs possessifs peuvent être renforcés par l'une des deux particules **-met** et **–pte** (**egomet** = **ego ipse** ; **meopte** = **meo ipso**);

• fréquemment, **mi** = **mihi**, **nil** = **nihil** ;

• la particule interrogative **-ne** est parfois réduite à sa consonne (**satin** = **satisne**) ;

• les subordonnées interrogatives indirectes sont à l'indicatif ou au subjonctif.

TEXTE LATIN

Maladie d'amour...

L'adulescens Phédrome et la meretrix Planésie roucoulent dans les bras l'un de l'autre, sous l'œil ironique de l'esclave Palinure.

1. **quid est quod** (+ *subj.*) : pour quelle raison ?
2. **erus** : ton maître (c'est-à-dire le **leno**).
3. **potior** : je te vois, je te fréquente.
4. **quit** < **queo.**
5. **durare quin...** : m'empêcher de...

PLANÉSIE. – Anime mi, a me procul amantem abesse haud consentaneumst ! *(Elle l'enlace.)*

PHÉDROME. – Palinure, Palinure !

PALINURE. – Eloquere : quid est quod[1] Palinurum voces ?

PHÉ. – Est lepida !

PAL. – Nimis lepida !

PHÉ. – Sum deus !

PAL. – Immo homo haud magni preti !

PHÉ. – Quid vidisti, aut quid videbis magis diis aequiperabile ?

PAL. – Je vois que tu vas mal, et ça me rend malade.

PHÉ. – C'est toi qui me traites mal ! Tais-toi !

PAL. – C'est se torturer soi-même que de voir celle qu'on aime, et de ne pas en profiter tant que c'est possible !

PHÉ. – Là, il a raison. Sûr que c'est ce dont j'ai le plus envie au monde, et depuis longtemps !

PLA. – Tene me, amplectere ergo !

PHÉ. – Hoc etiam est quamobrem cupiam vivere !
Quia te prohibet erus[2], clam potior[3].

PLA. – Prohibet ? Nec prohibere quit[4]
nec prohibebit, nisi mors meum animum abs te abalienaverit.

PAL. *(À part)* **– Enim vero nequeo durare quin[5] ego erum accusem meum:**
nam bonum est pauxillum amare sane, insane non bonum est;
verum totum insanum amare, hoc est quod meus erus facit.

PHÉ. Sibi sua habeant regna reges, sibi divitias divites,
sibi honores, sibi virtutes, sibi pugnas, sibi proelia :
dum mi abstineant invidere, sibi quisque habeant quod suom est ! [...]

PAL. – C'est fichu, je vois que tous deux se meurent d'amour. Ils sont aussi fous l'un que l'autre. Voyez-vous comme ils s'enlacent ? Ils ne se trouvent jamais assez serrés ! Allez-vous finir par vous décoller ?

PLAUTE, *Curculio* (« Le Charançon »), Acte I, scène 3.

Pour le commentaire

1 Analysez avec précision les formes **amplectere** et **eloquere** (▶ ***Mémento,*** tableaux de conjugaisons, p. 231).

2 Quels sont les symptômes de la « folie » de Phédrome ? Est-il certain que Planésie soit « folle » de Phédrome ?

3 Que révèle cette scène sur les rapports entre l'esclave Palinure et son jeune maître, et sur le caractère des deux personnages ?

TEXTE LATIN

Coup de foudre !

Les adulescentes *tombent amoureux sans réfléchir, et de la première* puella *venue : Géta, esclave du jeune Antiphon, explique à son compère Dave comment son maître a été ébloui par une jeune orpheline, alors qu'il accompagnait son ami Phaedria, lui-même amoureux d'une apprentie flûtiste !*

GÉTA. – In quo haec discebat ludo, exadvorsum illico[1]
tonstrina erat quaedam : hic solebamus fere
plerumque eam opperiri dum inde iret domum.
Interea dum sedemus illi, intervenit
adulescens quidam lacrumans. Nos mirarier[2] :
Rogamu' quid sit. « Numquam aeque », inquit, « ac modo
paupertas mihi onu' visumst et miserum et grave !
Modo quandam vidi virginem hic viciniae[3]
miseram suam matrem lamentari mortuam.
Ea sita[4] erat exadvorsum neque illi benivolus
neque notu' neque vicinus extra unam aniculam
quisquam aderat qui adjutaret funu' : miseritumst !
virgo ipsa facie egregia. » Quid verbis opust ?
commorat[5] omnes nos. Ibi continuo Antipho
« Voltisne eamu' visere? » Alius[6] : « Censeo
eamu'[7] : duc nos sodes[8] ! » Imus, venimus,
videmu'. Virgo pulchra, et quo mage[9] diceres,
nil aderat adjumenti ad pulchritudinem :
capillu' passu', nudu' pes, ipsa horrida,
lacrumae, vestitu' turpis : ut, ni vis boni[10]
in ipsa inesset forma, haec formam exstinguerent.
ille qui illam amabat fidicinam tantummodo :
« Satis » inquit « scitast ![11] »; noster vero...
DAVUS. – Jam scio : amare coepit !

TÉRENCE, *Phormion*, I, 2.

1. « Juste en face de l'école... »
2. **mirarier (= mirari)** : infinitif de narration.
3. **viciniae** (locatif) : dans le voisinage, juste à côté.
4. **sita = posita.** « Son corps était déposé juste en face. »
5. **commorat = commoverat.**
6. **Alius = Phaedria.**
7. « D'accord, allons-y ! »
8. **sodes = si audes** : si tu veux, je t'en prie
9. **mage = magis.**
10. **vis boni** : « tout ce qui faisait sa qualité ».
11. **= scita est** : « elle est pas mal ! »

Antiphon et Géta, enluminure d'un manuscrit de Térence en latin, IXe s. (Paris, Bibliothèque nationale de France).

Pour le commentaire

1. Étudiez les étapes successives du récit de Géta. Comment le narrateur tient-il son auditeur en haleine ?
2. Quels détails montrent l'intimité qui existe entre les esclaves et leurs jeunes maîtres ?
3. Que veut souligner Géta en évoquant la tenue négligée (pourquoi ?) de la pauvre orpheline ?
4. Que pensez-vous de la chute de ce passage ?

TEXTE LATIN

La lena *ne fait pas crédit*

*Dans l'*Asinaria *(« La comédie des ânes »), Argyrippe se ruine pour la jolie Philénie, une « gagneuse »* (meretrix < merere, *gagner de l'argent) dont Cléérète, sa propre mère, exploite les charmes. Cléérète se fait un plaisir d'ouvrir les yeux au naïf amant de Philénie, sitôt qu'il n'a plus un sou !*

1. **quae** : le verbe **uti** se construit, chez Plaute, avec l'accusatif (ici) ou l'ablatif (plus bas).
2. **Graeca fide** : « à crédit à la mode grecque », c'est-à-dire : en payant comptant.
3. **Quom = cum.**
4. **aliam... atque** : autre... que, différente de.
5. **quid = aliquid.**
6. **ambae** : ta fille et toi.
7. **de studio meo** : « à mon goût ».
8. « vous étiez toujours collées à moi ».
9. **magni facere** : attacher du prix, de l'importance à.
10. **quaestus** : gagne-pain.
11. **(eum) qui.**
12. **rem solvunt** : ils payent les frais de, ils remboursent l'investissement de...
13. **haud est ab re** : ce n'est pas une mauvaise affaire pour...
14. « plus besoin de filets pour le prendre ! »

Argyrippe. – Ubi illaec quae dedi ante ?
Cléérète. – Abusa. Nam si ea durarent mihi,
mulier mitteretur ad te, numquam quicquam poscerem !
Diem, aquam, solem, lunam, noctem, haec argento non emo :
ceterum quae[1] volumus uti Graeca mercamur fide[2].
Quom[3] a pistore panem petimus, vinum ex oenopolio,
si aes habent, dant mercem : eadem nos disciplina utimur.
Semper oculatae manus sunt nostrae : credunt quod vident ! [...]
Arg. – Aliam nunc mi orationem despoliato praedicas,
longe aliam, inquam, praebes nunc atque[4] olim, quom dabam,
aliam atque olim, quom illiciebas me ad te blande ac benedice !
Tum mi aedes quoque arridebant, cum ad te veniebam, tuae !
me unice unum ex omnibus te atque illam amare aiebas mihi !
ubi quid[5] dederam, quasi columbae pulli in ore ambae[6] meo
usque eratis, meo de studio[7] studia erant vostra omnia,
usque adhaerebatis[8] ! quod ego jusseram, quod volueram
faciebatis, quod nolebam ac vetueram, de industria
fugiebatis, neque conari id facere audebatis prius.
Nunc neque quid velim neque nolim facitis magni[9], pessumae !
Clé. – Non tu scis ? hic noster quaestus[10] aucupi simillimust.
Auceps quando concinnavit aream, offundit cibum ;
aves adsuescunt : necesse est facere sumptum qui[11] quaerit lucrum ;
saepe edunt : semel si sunt captae, rem solvunt[12] aucupi.
Itidem hic apud nos : aedes nobis area est, auceps sum ego,
esca est meretrix, lectus illex est, amatores aves !
Bene salutando consuescunt, compellando blanditer,
osculando, oratione vinnula, venustula.
Si papillam pertractavit, haud est ab re[13] aucupis ;
savium si sumpsit, sumere eum licet sine retibus[14].
Haecine te esse oblitum, in ludo qui fuisti tam diu ?
Arg. – Tua ista culpa est, quae discipulum semidoctum abs te amoves !
Clé. – Remeato audacter, mercedem si eris nactus : nunc abi !

Plaute, *Asinaria*, I, 3.

Pour le commentaire

1. Comment s'explique le sens de l'expression **Graeca fides** ? Pourquoi cette expression peut-elle, ici, surprendre ?
2. Quelle conception de son « métier » Cléérète professe-t-elle ? Sur quel ton s'adresse-t-elle à Argyrippe ?
3. Commentez la comparaison que Cléérète développe pour expliquer au jeune homme ce qu'il en est : quelles qualités cette tirade révèle-t-elle chez la **lena** ?
4. Que pensez-vous de l'attitude d'Argyrippe ?
5. Quelle « école » le jeune homme a-t-il assidûment fréquentée ? Proposez une traduction de **mercedem** qui rende bien la continuité de cette plaisanterie finale.
6. De quoi ou de qui rit-on dans cette scène ? Est-elle morale, immorale ou amorale ?

Meretrix et adulescens, détail d'une scène comique, fresque de Pompéi.

Le théâtre de Sabratha, en Libye.

De Plaute à Molière

TEXTE LATIN

1. *Pauvre Sosie !*

Parmi les pièces de Plaute, Amphitryon *fait exception : c'est une comédie « mythologique », inspirée par la légende grecque du « cycle thébain », selon laquelle Zeus/Jupiter engendra Héraklès/Hercule en s'unissant à une mortelle, Alcmène, sous les traits de son mari Amphitryon, général thébain parti à la guerre contre Ptérélas, roi des Téléboéens.*
Dans la pièce, tandis que Jupiter, sous l'apparence d'Amphitryon, passe la nuit avec Alcmène, Mercure a pris les traits de l'esclave Sosie, qu'il doit « intercepter » : Amphitryon l'a chargé d'annoncer son retour à son épouse. Terrorisé, roué de coups de poings par cet homme qui prétend être Sosie, Sosie tente une dernière fois de démontrer qu'il est bien lui-même !

Sosie. – Quid, malum, non sum ego servos[1] Amphitruonis Sosia ?
Nonne hac noctu[2] nostra navis huc ex portu Persico[3]
venit, quae me advexit ? Nonne me huc erus misit meus ?
Nonne ego nunc sto ante aedes nostras ? Non mi est lanterna in manu ?
Non loquor, non vigilo ? Nonne hic homo modo me pugnis contudit ?
Fecit hercle, nam etiam misero nunc mihi malae dolent !
Quid igitur ego dubito, aut cur non intro eo in nostram domum ?
Mercure. – Quid, domum vostram ?
Sos. – Ita enim vero. Merc. – Quin[4] quae dixisti modo
omnia ementitu's: equidem Sosia Amphitruonis sum.
Nam noctu hac soluta est navis nostra e portu Persico,
et ubi Pterela rex regnavit oppidum expugnavimus,
et legiones Teleboarum vi pugnando cepimus,
et ipsus[5] Amphitruo obtruncavit regem Pterelam in proelio !
Sos. – Egomet mihi non credo, cum illaec[6] autumare illum audio ;
hic quidem certe quae illic sunt res gestae memorat memoriter !
Sed quid ais[7] ? Quid Amphitruoni dono a Telebois datum est ?
Merc. – Pterela rex qui[8] potitare solitus est patera aurea.
Sos. – Elocutus est. Ubi patera nunc est ? Merc. – Est in cistula ;
Amphitruonis obsignata signo est. Sos. – Signi, dic, quid[9] est ?
Merc. – Cum quadrigis Sol exoriens. Quid me captas, carnifex ?
Sos. – Argumentis vicit, aliud nomen quaerundum est mihi !
Nescio unde, haec hic spectavit. Jam ego hunc decipiam probe :
nam quod egomet solus feci, nec quisquam alius adfuit,
in tabernaclo, id quidem hodie numquam poterit dicere !
Si tu Sosia es, legiones cum pugnabant maxume,
quid in tabernaclo fecisti ? Victus sum, si dixeris !
Merc. – Cadus erat vini, inde implevi hirneam. Sos. – Ingressust viam[10].
Merc. – Eam ego, ut matre fuerat natum[11], vini eduxi meri.
Sos. – Factum est illud, ut ego illic vini hirneam ebiberim meri !
Mira sunt nisi[12] latuit intus illic in illac hirnea.
Merc. – Quid nunc ? vincone argumentis, te non esse Sosiam ?

Plaute, *Amphitryon*, Acte I, scène 1.

1. **servos = servus.**
2. **noctu = nocte.**
3. Ce port persique est imaginaire, dans une géographie fantaisiste !
4. **Quin** : bien plutôt, au contraire.
5. **ipsus = ipse.**
6. **illaec = illa.**
7. **quid ais ?** : dis-moi.
8. **qui = qua.**
9. **quid signi** : quel genre de sceau ?
10. « Il est sur la voie ! »
11. « comme il est né de sa mère (la vigne) », c'est-à-dire : sans le modifier en ajoutant de l'eau...
12. **Mira sunt nisi = nimirum.**

Molière adapte cette scène dans son propre Amphitryon *:*

Sosie. – Parmi tout le butin fait sur nos ennemis,
Qu'est-ce qu'Amphitryon obtient pour son partage ?
Mercure. – Cinq fort gros diamants, en nœud proprement mis;
Dont leur chef se parait, comme d'un rare ouvrage. [...]
Sosie. – Mais où, pour l'apporter, est-il mis à présent ?
Mercure. – Dans un coffret, scellé des armes de mon maître.
Sosie. – Il ne ment pas d'un mot, à chaque repartie,
Et de moi je commence à douter tout de bon [...].
Ce que j'ai fait tout seul, et que n'a vu personne,
À moins d'être moi-même, on ne le peut savoir.
Par cette question, il faut que je l'étonne :
C'est de quoi le confondre, et nous allons le voir.
Lorsqu'on était aux mains, que fis-tu dans nos tentes
Où tu courus seul te fourrer ?
Mercure. – D'un jambon... Sosie. – L'y voilà!
Mercure. – Que j'allai déterrer,
Je coupai bravement deux tranches succulentes,
Dont je sus fort bien me bourrer.
Et joignant à cela d'un vin que l'on ménage,
Et dont avant le goût, les yeux se contentaient,
Je pris un peu de courage,
Pour nos gens qui se battaient.
Sosie. – Cette preuve sans pareille,
En sa faveur conclut bien;
Et l'on n'y peut dire rien,
S'il n'était dans la bouteille.

Molière, *Amphitryon*, Acte I, scène 2.

Servus currens, détail d'une scène comique, fresque de Pompéi.

Pour le commentaire

1. Quels sont les ressorts comiques de cette scène chez Plaute ? Les retrouve-t-on à l'identique chez Molière ?
2. Sur quels traits du caractère de Sosie le texte de Plaute joue-t-il ?
3. En quoi Sosie est-il, fondamentalement, esclave ?
4. Quelles différences voyez-vous entre le personnage de Molière et son modèle ?

TEXTE LATIN

2. « *Ma marmite !* »

Molière, dans L'Avare, *s'inspire largement de « La Comédie à la marmite »* (Aulularia) *de Plaute. Cette marmite est bourrée de pièces d'or, et l'avare Euclion l'a tenue cachée jusqu'au jour où Strobile la vole au bénéfice de son jeune maître. Lorsque le* senex *découvre sa disparition, il laisse éclater son désespoir... comme Harpagon !*

Euclio. – Perii, interii, occidi ! Quo curram ? Quo non curram ? Tene, tene ! Quem ? Quis ? Nescio, nihil video, caecus eo atque equidem quo eam, aut ubi sim, aut qui sim, nequeo cum animo certum[1] investigare. Obsecro ego vos, mi auxilio, oro, obtestor, sitis[2] et hominem demonstretis qui eam abstulerit ! Quid ais tu ? Tibi credere certumst, nam esse bonum ex vultu cognosco. Quid est ? Quid ridetis ? Novi omnes : scio fures esse hic complures, qui vestitu et creta[3] occultant sese atque sedent quasi frugi sint. Hem, nemo habet horum ? Occidisti ! Dic igitur : quis habet ? Nescis ? Heu me misere miserum, perii ! Male perditus, pessime ornatus eo, tantum gemiti[4] et mali maestitiaeque hic dies mi obtulit, famem et pauperiem[5]. Perditissimus ego sum omnium in terra. Nam quid mi opus est vita ?

Plaute, *Aulularia*, Acte IV, scène 9.

1. **cum animo = animo** (construction familière) ; **certum = certo.**
2. **mi (= mihi) auxilio sitis** : portez-moi secours (double datif).
3. **vestitu et creta** : sous des vêtements blanchis à la craie, autrement dit « sous des toges blanches », vêtements des gens riches.
4. **gemiti = gemitus** (génitif).
5. **famem et pauperiem** : apposition à ce qui précède.

Voici ce que devient ce monologue dans la bouche d'Harpagon :

Harpagon. – Au voleur ! au voleur ! à l'assassin ! au meurtrier ! Justice, juste Ciel ! Je suis perdu, je suis assassiné, on m'a coupé la gorge, on m'a dérobé mon argent. Qui peut-ce être ? Qu'est-il devenu ? Où est-il ? Où se cache-t-il ? Que ferai-je pour le trouver ? Où courir ? Où ne pas courir ? N'est-il point là ? N'est-il point ici ? Qui est-ce ? Arrête ! Rends-moi mon argent, coquin... (*Il se prend lui-même le bras.*) Ah ! C'est moi. Mon esprit est troublé, et j'ignore qui je suis, où je suis et ce que je fais... Que de gens assemblés ! Je ne jette mes regards sur personne qui ne me donne des soupçons, et tout me semble mon voleur. Eh ! de quoi est-ce qu'on parle là ? De celui qui m'a dérobé ? Quel bruit fait-on là-haut ? Est-ce mon voleur qui y est ? De grâce, si l'on sait des nouvelles de mon voleur, je supplie qu'on m'en dise. N'est-il point caché là parmi vous ? Ils me regardent tous, et se mettent à rire. Allons, vite, des commissaires, des archers, des prévôts, des juges, des gênes, des potences et des bourreaux ! Je veux faire pendre tout le monde ; et si je ne retrouve mon argent, je me pendrai moi-même après.

Molière, *L'Avare*, Acte IV, scène 7.

Pour le commentaire

1. Comparez de près le texte de Plaute et celui de Molière : quels éléments de son modèle Molière a-t-il supprimés ? Quels éléments a-t-il conservés ? Quels éléments a-t-il ajoutés ?
2. Quelles sont d'après vous les raisons de ces modifications ?

TEXTE LATIN

Le fanfaron et son parasite

Pyrgopolynice (« vainqueur de maintes citadelles ») est un miles gloriosus *exceptionnellement mythomane ; mais, grâce à son « parasite » Artotrogus (« ronge-croûton »), qui le flatte servilement, il ne risque pas de guérir de cette maladie...*

PYRGOPOLYNICE. – Sed ubi Artotrogus hic est ?
ARTOTROGUS. – Stat propter virum
fortem atque fortunatum et forma regia,
tum bellatorem... Mars haud ausit[1] dicere
neque aequiperare suas virtutes ad tuas !
PYRG. – Quemne[2] ego servavi in campis Curculioniis,
ubi Bumbomachides Clutomestoridysarchides
erat imperator summus, Neptuni nepos ?
ART. – Memini ! Nempe illum dicis[3] cum armis aureis,
cujus tu legiones difflavisti spiritu,
quasi ventus folia aut paniculum tectorium ?
PYRG. – Istuc quidem edepol nihil est !
ART. – Nihil hercle hoc quidemst
praeut alia dicam[4] – *(à part)* quae tu numquam feceris !
Perjuriorem hoc hominem si quis viderit
aut gloriarum pleniorem quam illic est,
me sibi habeto, ego me mancipio dabo[5] ! [...]
PYRG. – Ubi tu es ?
ART. – Eccum[6]. Edepol, vel elephanto in India,
quo pacto ei pugno praefregisti bracchium !
PYRG. – Quid, bracchium ? ART. – Illud dicere volui, femur !
PYRG. – At indiligenter[7] iceram. ART. – Pol si quidem
conisus esses, per corium, per viscera
perque os elephanti transmineret bracchium !

PLAUTE, *Miles gloriosus*, I, 1.

1. **ausit** = **auderet.**
2. **Quemne ?** : « Comment s'appelle le type que... ? »
3. **illum dicis** : « tu veux parler de celui... »
4. **praeut alia dicam** : « en comparaison des autres dont je peux parler ».
5. = « je me donnerai en esclavage ! » Le parasite n'est pas un **servus**, mais un homme libre.
6. **Eccum** = **Ecce.**
7. **At** : Et pourtant ; **indiligenter** : « sans m'appliquer ».

Pour le commentaire

1. Demandez à votre professeur de vous donner le sens des noms propres (grecs) **Bumbomachides** et **Clutomestoridysarchides**. Que nous indique le choix de ces noms par Plaute ?
2. Quel personnage de la pièce de Corneille *L'Illusion comique* porte le nom (devenu un nom commun) d'un personnage de la *commedia dell'arte*, qui lui-même descend du **miles gloriosus** ?
3. Quelles sont les sources du comique dans cette scène ? À quoi sert l'aparté d'Artotrogus ? Comment se dessine le personnage du parasite, par rapport à celui du **servus** dans les comédies de Plaute ?

Miles gloriosus, terre cuite de Myrina, Turquie, IIIe s. av. J.-C. (Berlin, Collection antique).

TEXTE LATIN

À bout de souffle !

Dans les comédies, les esclaves dévoués à leur jeune maître se démènent et ne cessent de courir d'un bout à l'autre de la ville (et de la scène !) pour l'aider. Acanthion, servus currens *typique, arrive en trombe sur la scène sans même apercevoir son maître Charinus...*

ACANTHIO. – À fond, de toutes tes forces, débrouille-toi, et fais
que ton jeune maître, grâce à toi, soit sauvé ! Vas-y, Acanthion,
chasse de toi la fatigue, garde-toi de céder à la paresse !
Et d'un, le manque d'air me tue (je vais crever d'essoufflement !),
et de deux, ces types qui me viennent dans les jambes sur ce trottoir bondé !
Pousse-les, vire-les, dégage-les sur la chaussée !
On a dans cette ville une très sale habitude :
on court, on est pressé, et personne ne daigne vous laisser passer !
Ita tres simitu[1] res agendae sunt, quando unam occeperis :
et currendum et pugnandum et autem jurgandum[2] est in via !
CHARINUS. – Quid illuc est quod[3] ille tam expedite[4] exquirit cursuram sibi ?
Cura est negotii quid sit aut quid nuntiet. ACAN. – Nugas[5] ago !
Quam restito[6], tam maxime res in peric(u)lo vertitur !
CHAR. – Mali nescio quid nuntiat. ACAN. – Genua[7] hunc cursorem deserunt[8] !
Perii, seditionem facit lien[9], occupat praecordia[10],
perii, animam[11] nequeo vertere, nimis nihili tibicen siem[12] !
CHAR. – Par Pollux, prends ta tunique, et essuie ta sueur !
ACAN. – Numquam edepol[13] omnes balineae[14] mi hanc lassitudinem[15] eximent...
Domin an foris dicam esse erum Charinum ? CHAR. – Ego animi pendeo[16].
Quid illud sit negotii libet scire, ex hoc metu ut eximar !
ACAN. – [...] Aperite aliquis ! Ubi Charinus est erus ? Domin est an foris ?
Num quisquam adire ad ostium[17] dignum arbitratur ? CHAR. – Ecce me,
Acanthio, quem quaeris. [...] Quae te malae res agitant ?
ACAN. – Multae, ere : te atque me !
CHAR. – Quid est negotii ?
ACAN.– Periimus !

PLAUTE, *Mercator*, Acte I, scène 2.

1. **simitu = simul.**
2. **jurgo, as, are** : gueuler, engueuler.
3. **quid est quod ... ?** : pour quelle raison ?
4. **expedite** (*adv.*) : sans obstacle, librement
5. **nugae, arum,** *f.* : bagatelles, foutaises (littéralement : des noix).
6. **restito, is, ere** : faire halte.
7. **genu, us,** *n.* : genou.
8. **desero, is, ere** : abandonner.
9. **lien, enis,** *n.* : rate.
10. **praecordia, orum,** *n. pl.* : poitrine.
11. **anima, ae,** *f.* : souffle.
12. **nimis ... siem (= sim)** : « je serais un flûtiste sacrément nul ! »
13. **edepol !** (juron) : Par Pollux ! Vindieu !
14. **bal(i)neae, arum,** *f. pl.* : bains.
15. **lassitudo, inis,** *f.* : fatigue.
16. **animi pendeo** : je suis inquiet.
17. **ostium, ii,** *n.* : porte.

Pour le commentaire

1 Relevez, dans les paroles d'Acanthion, tous les signes qui montrent son affolement et son essoufflement. Quels gestes, quels mouvements, quelles attitudes l'acteur doit-il mimer pour jouer cette scène ?

2 Acanthion ne voit pas son maître et n'entend pas ses réflexions : quels effets comiques cette situation produit-elle ? À quel moment Charinus se montre-t-il ? Quelle suite cette scène laisse-t-elle attendre (on est tout au début de la pièce) ?

Le théâtre antique d'Orange, Ier s. ap. J.-C.

Vers la fin de la République et surtout à l'époque impériale, on a construit, en Italie et dans toutes les provinces, de nombreux théâtres en pierre, dont un grand nombre subsistent aujourd'hui, parfois presque intacts : en France, Lyon, Vienne, Arles et, bien sûr, Orange ont ainsi conservé leurs théâtres antiques.

Observation

1 *Au pied du mur*

Construit au début du Ier siècle après J.-C., le théâtre d'Orange (Arausio, ville fondée en 40 av. J.-C.) est considéré comme l'un des plus beaux du monde antique. Il « fonctionna » jusqu'en 391 ap. J.-C., et fut restauré au XIXe siècle. Le mur de scène, jadis couvert de plaques de marbre, se déploie sur 36 m de hauteur, pour 103 mètres de large !

2 *Un théâtre… spectaculaire*

Repérez les portes percées dans le mur de scène. À quoi correspondent-elles ? Montrez l'**orchestra**, l'emplacement du **proscaenium** (scène), la **cavea**. Combien de gradins pouvez-vous compter ? Qu'en concluez-vous sur le nombre de spectateurs que peut recevoir un tel théâtre ?

3 *Ave !*

Louis XIV disait de la façade extérieure (la seule qu'il pouvait voir !) de ce théâtre… impérial : « C'est la plus belle muraille de mon royaume. » Quel est le personnage dont la statue (installée à l'époque moderne) occupe la niche située au-dessus de la porte centrale ? Comment interprétez-vous son geste ?

La *Mostellaria* de Plaute

Le mot latin mostellum, *diminutif de* monstrum, *désignait un fantôme ; d'où le titre de cette pièce :* (fabula) Mostellaria, *« La Comédie du fantôme ».*

Gare au fantôme !

En l'absence de son père, **le *senex* Théopropide**, qui est parti depuis plusieurs années en Égypte pour affaires, **l'*adulescens* Philolachès** a emprunté une grosse somme d'argent à un usurier pour affranchir **la *meretrix* Philématie**, dont il est follement épris. Depuis lors, il file avec elle le parfait amour dans la maison familiale, en compagnie de son copain Callidamate, un joyeux luron, qui a pour maîtresse Delphie, une autre *meretrix*. Mais voilà qu'un beau jour, sans s'être annoncé, le père revient : c'est **le *servus* Tranion** qui l'a aperçu à sa descente du bateau, et qui va, bien entendu, essayer, **à l'aide d'un fantôme**, de sauver une situation à première vue désespérée.

Résumé de la pièce

Les comédies latines sont toujours précédées, dans les manuscrits qui nous les ont transmises, par un résumé de l'intrigue (***argumentum***). Voici celui que Plaute (ou l'un de ses éditeurs anciens) a écrit, en vers, pour faire apparaître en acrostiche le titre de la pièce.

Manu misit emptos suos amores Philolaches,
Omnemque absente rem suo absumit patre.
Senem, ut revenit, ludificatur Tranio ;
Terrifica monstra dicit fieri in aedibus
Et inde pridem emigratum. Intervenit
Lucripeta fenus fenerator postulans,
Ludusque rursum fit senex ; nam mutuum
Acceptum dicit pignus emptis aedibus.
Requirit quae sint : ait vicini proxumi.
Inspectat illas. Post se derisum dolet ;
Ab sui sodale gnati exoratur tamen.

« Philolachès, après avoir racheté la femme qu'il aime, l'a affranchie, et, en l'absence de son père, il dévore tout son bien. Quand le vieux est de retour, Tranion se joue de lui en lui disant qu'il y a dans la maison des fantômes effrayants, et qu'à cause de cela on a déménagé. Survient un usurier âpre au gain, qui réclame ses intérêts, et "le vieux" est à nouveau mystifié ; car [Tranion] lui dit qu'un emprunt a été fait pour acheter une maison. Il demande laquelle : c'est, dit Tranion, celle du voisin d'à côté. Il la visite. Après quoi il se fâche d'avoir été berné, mais il se laisse fléchir par un camarade de son fils. »

Masque de vieillard, détail d'une fresque de Pompéi (Naples, Musée archéologique).

Tirades, récitatifs, chansons

On trouve dans la *Mostellaria* les trois catégories de scènes d'une comédie latine :

- les scènes **parlées et jouées** (*diverbia*) sur le ton normal de la conversation, écrites en sénaires iambiques dont le schéma type est :

  ∪ – | ∪ – | ∪ – | ∪ – | ∪ – | ∪ –

- les scènes **déclamées sur un ton emphatique** (le « récitatif »), avec un accompagnement de flûte, écrites le plus souvent en septénaires trochaïques dont le schéma est le suivant :

  – ∪ | – ∪ | – ∪ | – ∪ | – ∪ | – ∪ | – ∪ | –

- les scènes **chantées** (*cantica*), également accompagnées par la flûte, et écrites dans des vers extrêmement variés (*cf.* texte p. 155).

texte suivi

La « Comédie du fantôme »

TEXTE LATIN

1. Les remords d'un amoureux

Dans un long canticum *en forme de complainte (cf. encadré p. 154), le jeune Philolachès vient de comparer l'être humain à une maison : tant qu'elle est bien entretenue, elle reste en bon état ; mais si le propriétaire se montre négligent, elle se dégrade, jusqu'au jour où la pluie détrempe les murs et pourrit la charpente. C'est, poursuit-il, ce qui lui est arrivé : sa fainéantise l'a perdu en anéantissant en lui toute vertu. Et c'est alors que, dans son cœur déjà malade, est survenu l'amour…*

PHILOLACHES

Continuo, pro imbre, amor advenit.
Is usque in pectus permanavit, permadefecit cor meum ;
Nunc simul res, fides, fama, virtus, decus
deseruerunt : ego sum in usu factus nimio nequior[1].
Atque, edepol ! ita haec[2] tigna umiditate putent[3] : non videor mihi
sarcire posse aedes meas, quin[4] totae perpetuae ruant !
Cum fundamento perierint nec quisquam esse auxilio queat.
Cor dolet, cum scio[5] ut nunc sum atque ut fui,
quo neque industrior[6] de juventute erat
quisquam nec clarior arte gymnastica :
disco, hastis, pila, cursu, armis, equo
victitabam volup[7].
Parsimonia et duritia disciplinae aliis eram[8] ;
optimi quique[9] expetebant a me doctrinam sibi.
Nunc, postquam nihili sum[10], id vero meopte ingenio repperi.

PLAUTE, *Mostellaria*, Acte I, scène 2.

1. **in usu nequior** : bon à rien.
2. **haec = mea.**
3. **putent** : de **puteo** et non de **puto.**
4. **quin** : sans que.
5. **scio = video.**
6. **quo** (complément du comparatif)… **industrior** : « moi que personne ne surpassait en énergie ».
7. **victitabam volup** : « chaque jour de ma vie, je me régalais. »
8. **disciplinae (= exemplo) aliis eram** (double datif) : « je donnais l'exemple aux autres. »
9. **optimi quique** : ▶ *Mémento* 5.
10. **nunc postquam nihili sum** : « maintenant que je ne vaux plus rien. »

Visages d'homme et de femme, fresque de la maison du bracelet d'or, Pompéi.

Pour le commentaire

1. Relevez, dans les six premiers vers, les termes « filant » la métaphore de la pluie.
2. La mélancolie de Philolachès permet d'opposer deux styles de vie : lequel des deux correspond au **mos majorum** des Romains ?

TEXTE LATIN

2. *Ivrogneries*

Callidamate, un joyeux drille, toujours prêt à « faire la noce » (comissare)*, arrive en titubant, accompagné de sa maîtresse la* meretrix *Delphie, chez son copain* (sodalis) *Philolachès, qui dîne avec sa maîtresse Philématie.*

Callidamate. – Nunc comissatum ibo[1] ad Philolachetem,
ubi nos hilari ingenio et lepide accipient[2] !
Ecquid tibi videor ma-m-ma-madere ?
Delphie. – Semper istoc modo
moratu's tute ! (*Montrant la porte de Philolachès*) Ire huc debebas[3] ?
Call. – Visne ego te ac tu me amplectare ?
Del. – Si tibi cordi est facere, licet ! Call. – Lepida es.
Duc me, amabo... Del. – Cave ne cadas ! adsta !
Call. – O-o-ocellus meus, tuos sum alumnus, mel meum !
Del. – Cave modo, ne prius in via accumbas,
quam illi[4], ubi lectus[5] est stratus, concumbimus !
Call. – Sine, sine cadere me ! Del. Sino, sed hoc, quod mi in manu est[6]:
si cades, non cades quin cadam tecum !
Call. – Jacentes tollet postea nos ambos aliquis !
Del. – Madet homo ! Call. Tun' me ais ma-m-ma-madere?
Del. – Cedo[7] manum, nolo equidem te adfligi !
Call. – Em tene. Del. Age, i simul.
Call. – Quo ego eam ? Del. An nescis ?
Call. – Scio, in mentem venit modo[8] :
nempe domum eo comissatum !
Del. – Immo, istuc[9] quidem ! Call. – Jam memini !

Plaute, *Mostellaria*, Acte I, scène 4.

Scène chantée : mètres variés

1. **commissatum ibo :** ▶ *Mémento* **11**.
2. **accipient** (3e pers. du pluriel à valeur d'impersonnel) : on.
3. « C'est bien ici (où nous sommes) que tu devais aller ? »
4. **illi** (adv. de lieu) : là-bas.
5. **lectus** : lit de table, où l'on s'allongeait pour dîner.
6. **sed hoc ...** : « mais il y a ça, qui me concerne, et qui dépend de moi. »
7. **cedo** (impératif) : donne !
8. « Ça me revient tout juste à l'esprit ! »
9. **istuc** : « là où tu dis » (ou : « c'est ce que tu dis »).

Scène de banquet, fresque d'Herculanum, Ier s. ap. J.-C. (Naples, Musée archéologique).

Pour le commentaire

1. Expliquez dans ce texte les emplois de **hic, iste, ille** (attention aux formes, ▶ ***Mémento,*** tableaux de déclinaisons), ainsi que les adverbes correspondant à ces pronoms-adjectifs.
2. Par quoi se manifeste dans le texte l'ivresse du personnage ? Essayez, dans votre traduction, de reproduire les effets comiques.
3. Imaginez le jeu des acteurs au cours de cette scène.
4. La « scène d'ivresse », ainsi que le personnage de l'ivrogne, font partie de la tradition comique. Pourquoi ? Pouvez-vous en citer des exemples ?

TEXTE TRADUIT

3. *Catastrophe !*

La fête bat son plein dans la maison, lorsque survient Tranion, tremblant de peur et porteur d'une terrible nouvelle.

PHILOLACHÈS. (*apercevant Tranion*) – Super ! Nos victuailles sont là : voici Tranion qui revient du port !
TRANION. – Philolachès !
PHILOLACHÈS. – Qu'y a-t-il ?
TRA. – Nous sommes tous les deux, toi et moi...
PHILO. – Eh bien, quoi, toi et moi ?
TRA. – Nous sommes perdus. PHILO. – Comment cela, perdus ?
TRA. – Ton père est là. PHILO. – Qu'est-ce que tu me racontes ?
TRA. – Nous sommes fichus ! Ton père est revenu, te dis-je.
PHILO. – Où est-il, par pitié ? TRA. – Il est ici.
PHILO. – Qui dit cela ? Qui l'a vu ? TRA. – Moi, de mes propres yeux !
PHILO. – De tes propres yeux ? TRA. – Puisque je te le dis !
PHILO. – Si tu dis vrai, je suis mort. TRA. – Pourquoi est-ce que j'irais mentir ?
PHILO. – Que vais-je faire, maintenant ?
TRA. – Fais vite débarrasser cette table ! Mais qui est-ce qui dort là ?
PHILO. – C'est Callidamate. TRA. – Delphie, réveille-le !
DELPHIE. – Callidamate, Callidamate, réveille-toi !
CALLIDAMATE. – Mais je ne dors pas. Donne-moi à boire !
DEL. – Ce n'est pas le moment : le père de Philolachès est rentré de voyage.
CAL. – Eh bien, buvons à sa santé !
PHILO. – Oh, je ne m'inquiète pas pour sa santé. C'est moi qui suis perdu, tout simplement : mon père est de retour !
CAL. – Il est de retour ? Tu n'as qu'à lui dire de repartir ! (*Sa tête retombe.*)
TRA. – Allons bon ! Voilà qu'il se rendort. Réveille-le !
PHILO. – Vas-tu enfin te réveiller ? Je te dis que mon père sera là d'un instant à l'autre !
CAL. – Ton père, dis-tu ? Passe-moi mes chaussures, que j'aille chercher mes armes. Par Pollux, je vais le tuer, moi, ton père !
PHILO. – Je suis perdu ! Je suis mort !
TRA. – Tais-toi ! J'inventerai bien quelque chose pour apaiser l'orage. Seras-tu content, si je réussis non seulement à empêcher ton père d'entrer à l'intérieur, mais encore à le faire fuir à toutes jambes ? Allez, cachez-vous tous dans la maison, ne faites aucun bruit, et laissez-moi faire !

PLAUTE, *Mostellaria*, Acte II, scène 1.

Masque en argile, IIe s. av. J.-C. (Italie, musée de Tarente).

TEXTE LATIN

4. *Maison hantée !*

À peine Tranion a-t-il refermé la porte qu'arrive Théopropide, le père de Philolachès. Très surpris de trouver la maison apparemment vide, il interroge Tranion : celui-ci lui répond que Philolachès a déménagé...

Scène « parlée » : sénaires iambiques.

1. circumspicedum : regarde donc !

2. probest = probe est.

3. cedo : parle ! je t'en prie !

4. (in) Acherontem.

5. Orcus est l'autre nom que les Romains donnent à Pluton, dieu des Enfers.

6. per fidem : « par excès de confiance ».

THÉOPROPIDE. – Eloquere, quid ita?
TRANION. – Circumspicedum[1] numquis est,
sermonem nostrum qui aucupet? **THÉO.** – Tutum probest[2].
TRA. – Circumspice etiam ! **THÉO.** – Nemo est. Loquere nunc jam !
TRA. – Capitale scelus est. **THÉO.** – Quid est? non satis intellego.
TRA. – Scelus, inquam, factum est jam diu, antiquom et vetus.
THÉO. – Antiquom ? **TRA.** Id adeo nos nunc factum invenimus.
THÉO. – Quid istuc est sceleris? aut quis id fecit ? cedo[3] !
TRA. – Hospes necavit hospitem captum manu ;
iste, ut ego opinor, qui has tibi aedes vendidit.
THÉO. – Necavit ? **TRA.** – Aurumque ei ademit hospiti
eumque hic defodit hospitem ibidem in aedibus.
THÉO. – Quapropter id vos factum suspicamini ?
TRA. – Ego dicam, ausculta. Ut foris cenaverat
tuus gnatus, postquam rediit a cena domum,
abimus omnes cubitum; condormivimus :
lucernam forte oblitus fueram exstinguere ;
atque ille exclamat derepente maximum...
THÉO. – Quis homo ? an gnatus meus ? **TRA.** – St, tace, ausculta modo.
Ait venisse illum in somnis ad se mortuom !
THÉO. – Nempe ergo in somnis ? **TRA.** – Ita. Sed ausculta modo !
Ait illum hoc pacto sibi dixisse mortuom : [...]
« Ego transmarinus hospes sum Diapontius.
hic habito, haec mihi dedita est habitatio !
Nam me Acherontem[4] recipere Orcus[5] noluit,
quia praemature vita careo. Per fidem[6]
deceptus sum : hospes hic me necavit isque me
defodit insepultum clam ibidem in hisce aedibus,
scelestus, auri causa. Nunc tu hinc emigra !
Scelestae hae sunt aedes, impia est habitatio ! ».
[...] **THÉO.** – Guttam haud habeo sanguinis,
vivom me accersunt Acheruntem mortui !

PLAUTE, *Mostellaria*, Acte II, scène 3.

Pour le commentaire

1 Tranion, en bon **servus callidus**, est un excellent menteur : comment s'y prend-il pour « fabriquer » son mensonge et le rendre crédible ?

2 Comment Tranion, en outre, « joue-t-il » son mensonge ?

3 Sur quels traits du personnage de Théopropide la scène repose-t-elle ? Ce personnage est-il franchement ridicule ?

TEXTE LATIN

5. *Le pot aux roses est découvert !*

L'usurier Misargyride, à qui Philolachès a emprunté une grosse somme d'argent pour racheter Philématie, vient réclamer le remboursement de la dette, en présence de Théopropide. Pourquoi donc cet emprunt, demande le senex *?*
« Philolachès, improvise l'esclave, a emprunté pour investir dans l'achat d'une maison. » Théopropide veut savoir quelle est cette maison. Tranion improvise à nouveau : « C'est celle de Simon, le voisin d'à côté. » Le senex *demande à la visiter ! L'esclave commence à paniquer. Et voici qu'arrivent Phaniscus et Pinacion, deux esclaves de Callidamate qui viennent chercher leur maître, et qui frappent à la porte de la maison « hantée »...*

Scène « parlée » : sénaires iambiques.

1. Ad te quae... = quae ad te nihil attinent : qui ne te regardent pas.

2. ubi = ante quas.

3. defrustratur : « il cherche à nous tromper ».

4. quid negoti = quod negotium.

5. elleborosus : cinglé, dingue.

6. hic habitare : sous-entendu **eum.**

7. nudius tertius = nunc dius tertius = « c'est aujourd'hui le troisième jour » = il y a deux jours.

PHANISCUS. – C'est curieux, je n'entends ni les voix des convives, comme d'habitude, ni la musique des flûtes, ni aucun autre bruit.
THÉOPROPIDE. – Qu'est-ce que c'est ? Que font ces gens-là devant ma maison ? Que cherchent-ils ? Qu'est-ce qu'ils ont à regarder à l'intérieur ?
PINACION. – Continuons de frapper à la porte. Holà ! ouvrez ! Holà, Tranion ! Ouvres-tu ?
THÉO. – Qu'est-ce que c'est que cette comédie ?
PHAN. – Vas-tu ouvrir ? Nous venons chercher Callidamate, notre maître.
THÉO. – Dites-donc, vous, qu'est-ce que vous faites ? Pourquoi cassez-vous cette porte ?

PHA. – Heus, senex, quid tu percontare ad te quae[1] nihil attinent ? [...]
THÉO. – Meae sunt istae aedes, ubi[2] statis.
PHAN. – Quid ais ? An jam vendidit ae-
des Philolaches ? Aut quidem iste nos defrustratur[3] senex ?
THÉO. – Vera dico. Sed quid vobis est negoti[4] hic ? PHAN. – Eloquar.
Erus hic noster potat. THEO. – Erus hic vester potat ? PHAN. – Ita loquor !
Non hic Philolaches adulescens habitat, hisce in aedibus ?
THÉO. – Habitavit. Verum emigravit jam diu ex hisce aedibus.
PI. – Senex hic elleborosus[5] est certe ! PHAN. – Erras perverse, pater.
Nam nisi hinc hodie emigravit aut heri, certo scio
hic habitare[6] ! THÉO. – Quin sex menses jam hic nemo habitat.
PI. – Somnias !
THÉO. – Egone ? PI. – Tu. THÉO. – Tu ne molestu's. Sine me cum puero loqui.
Nemo habitat !
PHAN. – Habitat profecto, nam heri et nudius tertius[7],
quartus, quintus, sextus, usque postquam hinc peregre ejus pater
abiit, numquam hic triduom unum desitum est potarier. [...]
THÉO. – Quis istaec faciebat? PHAN. – Philolaches. THÉO. – Qui Philolaches ?
PHAN. – Quoius patrem Theopropidem esse opinor. THÉO. – Ei mihi, occidi,
si haec hic vera memorat.

PLAUTE, *Mostellaria*, Acte IV, scène 4.

Acteur comique, statuette en terre cuite (Paris, musée du Louvre).

Pour le commentaire

Comment cette scène illustre-t-elle le principe comique de Feydeau, auteur célèbre de vaudevilles : rassembler dans un même endroit des gens qui ne devraient jamais s'y rencontrer ?

TEXTE LATIN

6. *Tout s'arrange...*

Théopropide a fini par apprendre des deux esclaves ce que Tranion avait réussi à lui cacher. Il s'apprête à le faire sévèrement fouetter, mais celui-ci se réfugie sur un autel, où il est provisoirement intouchable et d'où il continue à narguer son vieux maître. Survient alors Callidamate, enfin dessoûlé, qui obtient d'abord de Théopropide qu'il pardonne à son fils, en promettant de lui rembourser tout l'argent dépensé durant son absence. Reste à savoir quel sera le sort de Tranion, contre qui le senex *ne décolère pas...*

THÉOPROPRIDE (*à Callidamate*). – Il ne pouvait m'être adressé un avocat plus convaincant que toi. Je n'ai plus contre mon fils ni colère ni rancune. Bien plus, j'accepte, même en ma présence, qu'il coure les filles, boive, fasse ce qu'il lui plaît. S'il a honte d'avoir dépensé tant d'argent, c'est à mes yeux une punition suffisante.
CALLIDAMATE. – Il meurt de honte !
TRANION. – Et moi, dans tout ça ?
THÉO. – Toi, fumier ? On va te ficeler et tu seras fouetté !
TRA. – Même si j'ai honte aussi ?
THÉO. – Par Hercule, j'aurai ta peau !
CAL. – Pardonne jusqu'au bout : laisse partir Tranion, fais-le pour moi, je t'en prie !

THÉO. – Aliud quidvis impetrari a me facilius perferam,
quam ut non istum pro suis factis pessimis pessum premam[1] !
CAL. – Mitte, quaeso, istum !
THÉO. – Istumne ut mittam ? Viden ut adstat furcifer ? [...]
CAL. Tranio, quiesce, si sapis ! TH – Tu quiesce hanc rem modo
petere : ego illum, ut sit quietus, verberibus subegero !
TRA. – Nihil opust profecto. CAL. – Age jam, sine te hoc exorarier !
THÉO. – Nolo ores ! CAL. – Quaeso, hercle !
THÉO. – Nolo, inquam, ores ! CAL. – Nequiquam nevis[2].
Hanc modo noxiam unam, quaeso, missam fac[3] causa mea !
TRA. – Quid gravaris ? quasi non cras jam commeream aliam noxiam !
ibi utrumque, et hoc et illud, poteris ulcisci probe !
CAL. – Sine te exorem[4] ! THÉO. – Age ! abi, abi impune ! Em, huic habeto gratiam[5] !

Spectatores, fabula haec est acta : vos plausum date[6] !

PLAUTE, *Mostellaria*, Acte V, scène 3.

Scène en « récitatif » : septénaires trochaïques

1. **pessum premere** : faire périr sous les coups.
2. **nevis** : forme archaïque pour **non vis.**
3. **missam fac** : pardonne.
4. **te exorem** : proposition complétive au subjonctif seul.
5. **huic habeto gratiam** : qu'il lui soit fait grâce, je lui fais grâce.
6. **vos plausum date = plaudite** : ainsi s'achève traditionnellement toute comédie latine.

Esclave enchaîné par son maître, scène de comédie de Plaute, fresque de Sousse, IIIe s. ap. J.-C. (Tunisie, musée de Sousse).

Pour le commentaire

1. Relevez dans le texte une allitération, et essayez de la rendre en français.
2. Par quel argument Tranion obtient-il finalement son pardon ? Est-ce surprenant, compte tenu de ce que nous savons du caractère de cet esclave ?
3. Ce « happy end » vous paraît-il vraisemblable ou un peu forcé ?

Six siècles après Plaute voit le jour une pièce qui n'appartient pas à la comœdia palliata, *car elle n'est pas d'origine grecque, et elle est écrite en prose. D'auteur inconnu, elle a pour titre* Querolus *(« Le Grincheux »), et elle présente un personnage savoureux d'esclave mauvais sujet, qui porte le nom mi-grec mi-latin de Pantomalus (« Cent pour cent mauvais ») – tout un programme ! C'est lui qui s'exprime dans les deux textes ci-dessous.*

1. *Un esclave mécontent de son maître*

Omnes quidem dominos malos esse constat et manifestissimum est. Verum satis expertus sum nihil esse deterius meo[1]. Non quidem periculosus ille est homo, verum ingratus nimium et rancidus. Furtum si admissum domi fuit, exsecratur tamquam aliquod scelus. Si destitui aliquid videt, continuo clamat et maledicit, quam male ! Sedile, mensam, lectum si quis in ignem injicit, festinatio nostra ut solet[2], etiam hic queritur. Tecta si percolant, si confringuntur fores, omnia[3] ad se revocat, omnia requirit. Hercle hic non potest ferri ! Expensas rationesque totas propria perscribit manu : quicquid expensum non docetur[4], postulat reddi sibi.

Anonyme, *Querolus*, scène 6.

1. Le maître en question est Querolus lui-même, « le grincheux ».
2. **festinatio nostra ut solet = ut festinatio nostra solet = ut solemus festinantes.**
3. **omnia = omnes.**
4. **quicquid expensum non docetur** : « tout ce qui a été dépensé sans justification, toute dépense non justifiée ».

Maccus en orateur drapé, terre cuite de Myrina (Turquie), Ier s. av. J.-C. (Paris, musée du Louvre).

2. *Un voyage… de désagrément*

(suite du texte précédent)

In itinere autem, quam ingratus atque intractabilis est dominus ! Quotiens est antelucanum, primum vino, dein somno indulgemus : hinc primum est jurgium. Postea necesse est ut sequantur plurima turbata et trepida : perquisitio jumentorum, custodum fuga, mulae dispares, juncturae inversae, mulio nec[1] se regens – quando autem aliud fuit ? Sit paulisper patientia, totem istud emendat mora ! At contra Querolus causam ex causa quaerit, aliud ex alio ligat[2]. Movere[3] inutile carpentum non vult neque animal debile, continuoque clamat… O iniqua dominatio !

Ibid., même scène.

1. **nec = ne… quidem** : ne pas même.
2. **aliud ex alio ligat** : « il fait le lien entre toutes choses ».
3. **movere** : emmener.

Masque comique, terre cuite (Paris, musée du Louvre).

Profil de femme, fresque de la villa des Mystères, Pompéi, Ier s. av. J.-C.

V

DE L'HISTOIRE À LA FICTION

CHAPITRE 10

Les romans de l'histoire

Narrare *et* ornare

CIVILISATION

Comment on écrit l'histoire

● Écrire l'histoire, c'est d'abord **raconter** : c'est en complément ou en marge du récit des actes et des faits que les historiens anciens développent leurs réflexions sur les causes, les effets, et les enseignements des événements du passé. C'est donc **la manière même de raconter** qui met en lumière le **sens de l'histoire** tel que l'auteur le conçoit.

● S'il ne s'agissait que de consigner les faits pour éviter qu'ils ne sombrent dans l'oubli, il suffirait de tenir à jour des archives, comme celles qui existaient, à Rome, sur des rouleaux de lin (*libri lintei*), ou dans les « annales » (*libri annales*, listes des événements d'une année). Les premiers historiens latins, nous dit Cicéron, ne furent guère que des ***narratores*** d'une désespérante sécheresse : selon lui, c'est avec les **progrès de la rhétorique** qu'il est désormais permis aux historiens d'être des ***ornatores***, c'est-à-dire des **artistes** capables d'écrire de « beaux livres » d'histoire...

Un « genre moral »... et national

● « L'homme qui ignore ce qui s'est passé avant sa naissance reste toujours un enfant », écrit Cicéron. Mais l'ambition de l'historiographie (l'art d'écrire l'histoire) est aussi de **faire valoir les leçons de l'histoire** : en examinant les réussites et les catastrophes du passé, on apprend ce qui est bon, utile, beau, et ce qui est mauvais, nuisible ou moralement laid. Précieuses leçons pour des citoyens, mais aussi excellente **collection d'exemples (*exempla*)** pour étayer des discours ou justifier des prises de position philosophiques.

● Les Romains ont **un rapport affectif très fort envers leur propre passé** : Rome est une minuscule cité qui parvient à gouverner le monde, et son exceptionnelle réussite repose, à l'évidence, sur des **vertus collectives et individuelles**. L'histoire de Rome est faite de guerres et de grands hommes, comme l'épopée était faite de combats glorieux, d'épreuves et de héros : à Rome, **l'épopée se teinte d'histoir**e, tandis que **l'histoire prend des couleurs épiques** : on y trouve, notamment chez **Tite-Live**, des motifs caractéristiques de l'épopée comme le duel, l'inspiration divine des grands hommes, la grandeur des *fatales duces* (Camille, Scipion, Fabius Maximus...) dont le destin se confond avec celui de Rome.

Pessimisme... et fantaisie

● Dans l'incertitude des débuts de l'Empire, les auteurs, troublés par la célébration du passé glorieux (*laudatio temporis acti*) de Rome, voient en elle **une « vieille dame » au bord du déclin**. Au mieux, ils pensent que les vertus de jadis se sont émoussées ; au pire, ils pensent que Rome, devenue trop grande, croule sous sa propre puissance. Ce pessimisme historique, sensible chez Salluste et Tite-Live, s'affirme avec une ironie grinçante chez **Tacite** lorsqu'il décrit les « temps de malheur » de l'empire julio-claudien dans ses *Histoires* et ses *Annales*. Dans ces sombres chroniques, l'histoire multiplie les drames, parfois les tragédies, mais, surtout, d'**amères tragi-comédies** où l'on voit le pouvoir impérial s'avilir dans le crime ou se déliter dans le ridicule.

● Comme pour adoucir cette amertume, dès le premier siècle, on voit se multiplier des **recueils de biographies**, des **histoires anecdotiques** et abrégées, des **récits étonnants** « empruntés » à l'histoire universelle (si peu connue à l'époque !) ou nourris de l'aventure héroïque d'Alexandre, comme le récit de **Quinte-Curce** : en devenant **romanesque**, l'histoire a ouvert la voie à la littérature de fiction...

TITE-LIVE (64 av. J.-C. – 17 ap. J.-C.)

Nous sommes peu renseignés sur la vie de Tite-Live (Titus Livius). Solidement formé à la rhétorique, admirateur de Cicéron, il nous a laissé une colossale ***Histoire de Rome* (*Ab Urbe condita libri*)**, qui ne comportait pas moins de 142 livres, dont 35 nous sont parvenus ; ces livres traitent de la fondation de Rome et de son histoire jusqu'en 293 av. J.-C., de la deuxième guerre punique, et de l'expansion romaine jusqu'en 167 av. J.-C.

QUINTE-CURCE (Ier siècle ap. J.-C. ?)

Nous ne savons rien de la vie de Quinte-Curce (Quintus Curtius Rufus), que l'on considère ordinairement comme un **contemporain de l'empereur Claude**. Nous ne possédons de lui qu'une seule œuvre, l'***Histoire d'Alexandre*** (*Historiarum Alexandri Magni Libri*), constituée de dix livres dont les deux premiers sont perdus. Ce récit, que nous pouvons confronter à ceux des auteurs grecs Arrien et Diodore de Sicile, est davantage une **biographie romancée** qu'un ouvrage proprement historique.

TACITE (v. 55 – v. 120 ap. J.-C.- ?)

Né, selon toute vraisemblance, en Gaule narbonnaise, issu de la bourgeoisie provinciale, Tacite (Publius Cornelius Tacitus) doit à Vespasien d'être appelé au Sénat et d'entrer ainsi dans la **carrière des honneurs**. Questeur en 81, préteur en 88, il exerce sans doute ensuite un commandement militaire en Germanie, puis regagne Rome en 93. Pendant les dernières années du règne tyrannique de Domitien, Tacite siège sagement au Sénat. En 97, il aborde les temps nouveaux inaugurés par Nerva dans les meilleures conditions possibles : ses talents d'avocat et d'orateur ont fait de lui **un homme de premier plan, très lié à Pline et à Trajan**. Vers 104, il entreprend les ***Histoires***, achevées en 109. Quelques années plus tard, nommé proconsul d'Asie, il commence à écrire les ***Annales***, vers 117 après J.-C.

JUSTIN (IIe ou IIIe siècle ap. J.-C.- ?)

La vie de Justin (Marcus Junianus Justinus ou Justinus Frontinus) nous est totalement inconnue. Une dédicace à Marc-Aurèle, dont l'authenticité est cependant discutée, le situerait à l'époque des Antonins. Il nous a laissé un ***Abrégé des Histoires Philippiques*** (*Epitomae Historiarum Philippicarum*), ouvrage qu'il présente comme un condensé de la très volumineuse *Histoire universelle* (*Historiae Philippicae et totius mundi origines et terrae situs*) écrite par Trogue Pompée, un historien de l'époque d'Auguste.

Reconstruction de Rome après son invasion par les Gaulois, miniature du XIVe s. illustrant un manuscrit du *Ab Urbe condita* de Tite-Live (Paris, BNF).

texte suivi

Duel entre un Romain et un Gaulois

Le duel, grand moment épique, est une façon de combattre étrangère aux « guerres historiques » qui voient s'affronter non des héros, mais des armées : voici l'occasion pour Tite-Live de mettre en évidence, chez des soldats d'élite, un « héroïsme civique ».
Pour résister à une invasion gauloise (vers 361 av. J.-C.), les Romains ont bien besoin de valeureux combattants... Voici en effet les Gaulois parvenus au bord de l'Anio, à quelques kilomètres de Rome. De chaque côté de la rivière, les ennemis s'observent sans oser s'engager sur le pont qui les sépare. Comment débloquer la situation ?

TEXTE LATIN

1. *Le défi*

1. quantum maxima voce = quam maxima voce.
2. dictatorem : la conduite de la guerre a été confiée au dictateur T. Quinctius.
3. pugnaverim : je ne saurais combattre.
4. non si : pas même si.
5. Allusion à l'exploit de M. Manlius Capitolinus (390 av. J.-C.).

Tum eximia corporis magnitudine in vacuum pontem Gallus processit et quantum maxima voce[1] potuit « quem nunc », inquit, « Roma virum fortissimum habet, procedat agedum ad pugnam, ut noster duorum eventus ostendat utra gens bello sit melior ! ». Diu inter primores juvenum Romanorum silentium fuit, cum et abnuere certamen vererentur et praecipuam sortem periculi petere nollent ; tum T. Manlius L. filius [...] ex statione ad dictatorem[2] pergit ; « injussu tuo », inquit, « imperator, extra ordinem nunquam pugnaverim[3], non si[4] certam victoriam videam : si tu permittis, volo ego illi beluae ostendere, quando adeo ferox praesultat hostium signis, me ex ea familia ortum quae Gallorum agmen ex rupe Tarpeia dejecit[5]. »

Le dictateur donne son accord.

TITE-LIVE, *Ab Urbe condita*, VII, 9-10.

TEXTE LATIN

2. *Les deux combattants*

1. Hispano gladio : le « glaive espagnol » court est l'arme réglementaire du fantassin romain.
2. ab irrisu : par moquerie.
3. destituuntur : sont debout face à face.

Armant inde juvenem aequales ; pedestre scutum capit, Hispano cingitur gladio[1] ad propiorem habili pugnam. Armatum adornatumque adversus Gallum stolide laetum et – quoniam id quoque memoria dignum antiquis visum est – linguam etiam ab irrisu[2] exserentem producunt. Recipiunt inde se ad stationem ; et duo in medio armati spectaculi magis more quam lege belli destituuntur[3], nequaquam visu ac specie aestimantibus pares. Corpus alteri magnitudine eximium, versicolori veste pictisque et auro caelatis refulgens armis ; media in altero militaris statura modicaque in armis habilibus magis quam decoris species ; non cantus, non exsultatio armorumque agitatio vana, sed pectus animorum iraeque tacitae plenum ; omnem ferociam in discrimen ipsum certaminis distulerat.

TITE-LIVE, *Ab Urbe condita*, VII, 9-10.

TEXTE LATIN

3. *Manlius, habile vainqueur*

Ubi constitere inter duas acies tot circa mortalium animis spe metuque pendentibus, Gallus velut moles superne imminens[1], projecto laeva scuto, in advenientis arma hostis vanum caesim[2] cum ingenti sonitu ensem dejecit ; Romanus, mucrone subrecto[3], cum scuto scutum imum perculisset totoque corpore interior periculo vulneris factus[4] insinuasset se inter corpus armaque, uno alteroque subinde ictu ventrem atque inguina hausit et in spatium ingens ruentem porrexit hostem.

TITE-LIVE, *Ab Urbe condita*, VII, 9-10.

1. **velut moles superne imminens** : qui, pour ainsi dire, surplombait son adversaire de toute sa masse.
2. **caesim** : en frappant avec le tranchant.
3. **mucrone subrecto** : la pointe de son glaive légèrement relevée.
4. **interior... factus** : s'étant placé trop près (de son adversaire) pour risquer de recevoir un coup.

TEXTE LATIN

4. *Gloire au vainqueur !*

Jacentis inde corpus ab omni alia vexatione intactum uno torque spoliavit, quem respersum cruore collo circumdedit suo. Defixerat pavor cum admiratione Gallos ; Romani alacres, ab statione obviam militi suo progressi, gratulantes laudantesque ad dictatorem perducunt. Inter carminum prope modo incondita quaedam[1] militariter joculantes Torquatum cognomen auditum[2] ; celebratum deinde posteris, etiam familiae, honori fuit. Dictator coronam auream addidit donum mirisque pro contione eam pugnam laudibus tulit.

TITE-LIVE, *Ab Urbe condita*, VII, 9-10.

1. **carminum prope modo incondita quaedam** : des couplets amusants pour ainsi dire improvisés.
2. **= auditum (est).**

Combat entre un légionnaire et un « barbare », relief de la colonne de Trajan, IIe s. ap. J.-C. (Paris, musée du Louvre).

Pour le commentaire

1 Qu'est-ce qui oppose l'attitude du Gaulois et celle du Romain ? Pourquoi et comment Manlius demande-t-il l'autorisation du dictateur ? Pourquoi rappelle-t-il l'exploit de son ancêtre ? Quel est, pour le Gaulois, l'enjeu du combat ? et pour le Romain ? Quels traits épiques marquent ce défi ?

2 Pourquoi Manlius ne s'équipe-t-il pas tout seul ? Que pensez-vous de son armement ? Que suggèrent l'allure du Gaulois, sa tenue et sa grimace ? Pourquoi Tite-Live feint-il d'hésiter à raconter ce dernier détail ? Caractérisez, en comparaison, l'allure et l'attitude du Romain.

3 Quelle coutume romaine les chants railleurs des camarades de Manlius rappellent-ils ? Expliquez son cognomen « Torquatus ».

4 À quel combat mythique fameux cet épisode fait-il songer ? Comment Tite-Live souligne-t-il le caractère exceptionnel d'un combat de ce type ? Quel autre « duel » célèbre de l'histoire de Rome connaissez-vous ?

5 Manlius est-il un héros épique ou historique ? Quelles vertus, essentielles dans la conception romaine de la guerre, Manlius incarne-t-il ?

texte suivi

Panique en Pannonie

L'Empire s'accroissant, les légions romaines prennent peu à peu conscience que son existence et sa stabilité reposent sur elles, ce qui les conduit à faire preuve d'esprit revendicatif. La discipline de fer imposée aux soldats suscite elle aussi des mouvements de révolte pouvant aller jusqu'à l'insoumission. Tacite nous raconte l'une de ces révoltes, qui se produisit en Pannonie (région de l'actuelle Autriche), en 14 ap. J.-C. Avec la mort d'Auguste et l'avènement de Tibère s'ouvre une période de transition propice à l'agitation. Aussi le général Junius Blaesus a-t-il décidé, pour prévenir une dangereuse oisiveté, d'imposer à ses trois légions toute une série de tâches qui ne sont pas du tout du goût de ses soldats.

1. *La légion s'enflamme*

Lascivire miles[1], discordare, pessimi cujusque sermonibus praebere aures, lusum et otium cupere, disciplinam et laborem aspernari[2]. Erat in castris Percennius quidam, dux olim theatralium operarum[3], dein gregarius miles, procax lingua et miscere coetus histrionali studio doctus. Is imperitos animos et quaenam post Augustum militiae condicio[4] ambigentes impellere paulatim nocturnis colloquiis aut flexo in vesperam die et dilapsis melioribus deterrimum quemque congregare[2]. Postremo, promptis jam et aliis seditionis ministris, velut contionabundus interrogabat : « Cur paucis centurionibus paucioribus tribunis in modum servorum oboedirent ? Quando ausuros exposcere remedia, nisi novum et nutantem adhuc principem precibus vel armis adirent ? Satis per tot annos ignavia peccatum, quod[5] tricena aut quadragena stipendia senes et plerique truncato ex vulneribus corpore tolerent ; ne dimissis quidem finem esse militiae, sed apud vexillum tendentes[6] alio vocabulo eosdem labores perferre ; ac si quis tot casus vita superaverit, trahi adhuc diversas in terras, ubi per nomen agrorum[7] uligines paludum vel inculta montium accipiant ; enimvero militiam ipsam gravem, infructuosam : denis in diem assibus animam et corpus aestimari : hinc[8] vestem, arma, tentoria, hinc saevitiam centurionum et vacationes munerum redimi. At, hercule ! verbera et vulnera, duram hiemem, exercitas aestates, bellum atrox : aut sterilem pacem sempiterna. Nec aliud levamentum quam si certis sub legibus militia iniretur, ut singulos denarios[9] mererent, sextus decumus stipendii annus finem adferret, ne ultra sub vexillis tenerentur, sed isdem in castris praemium pecunia solveretur[10]. »

TACITE, *Annales*, I, 16-17.

TEXTE LATIN

1. **miles = milites** (singulier collectif) ; **pessimi cujusque = pessimorum hominum**.
2. phrases à l'infinitif de narration.
3. **dux theatralium operarum** : chef de claque au théâtre.
4. **quaenam... condicio [futura esset]**.
5. **quod...** : en ce que... (développe **peccatum [esse]**).
6. « après leur temps de service, ils n'étaient pourtant pas libérés, mais, restant sous les drapeaux » (comme « vexillaires »).
7. **per nomen agrorum** : lors de la distribution des terres.
8. **hinc** : c'est avec ça (= **denis assibus**) ; sous-entendre **emi** après **tentoria**.
9. **singulos denarios** : un denier (= 16 as) par jour ; **ut** = à savoir que.
10. Les soldats préféraient une somme d'argent à des terres incultes ; **in iisdem castris** : dans le camp où ils achevaient leur temps de service.

Pour le commentaire

1. Comment le personnage de Percennius est-il présenté et caractérisé ?
2. Transposez au style direct les deux premières phrases de son discours.
3. Étudiez la construction, les registres et les procédés rhétoriques de son discours aux soldats. Comment y dépeint-il les conditions de vie des légionnaires ?
4. Pourquoi ce soldat de métier qualifie-t-il la paix de « stérile » ?

TEXTE TRADUIT

2. *La révolte fait tache d'huile*

Le général Junius Blaesus réussit à calmer un peu l'agitation en proposant d'envoyer son propre fils en députation auprès de Tibère pour lui exposer leurs revendications. Mais l'accalmie est passagère...

Cependant, avant que ne commence la mutinerie, des manipules avaient été envoyés à Nauportus[1], pour entretenir les chemins, les ponts et d'autres ouvrages ; à la nouvelle des troubles qui avaient lieu dans le camp, ils arrachent les enseignes, pillent les villages voisins et même Nauportus, qui était quasiment une ville, accablent par des moqueries, des insultes et enfin des coups, les centurions qui essaient de les retenir. Leur colère étant particulièrement forte contre le préfet du camp, Aufidiénus Rufus, ils l'arrachent de sa voiture, le chargent de bagages, et le font marcher en tête de la colonne, en lui demandant ironiquement s'il appréciait une charge aussi lourde et une marche aussi longue. C'est que Rufus, qui avait été longtemps simple soldat, puis centurion, préfet du camp enfin, faisait revivre la dure discipline d'autrefois, se montrant d'autant plus impitoyable qu'il l'avait lui-même supportée.

À leur arrivée, la sédition se rallume dans le camp et les mutins pillent tous les environs où ils se sont répandus. Blaesus fait frapper de verges et jeter en prison quelques-uns d'entre eux, ceux qui étaient le plus chargés de butin, pour terroriser les autres ; car il parvenait encore à se faire obéir des centurions et des meilleurs parmi les simples soldats. Les coupables résistent à ceux qui les entraînent, embrassent les genoux de ceux qui les entourent, chacun invoque sa centurie, sa cohorte, sa légion, en criant que le même sort les menace tous ; tout cela en accablant le lieutenant d'imprécations, au nom du ciel, au nom des dieux : bref ils n'écartaient rien de ce qui pouvait exciter l'indignation, la pitié, la crainte, la fureur. Tout le monde accourt à la fois, on brise la prison, on défait les chaînes : on s'est adjoint, désormais, les déserteurs et les condamnés à mort.

Tacite, *Annales*, I, 20-21.

1. **Nauportus, i** : ville de Pannonie.

Stèle funéraire d'un officier de cavalerie trouvée à Scarbantia (Sopron, Hongrie).

Pour le commentaire

1. Quelles raisons d'ordre psychologique le récit de Tacite propose-t-il pour expliquer le comportement d'Aufidénius Rufus et la colère des soldats à son égard ?
2. Les mesures de Junius Blaesus sont-elles efficaces ? En quoi la fin de ce passage est-elle inquiétante ?

TEXTE LATIN

3. *Délires et règlements de comptes*

Flagrantior inde vis, plures seditioni duces ; et Vibulenus quidam, gregarius miles, ante tribunal Blaesi adlevatus circumstantium umeris, apud turbatos et quid pararet intentos : « Vos quidem, inquit, his innocentibus et miserrimis lucem et spiritum reddidistis : sed quis fratri meo vitam, quis fratrem mihi reddit ? Quem, missum ad vos a Germanico exercitu de communibus commodis[1], nocte proxima jugulavit per gladiatores suos[2], quos in exitium militum habet atque armat. Responde, Blaese, ubi cadaver abjeceris ? Ne hostes quidem sepultura invident ! Cum osculis, cum lacrimis dolorem meum implevero, me quoque trucidari jube, dum[3] interfectos[4] nullum ob scelus, sed quia utilitati legionum consulebamus, hi[5] sepeliant. »

Incendebat haec fletu, et pectus atque os manibus verberans. Mox, disjectis[6] quorum per umeros sustinebatur, praeceps et singulorum pedibus advolutus, tantum consternationis invidiaeque concivit ut pars militum gladiatores, qui e servitio Blaesi erant, pars ceteram ejusdem familiam[7] vincirent, alii ad quaerendum corpus effunderentur. Ac ni propere neque corpus ullum reperiri, et servos, adhibitis cruciatibus, abnuere caedem, neque illi fuisse umquam fratrem pernotuisset[8], haud multum ab exitio legati aberant. Tribunos tamen ac praefectum castrorum extrusere. Sarcinae fugientium direptae, et centurio Lucilius interficitur, cui militaribus facetiis vocabulum[9] « Cedo alteram » indiderant, quia, fracta vite[10] in tergo militis, alteram clara voce, ac rursus aliam, poscebat[11].

TACITE, *Annales*, I, 22-23.

1. de communibus commodis : pour traiter de nos intérêts communs.

2. Les gladiateurs servaient de gardes du corps.

3. **dum** : pourvu que.

4. **(duo fratres) interfectos.**

5. Vibulenus désigne les soldats.

6. **disjectis (eis) quorum.**

7. **familia** = son escorte d'esclaves.

8. **ni = nisi pernotuisset** : s'il n'était pas devenu évident que (impersonnel + prop. infinitive) ; **aberant** : valeur d'irréel du passé (= **abfuissent**).

9. **vocabulum**, ici : surnom ; **cedo = da !**

10. **fracta vite** : il s'agit du « cep de vigne » (**vitis**), bâton de commandement que portaient les centurions comme insigne de leur grade, et dont certains faisaient, semble-t-il, un usage assez vigoureux.

11. **poscebat = poscere solebat.**

Centurion et son valet d'armes, relief du IIe s. ap. J.-C. (Rome, musée du Capitole).

Pour le commentaire

1. En quoi l'entrée en scène, le discours, puis le comportement de Vibulenus ont-ils un caractère théâtral ?
2. Quels sont les deux termes qui évoquent le feu ? Montrez, en recensant les événements successifs, que la métaphore de l'incendie qui se propage convient au sujet.
3. Quels éléments soulignent finalement le caractère délirant de cette révolte ?
4. Tacite apparaît-il ici plutôt comme un historien ou comme le narrateur d'un roman ? Émet-il des jugements sur les faits ou reste-t-il en retrait ? Quel effet la position qu'il adopte produit-elle sur le lecteur ?

TEXTE LATIN

4. *La lune à la rescousse*

Tibère, instruit de ces troubles, a envoyé auprès des trois légions son fils Drusus, qui a pour unique consigne d'aviser au vu des circonstances. Celui-ci se retrouve devant la foule houleuse des soldats, qui lui reproche de n'avoir rien de concret à leur proposer. Drusus est contraint de se réfugier sous sa tente…

Drusus, fils de Tibère, camée antique (Paris, BNF).

Noctem minacem et in scelus erupturam fors lenivit : nam luna claro repente caelo visa languescere. Id miles, rationis ignarus, omen[1] praesentium accepit, suis laboribus defectionem sideris adsimulans[2], prospereque cessura quae[3] pergerent si fulgor et claritudo deae redderetur. Igitur aeris sono, tubarum cornuumque concentu strepere[4] ; prout splendidior obscuriorve[5], laetari aut maerere ; et postquam ortae nubes offecere visui creditumque conditam[6] tenebris, ut sunt mobiles ad superstitionem perculsae semel[7] mentes, sibi aeternum laborem portendi, sua facinora aversari deos lamentantur. Utendum inclinatione ea Caesar[8] et quae casus obtulerat in sapientiam vertenda ratus, circumiri tentoria jubet ; accitur centurio Clemens et si alii bonis artibus grati in vulgus[9]. Hi vigiliis, stationibus, custodiis portarum se inserunt, spem offerunt, metum intendunt : « Quousque filium imperatoris obsidebimus ? Quis certaminum finis ? Percennione et Vibuleno sacramentum dicturi sumus ? Percennius et Vibulenus stipendia militibus, agros emeritis largientur ? Denique pro Neronibus[10] et Drusis imperium populi Romani capessent ? Quin potius, ut novissimi in culpam, ita primi ad paenitentiam sumus […] ? » Commotis per haec mentibus et inter se suspectis, tironem a veterano, legionem a legione dissociant. Tum redire paulatim amor obsequii…

TACITE, *Annales*, I, 28.

Après avoir hésité un temps entre sévérité et clémence, Drusus décide d'en finir : Vibulenus et Percennius sont exécutés, ainsi que la plupart des meneurs. Puis il ordonne que soit abandonné le camp, « voué au malheur et souillé par le crime » : les trois légions le quittent l'une après l'autre et Drusus reprend le chemin de Rome, tandis que de nouveaux troubles débutent, en Germanie cette fois.

1. **omen** : attribut du C.O.D. **id.**
2. **adsimulans** : assimilant… < et croyant que… > : ce participe a également pour complément la proposition infinitive qui suit.
3. **= prospere cessura (esse ea) quae ; prospere cedere** = bien tourner.
4. par superstition on faisait le plus grand vacarme possible pour conjurer le sort.
5. **(luna erat)…**
6. **conditam (esse lunam) ; creditum (fuit)** : passif impersonnel ▶ ***Mémento* 15.**
7. **ut… semel** : étant donné que.
8. **= Drusus.**
9. **et si… vulgus** : et avec lui tous ceux qui avaient acquis honnêtement la faveur des soldats.
10. **pro** : à la place de ; Tibère avait pour surnom Néron, comme tous ceux de la **gens Claudia**.

Pour le commentaire

1 D'après les éléments du texte, s'agit-il d'une éclipse ou d'un banal obscurcissement de l'astre lunaire ? Comment s'explique la réaction des soldats ?

2 Étudiez la succession des interrogations dans le discours direct prêté au groupe qui accompagne le centurion Clemens ; analysez notamment la variation des temps et des modes des verbes. Pourquoi cette série de questions est-elle propre à ébranler la détermination des soldats ?

3 Qu'appelle-t-on « anarchie militaire » ? En quoi ce récit de Tacite peut-il paraître prémonitoire de l'histoire de Rome ?

TEXTE LATIN

La scandaleuse Messaline

D'adultère en adultère, Messaline, l'épouse de l'empereur Claude, ne connaît plus de limites. Pendant que son mari hésite à intervenir malgré les pressions de ses conseillers, elle décide d'épouser dans une cérémonie orgiaque son amant Silius...

Les témoignages assurent que Claude fut pris d'une telle panique qu'il demanda à plusieurs reprises s'il était encore empereur, si Silius était bien encore un simple citoyen. Quant à Messaline, plus abandonnée au plaisir que jamais, en ce milieu d'automne, elle célébrait en sa demeure un simulacre de vendanges : on serre les pressoirs, les cuves débordent, des femmes vêtues de peaux de bêtes dansaient comme des bacchantes en cérémonie ou en transe ; elle-même, tous cheveux défaits, secouant un thyrse, et à côté d'elle Silius, couronné de lierre, cothurnes aux pieds, agitait la tête en tous sens, tandis qu'autour d'eux vociférait un chœur déchaîné. On raconte que Vettius Valens, par jeu, grimpa en haut d'un grand arbre, et, comme on lui demandait ce qu'il voyait, il répondit : « Un terrible orage venant d'Ostie ! », soit qu'il en vît se lever un effectivement, soit que des mots lancés au hasard fussent devenus prémonitoires...

Scène dionysiaque (détail), fresque de Pompéi (Naples, Musée archéologique).

Claude est totalement dépassé par les événements, partagé entre la colère, la honte, et ses réticences à sévir ; c'est Narcisse qui décide à sa place et fait impitoyablement exécuter Silius, Vettius Valens, et les autres « amis » de Messaline.

Interim Messaline Lucullianis in hortis prolatare vitam, componere preces, non nulla spe, et aliquando ira : tantum, inter extrema, superbiae gerebat ! Ac, ni caedem ejus Narcissus properavisset, verterat[1] pernicies in accusatorem. Nam Claudius, domum regressus et tempestivis epulis delenitus, ubi vino incaluit, iri jubet nuntiarique miserae (hoc enim verbe usum ferunt) dicendam ad causam[2] postera die adesset[3]. Quod ubi auditum, et languescere ira, redire amor ac, si cunctarentur[4], propinqua nox et uxorii cubiculi memoria timebantur ; prorumpit Narcissus denuntiatque centurionibus et tribuno, qui aderat, exsequi caedem : « Ita imperatorem jubere ! » [...]

Tunc primum fortunam suam introspexit[5], ferrumque accepit, quod[6] frustra jugulo aut pectori per trepidationem admovens, ictu tribuni transigitur. Corpus matri concessum. Nuntiatumque Claudio epulanti perisse Messalinam, non distincte sua an aliena manu. Nec ille quaesivit, poposcitque poculum et solita convivio[7] celebravit. Ne secutis quidem diebus odii, gaudii, irae, tristitiae, ullius denique humani adfectus signa dedit, non cum laetantes accusatores aspiceret, non cum filios maerentes.

Tacite, *Annales*, XI, 37-38.

1. **verterat = vertisset.**
2. **causam dicere** : plaider sa cause.
3. **adesset** construit sans **ut** après **nuntiari.**
4. si on tardait.
5. Le sujet est Messaline.
6. **quod**, qui a pour antécédent **ferrum**, est à la fois complément de **admovens** et sujet de **transigitur.**
7. **solita convivio** : les plaisirs habituels du repas.

Pour le commentaire

1. Qu'est-ce qu'une bacchanale ? En quoi la fête de Messaline se rapproche-t-elle de ce genre de débauche ?
2. Explicitez le double sens des paroles de Vettius Valens.
3. Dans cette affaire, qui décide ?
4. Quel portrait de Claude se dégage du récit de Tacite ? Quels traits de son caractère sont soulignés ?

TEXTE TRADUIT

La mort d'Agrippine

Néron tente de noyer sa mère en la faisant voyager, dans le golfe de Baïes, sur un navire saboté. La manœuvre échoue, Agrippine regagne le rivage à la nage et se réfugie dans sa villa. Néron décide alors d'en finir, et charge son officier Anicet d'exécuter sa mère.

Cependant le bruit du péril d'Agrippine s'était répandu ; on l'attribuait au hasard, le peuple accourt en tumulte sur le rivage. Ici l'on monte sur les jetées, là sur les barques ; les uns s'avancent dans les flots autant que la profondeur de l'eau le permet ; les autres ont les bras étendus vers la mer ; la côte retentit de plaintes, de vœux, de questions diverses, de réponses vagues ; elle brille de flambeaux sur toute sa longueur. On apprend que l'impératrice est sauvée, et on se disposait à aller la féliciter, lorsqu'à la vue d'un bataillon armé et menaçant, la foule se disperse. Anicet investit la maison, les portes en sont brisées ; on se saisit des esclaves qui se présentent, on pénètre à l'appartement de l'impératrice ; il y avait peu de monde, la terreur de l'irruption en avait écarté le concours ; il était éclairé d'une faible lumière. Agrippine n'avait à ses côtés qu'une de ses femmes : personne ne se présentant de la part de son fils, son effroi s'accroît de moment en moment. Le rivage avait changé de face, il était désert : des cris subits s'y faisaient entendre par intervalles, tout annonçait le malheur extrême. La servante d'Agrippine s'éloignant : « Et toi, tu m'abandonnes aussi ! » lui dit sa maîtresse. À l'instant elle aperçoit Anicet, accompagné du triérarque Herculéus et du centurion de flotte Obaritus. « Si vous me visitez de la part de Néron, leur dit-elle, allez lui apprendre que je suis guérie ; si vous venez m'assassiner, je ne croirai point que mon fils ait ordonné un parricide. » Elle était dans son lit. Les meurtriers l'environnent, le triérarque lui décoche un coup de bâton sur la tête. Agrippine, le milieu du corps avancé vers le centurion, qui tirait son glaive, lui dit : « Frappe mon ventre… » Et elle expire, percée de plusieurs coups.

TACITE, *Annales*, XIV, 8, traduction de Diderot.

Agrippine la Jeune, art romain (Copenhague, glyptothèque Ny Carlsberg).

Pour le commentaire

1. Comment Tacite construit-il son récit ? Comment marque-t-il les étapes successives de la progression dramatique ?
2. Que pensez-vous des **ultima verba** d'Agrippine ?

Historiens latins, modèles grecs

L'histoire est un genre littéraire abordé tardivement par les auteurs romains, au IIe siècle, avec les Origines *de Caton ; mais un siècle et demi plus tard, Cicéron se plaint de la pauvreté littéraire des historiographes latins. Pourtant la Grèce proposait des modèles remarquables !*

Hérodote, le fondateur

● Hérodote (482 ? – 425 ? av. J.-C.) est reconnu par Cicéron comme le « **père de l'histoire** ». Il invente même le nom de ce genre littéraire, en intitulant *Historiaï* (en grec, « enquêtes »), les neuf livres qu'il consacre à « l'histoire des hommes ». En essayant de se démarquer des légendes, Hérodote traite d'abord du développement de l'empire perse (notamment en Égypte, qu'il a personnellement visitée), puis des **guerres médiques** qui opposent les Grecs aux rois perses Darius et Xerxès.

● Esprit curieux, parfois naïf ou affabulateur, Hérodote est sensible aux **étrangetés exotiques**, qu'il s'agisse des coutumes, de la faune ou des légendes locales... Cette forme de curiosité se retrouve, bien des siècles plus tard, dans le goût de certains historiens latins mineurs (comme Justin) pour les *mirabilia*.

Thucydide, rationaliste et styliste

● Cet aristocrate athénien (460 ? – 400 ? av. J.-C.) écrit l'histoire de son temps : la ***Guerre du Péloponnèse*** (inachevé) est le récit du conflit qui a opposé, entre 431 et 404, les Athéniens à Sparte et ses alliés. Après un échec militaire quand il était stratège, Thucydide a été exilé par Athènes, et adopte un point de vue plutôt favorable à Sparte ; de surcroît, **il s'oppose à la démocratie athénienne**, tout en traçant un portrait remarquable de Périclès.

● Thucydide a la **passion de l'analyse**, aime distinguer les causes des prétextes, et ne s'autorise ni digressions ni anecdotes. Son style est sobre jusqu'à l'obscurité, et il nourrit de sévères considérations morales sa **vision très pessimiste de l'histoire**. Il fut particulièrement admiré par Salluste et Tacite.

Xénophon l'aventurier

Né vers 430 av. J.-C., mort vers 355, Xénophon est à la fois **général, philosophe et historien**. Ami de Platon, il a fréquenté Socrate, dont il perpétue la mémoire dans son *Apologie de Socrate* et les *Mémorables*. Il a lui-même participé comme général à une désastreuse expédition conduite en Perse par Cyrus le Jeune, et raconte dans l'*Anabase* la dramatique retraite des dix mille soldats vers la côte d'Asie Mineure. Dans la *Cyropédie*, il propose une biographie (assez romancée) de Cyrus, qu'il présente comme un despote éclairé. Mais son œuvre historique proprement dite, les ***Helléniques***, complète l'œuvre de Thucydide, laissée inachevée. Écrivain brillant et très cultivé, Xénophon était apprécié par Cicéron.

Callisthène et Alexandre

Neveu du philosophe Aristote, Callisthène accompagna Alexandre le Grand dans son épopée en Asie, en admirant son génie militaire, mais en blâmant ses caprices... Il écrivit un *Récit de la campagne d'Alexandre*, et il avait commencé une *Histoire d'Alexandre* dont la matière fut sans doute reprise, bien des siècles plus tard, par un « pseudo-Callisthène » pour donner finalement le *Roman d'Alexandre*, populaire au Moyen Âge. Callisthène, dans ses œuvres, proposait une **écriture romancée et dramatique de l'histoire**, manière qui a probablement inspiré Quinte-Curce.

TEXTE LATIN

Le Mariage d'Alexandre et de Roxane, fresque de Giovanni Battista Crosato, vers 1752-1758, Villa Marcello, Levada (Vénétie).

Alexandre épouse Roxane

En 327 av. J.-C., Alexandre parvient en Sogdiane, au-delà de l'Hindou Kouch (au nord de l'actuel Afghanistan), chez le satrape Oxyartes, qui se soumet immédiatement au chef macédonien.

Oxyartes barbara opulentia convivium, quo regem accipiebat, instruxerat. Id cum multa comitate celebraret, introduci triginta nobiles virgines jussit. Inter quas erat filia ipsius, Roxane nomine, eximia corporis specie et decore habitus in Barbaris raro. Quae, quamquam inter electas processerat, omnium tamen oculos convertit in se, maxime regis[1], minus jam cupiditatibus suis imperantis inter obsequia Fortunae, contra quam non satis cauta mortalitas est[2]. Itaque ille, qui uxorem Darei, qui duas filias virgines, quibus forma praeter Roxanen comparari nulla potuerat, haud alio animo quam parentis[3] aspexerat, tunc in amorem virgunculae, si regia stirpi compararetur, ignobilis[4] ita effusus est, ut diceret ad stabiliendum regnum pertinere[5] Persas et Macedones conubio jungi ; hoc uno modo et pudorem victis et superbiam victoribus detrahi posse : Achillem quoque, a quo genus ipse deduceret, cum captiva coisse ; ne inferri nefas arbitrentur : illam matrimonii jure velle jungi.

Insperato gaudio laetus pater sermonem ejus excipit ; et rex in medio cupiditatis ardore jussit adferri patrio more[6] panem, – hoc erat apud Macedonas sanctissimum coeuntium pignus –, quem divisum gladio uterque libabat[7]. [...]

Hoc modo rex Asiae et Europae introductam[8] inter convivales ludos matrimonio sibi adjunxit, e captiva geniturus qui victoribus imperaret[9]. Pudebat amicos super vinum et epulas socerum ex deditis[10] esse delectum.

QUINTE-CURCE, *Histoire d'Alexandre*, VIII, 4, 23-26.

1. **regis (oculos)** ; le terme **rex** désigne Alexandre.
2. Cette relative introduit une parenthèse morale de l'auteur.
3. = **parentis (animo)** ; Alexandre avait épargné et respecté la femme et les filles de Darius.
4. **ignobilis** se rapporte à **virgunculae**, et la subordonnée d'hypothèse **si... compararetur** explique le terme **ignobilis** (qui ne signifie pas ignoble !).
5. **pertinere** : infinitif de l'impersonnel **pertinet** + prop. infinitive = il importe que ; le discours indirect se poursuit jusqu'à **velle jungi**.
6. selon la coutume de son pays (la Macédoine).
7. mot à mot : que (= le pain), une fois coupé en deux par le glaive, chacun des deux (époux) goûtait.
8. **introductam (virginem).**
9. **e captiva... imperaret** : se destinant à obtenir d'une captive le fils qui aurait à commander à des vainqueurs.
10. **ex deditis** : parmi ceux qui s'étaient rendus.

Pour le commentaire

1. Transposez au discours direct depuis **ad stabiliendum** jusqu'à **velle jungi**.
2. Par quels aspects du comportement de leur chef les Macédoniens sont-ils choqués ?
3. Quel effet l'alternance des points de vue (personnages, narrateur) produit-elle ?
4. Quels éléments apparentent ce passage « historique » à une page de roman ?

TEXTE & TRADUCTION

Concours de vieillesse

À quel peuple revient la palme de l'ancienneté ? Les Romains et les Grecs sont hors jeu dans ce concours... Mais pour ses lecteurs romains épris d'exotisme, Justin, auteur d'un abrégé des Histoires philippiques, *expose les arguments exposés par les Égyptiens et les Scythes pour revendiquer leur supériorité dans ce domaine.*

Scytharum gens antiquissima semper habita, quamquam inter Scythas et Aegyptios diu contentio de generis vetustate fuerit, Aegyptiis praedicantibus, initio rerum cum aliae terrae nimio fervore solis arderent, aliae rigerent frigoris immanitate, ita ut non modo primae generare homines, sed ne advenas quidem recipere ac tueri possent, priusquam adversus calorem vel frigus velamenta corporis invenirentur vel locorum vitia quaesitis arte remediis mollirentur, Aegyptum ita temperatam semper fuisse, ut neque hiberna frigora nec aestivi solis ardores incolas ejus premerent, solum ita fecundum, ut alimentorum usum hominum nulla terra feracior fuerit. Jure igitur ibi primum homines natos videri debere, ubi educari facillime possent.

Contra Scythae caeli temperamentum nullum esse vetustatis argumentum putabant. Quippe naturam, cum primum incrementa caloris ac frigoris distinxit, statim ad locorum patientiam animalia quoque generasse ; sed et arborum ac frugum pro regionum condicione apte genera variata. Et quanto Scythis sit caelum asperius quam Aegyptiis, tanto et corpora et ingenia esse duriora.

Justin, *Epitome*, II, 1.

Le peuple des Scythes a toujours été tenu pour le plus ancien, malgré la rivalité avec les Égyptiens qui leur ont longtemps contesté ce titre. En effet les Égyptiens développaient l'argumentation suivante : du fait que dans les premiers temps du monde une grande partie des terres brûlaient sous un soleil trop ardent, ou au contraire étaient soumises à un froid glacial, non seulement elles ne pouvaient être les premières à avoir engendré des hommes, mais de surcroît elles ne pouvaient même pas en accueillir ou en retenir, avant qu'on eût inventé des vêtements pour se protéger contre la chaleur et le froid, et que les inconvénients du climat n'aient été atténués par des inventions techniques ; en revanche l'Égypte avait toujours joui d'une température si clémente que ses habitants ne souffraient ni des rigueurs de l'hiver ni des feux de l'été, et son sol était si fertile que nulle terre n'avait jamais produit avec plus d'abondance tous les aliments nécessaires à l'homme. On avait donc raison de considérer comme le berceau du genre humain le pays où les hommes avaient pu trouver le plus aisément de quoi prospérer.

Les Scythes estimaient au contraire que la clémence du climat n'était pas une preuve d'antiquité. Ils affirmaient en effet que la nature, après avoir réparti diversement les degrés de chaleur et de froid, avait aussitôt engendré des espèces capables de supporter ces différents climats, de la même façon qu'elle avait produit diverses variétés d'arbres et de fruits adaptées aux conditions climatiques des lieux. Et puisque le climat des Scythes était plus rigoureux que celui des Égyptiens, la nature leur avait donné en proportion davantage d'endurance physique et morale.

Pour le commentaire

1. Recherchez des passages où le traducteur s'est éloigné de la syntaxe latine.
2. Faites la part entre les arguments fantaisistes et ceux qui vous semblent fondés.
3. Documentez-vous sur le darwinisme et comparez-le aux théories exposées dans ce texte.
4. Justin, après avoir exposé d'autres arguments des deux peuples, conclut : « Les arguments des Scythes étant meilleurs que ceux des Égyptiens, on a toujours considéré les premiers comme le plus ancien des deux peuples. » Que pensez-vous de cette conclusion ?

1. *La mort d'Alexandre le Grand*

1. **Intuentibus** : désigne les soldats entrés pour voir Alexandre.
2. **illud ultimum** : (locution adverbiale) pour la dernière fois.
3. **funebres ludos** (au sens propre et au sens métaphorique) : les jeux funèbres en son propre honneur, mais aussi les guerres que va provoquer sa disparition.

Intuentibus[1] lacrimae obortae praebuere speciem jam non regem, sed funus ejus, visentis exercitus. Maeror tamen circumstantium lectum eminebat ; quos ut rex aspexit : « Invenietis, inquit, cum excessero, dignum talibus viris regem ? » Incredibile dictu audituque, in eodem habitu corporis, in quem se composuerat, cum admissurus milites esset, durasse, donec a toto exercitu illud ultimum[2] persalutatus est ; dimissoque vulgo, velut omni vitae debito liberatus fatigata membra rejecit. Propiusque adire jussis amicis, – nam et vox deficere jam coeperat, – detractum anulum digito Perdiccae tradidit, adjectis mandatis ut corpus suum ad Hammonem ferri juberent. Quaerentibusque his cui relinqueret regnum, respondit ei qui esset optimus, ceterum providere jam se, ob id certamen, magnos funebres ludos[3] parari sibi. Rursus Perdicca interrogante quando caelestes honores haberi sibi vellet, dixit tum velle, cum ipsi felices essent. Suprema haec vox fuit regis, et paulo post extinguitur.

Quinte-Curce, *Histoire d'Alexandre.*

2. *Autres cieux, autres mœurs*

1. **vero** : d'autre part.
2. **nemini [...] fuit [...] turpitudini** : double datif ▶ ***Mémento 1.***

Dans la préface à ses Vies des grands généraux, *Cornelius Nepos estime que ses biographies permettent aux lecteurs romains de découvrir d'autres coutumes.*

Magnis in laudibus tota fere fuit Graecia victorem Olympiae citari ; in scaenam vero[1] prodire ac populo esse spectaculo nemini in eisdem gentibus fuit turpitudini[2]. Quae omnia apud nos partim infamia, partim humilia atque ab honestate remota ponuntur. Contra ea pleraque nostris moribus sunt decora quae apud illos turpia putantur. Quem enim Romanorum pudet uxorem ducere in convivium ? Aut cujus non mater familias primum locum tenet aedium atque in celebritate versatur ? Quod multo fit aliter in Graecia. Nam neque in convivium adhibetur nisi propinquorum, neque sedet nisi in interiore parte aedium, quae gynaeconitis appellatur ; quo nemo accedit nisi propinqua cognatione conjunctus.

Cornelius Nepos, *Vies des grands généraux.*

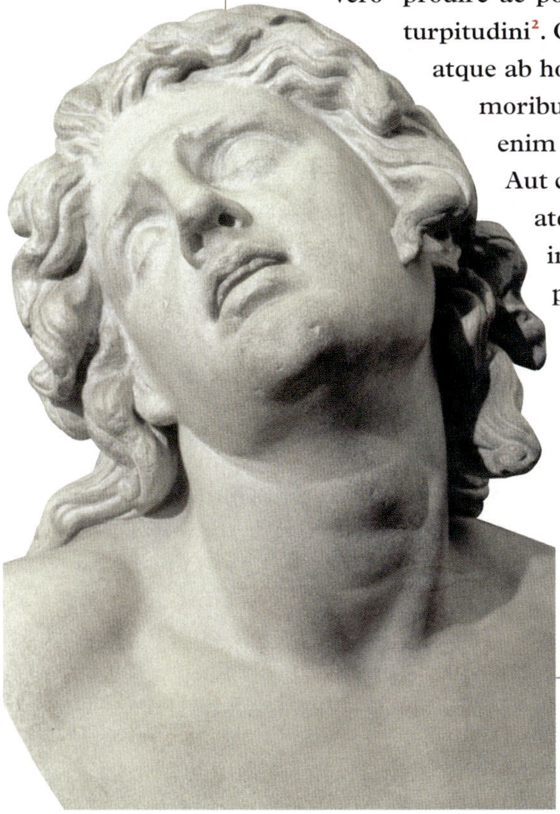

Alexandre le Grand mourant, marbre, IIᵉ s. av. J.-C.

CHAPITRE 11

Deux romans latins

Naissance du roman

CIVILISATION

Même si le Satyricon *est le plus ancien texte littéraire que l'on puisse appeler un « roman », la seule définition antique de ce genre d'écrits date du IVe siècle ap. J.-C. : on la doit à l'écrivain Macrobe, qui évoque « des intrigues pleines de malheurs imaginaires arrivant à des amoureux »...*

D'où vient le roman ?

● Dans le *Satyricon*, le récit en prose est entrecoupé de passages en vers : ce « mélange » a longtemps justifié un rapprochement entre l'œuvre de Pétrone et **un genre typiquement latin**, selon Horace, appelé « **satire** » (*satura*) en référence à une sorte de ragoût mêlant divers ingrédients, du drôle et du sérieux, et l'on y aborde de multiples sujets. Mais le mélange de vers et de prose ne se retrouve pas dans les *Métamorphoses*.

● Le point commun entre les deux ouvrages, c'est que le récit est fait à la **première personne** (comme dans l'épopée, quand le héros fait lui-même le récit de ses aventures passées). Le roman serait donc une **« épopée en prose », assez parodique de l'épopée**, ne serait-ce que par le paysage social : Encolpe ou Lucius ne sont ni des rois, ni des grands de ce monde, ils fréquentent **les plus basses couches de la société** et, loin de connaître un destin glorieux, ils sont **ballottés de catastrophe en catastrophe** ! La prose narrative du roman serait, quant à elle, la descendante de celle des historiens, appliquée aux *res gestae* de personnages qui n'intéressent pas l'Histoire. Et les écoles de rhétorique impériales, où l'on s'exerçait à traiter des causes imaginaires, ont pu servir de « laboratoire de la fiction ».

Des romans noirs ?

● On ne connaît ni le début ni la fin du *Satyricon*, mais on voit bien que le roman repose sur l'**errance des trois personnages principaux**, sans doute en punition d'un sacrilège. Dans les *Métamorphoses*, Lucius subit les graves conséquences de sa curiosité. Frustrés, malmenés, ces « **anti-héros** » doivent **affronter une extrême violence** et rencontrent rarement de l'affection ou même de la compassion... Ils voyagent, mais contre leur gré ; ils éprouvent sentiments et désirs amoureux, mais toujours contrariés.

● Ces aventures procurent l'occasion de « **récits dans le récit** » qui revêtent volontiers un **caractère fantastique**, qu'il s'agisse de l'histoire du loup-garou chez Pétrone ou du conte de Psyché chez Apulée. Ces « nouvelles » à l'intérieur du roman ont-elles pour fonction d'en éclairer le sens ? L'hypothèse d'un **récit initiatique** reste vraisemblable dans le cas des *Métamorphoses*, puisque Lucius reviendra à la « lumière » (impliquée dans son nom) en se convertissant au **culte d'Isis**.

Qui lisait ces romans ?

● Même s'ils traitent de sujets vulgaires, les romans latins sont pleins de **parodies**, de **pastiches**, de **références littéraires**. Or même si beaucoup de gens savent lire à Rome, seule une élite est cultivée. La remarque vaut pour les auteurs des romans (Apulée est un érudit, et l'auteur du *Satyricon* connaît bien ses classiques !) comme pour les « destinataires » de ces romans. C'est ainsi que les propos de table échangés par les affranchis invités à la *cena* de Trimalcion, s'ils sont d'un réalisme décapant et « sonnent vrai », sont le **résultat d'un travail d'écriture remarquable**.

● L'**humour**, enfin, n'est jamais absent des romans latins, qui n'hésitent pas à s'épicer de **grivoiseries** et de **scènes burlesques**. En regard, les romans grecs, contemporains ou plus généralement postérieurs aux romans latins, sont beaucoup plus sophistiqués et préfèrent des intrigues langoureuses, avec des épisodes exotiques et de multiples rebondissements. Aussi bien, les romans grecs seront très lus au XVIIe siècle par les classiques et les Précieuses, les romans latins, plus corsés, inspireront le roman picaresque.

PÉTRONE (Ier s. ap. J.-C.)

Le ***Satyricon*** est traditionnellement attribué à un auteur nommé **Pétrone**, que l'on a longtemps identifié comme ce proche de Néron qui aurait reçu le surnom d' « **arbitre du bon goût** » (*elegantiae arbiter*) de la cour. Selon Tacite, ce brillant viveur, **dandy avant la lettre**, multiplia les scandales et, tombé en disgrâce, se suicida en 65. Il apparaît néanmoins peu vraisemblable que le *Satyricon* ait été écrit à l'époque de Néron : **la critique moderne a mis en évidence bien des indications qui suggèrent une date plus tardive**.

- Le roman raconte les aventures de deux jeunes gens assez délurés, **Encolpe et Ascylte**, et de deux autres personnages, **Giton**, le petit amant d'Ascylte, et **Eumolpe**, un poète. Diverses péripéties les conduisent d'abord dans des auberges un peu louches, puis ils participent à un **festin chez Trimalcion**, au cours duquel les convives dissertent sur la vie ou content des histoires étonnantes, comme celle de la matrone d'Éphèse ; après le banquet, une rivalité amoureuse oppose Encolpe et Ascylte, qui se disputent Giton, puis ils se réconcilient. Pour finir, ils s'embarquent dans le navire d'un certain Lichas, subissent un naufrage, et connaissent diverses aventures amoureuses en Italie du Sud.

Cette œuvre étonnante apparaît comme le **premier roman connu**, et le **prototype du roman picaresque**.

Frontispice du *Satyricon* illustré par G. Rochegrosse, 1902 (Milan, coll. part.).

APULÉE (v. 55 – v. 120 ap. J.-C. - ?)

Apuleius (on ignore son prénom et son *cognomen*) a vécu au IIe siècle. Né à Madaure (aujourd'hui Mdaraouch) en Afrique du Nord, donc sans doute d'origine berbère, il a longuement voyagé en Grèce. Poussé par une grande curiosité, **il s'est fait initier à plusieurs religions orientales**, et s'est intéressé de près à la **magie**. S'étant fixé ensuite à Carthage, il y est devenu un conférencier à la mode.

- Il a écrit plusieurs ouvrages de philosophie, mais il est surtout connu comme l'auteur d'un roman, les ***Métamorphoses*** ou ***L'Âne d'or***, publié vers 180, dans lequel le narrateur, un jeune Grec, Lucius, raconte ses mésaventures. Au cours d'un voyage d'affaires en Thessalie, sa curiosité pour les pratiques magiques l'amène à être **transformé en baudet**... Sous cette apparence ingrate, il va connaître de multiples aventures pleines de violence et de souffrance. Pour reprendre forme humaine, il lui faudra manger des roses, mais c'est *in extremis* qu'il y parviendra, en broutant la couronne d'un prêtre de la déesse **Isis**, dont il deviendra à son tour le célébrant.

texte suivi

Embrouille au marché

TEXTE LATIN

1. À voleur, voleur et demi...

Dans les ruelles d'une petite ville de Campanie, le narrateur Encolpe et son ami Ascylte tentent de faire des affaires au marché noir. Encolpe s'était fait précédemment dérober une vieille tunique, usée, certes, mais fort précieuse, puisque dans ses coutures sont cousues des pièces d'or. Du coup, les deux comparses ont volé un somptueux manteau qu'ils aimeraient bien vendre...

Le jour tombait déjà quand nous arrivâmes au marché. Nous y repérâmes une foule de marchandises, qui avaient en fait bien peu de prix ; cependant l'obscurité du soir jetait un voile très opportun sur leur incertaine valeur. Nous avions nous aussi emporté un manteau volé, voulant profiter de cette occasion inespérée de le vendre, et, nous étant postés à l'angle d'une rue, nous en agitions les manches dans l'espoir que la splendeur du vêtement attirerait quelque acheteur. Et bien vite un paysan, qu'il me semblait avoir déjà vu quelque part, approcha, accompagné d'une petite femme ; il se mit à considérer le manteau, avec beaucoup d'intérêt. À son tour Ascylte se mit à contempler attentivement les épaules du paysan, et soudain, la stupeur lui ôta le souffle et le laissa sans voix. Quant à moi ce ne fut pas sans un certain émoi que j'observai notre homme, car il me semblait bien être maintenant celui qui avait ramassé ma tunique dans un lieu écarté. Pour sûr, c'était lui ! Ascylte, qui n'osait encore en croire ses yeux et craignait d'agir inconsidérément, préféra s'approcher comme s'il voulait acheter, puis tirant un pan qui recouvrait les épaules du paysan, palpa soigneusement le tissu.

O lusum fortunae mirabilem ! Nam adhuc ne suturae quidem attulerat rusticus[1] curiosas manus [...]. Ascyltos, postquam depositum[2] esse inviolatum vidit et personam vendentis contemptam[3], seduxit me paululum a turba et : « Scis, inquit, frater, rediisse ad nos thesaurum de quo querebar ? Illa est tunicula adhuc, ut apparet, intactis aureis plena. Quid ergo facimus, aut quo jure rem nostram vindicamus ? » Exhilaratus ego, non tantum quia praedam videbam, sed etiam quod fortuna me a turpissima suspicione dimiserat[4], negavi circuitu agendum[5] sed plane jure civili dimicandum [...] Contra Ascyltos leges timebat et : « Quis, aiebat, hoc loco nos novit ? aut quis habebit dicentibus fidem[6] ? Mihi plane placet emere, quamvis nostrum sit, quod agnoscimus, et parvo aere recuperare potius thesaurum quam in ambiguam litem descendere :

Quid faciant leges, ubi sola pecunia regnat aut ubi paupertas vincere nulla potest[7] ? »

PÉTRONE, *Satyricon*, 13-16.

1. le paysan (intéressé par le manteau).
2. **depositum** : le trésor, c'est-à-dire les pièces cousues dans la tunique.
3. **contemptam** : méprisable.
4. Le narrateur Encolpe aurait pu être soupçonné par son camarade Ascylte de lui avoir volé sa tunique...
5. **negavi circumitu agendum (esse)** : « j'affirmai qu'il fallait agir sans détour. »
6. **aut... fidem** : « ou bien qui ajoutera foi à nos dires ? »
7. Ascylte cite deux vers d'origine inconnue.

Pièces de monnaie et bourse, détail d'une fresque de la maison de Giulia Felice, Pompéi.

TEXTE LATIN

2. *Comment donc récupérer cette guenille ?*

1. **minoris** : génitif de prix.
2. **majoris compendii** : un plus grand gain (récupérer la tunique).
3. **(se) tenere.**
4. **et ipsi** : nous aussi.
5. **scilicet de more** : à juste titre, il faut bien l'avouer.
6. **pro illa parte** : du côté adverse (celui du paysan et de sa femme) ; **pro hac (parte)** : de notre côté.
7. **advocati... nocturni** : des gens de loi, ou plutôt des bandits nocturnes.

Itaque, ne interim praeda discederet, vel minoris[1] pallium addicere placuit ut pretium majoris compendii[2] leviorem faceret jacturam. Cum primum ergo explicuimus mercem, mulier operto capite, quae cum rustico steterat, inspectis diligentius signis, injecit utramque laciniae manum, magnaque vociferatione latrones tenere[3] clamavit.

Contra nos perturbati, ne videremur nihil agere, et ipsi[4] scissam et sordidam tenere coepimus tunicam atque eadem invidia proclamare nostra esse spolia quae illi possiderent. Sed nullo genere par erat causa, et cociones qui ad clamorem confluxerant nostram scilicet de more[5] ridebant invidiam, quod pro illa parte vindicabant pretiosissimam vestem, pro hac[6] pannuciam ne centonibus quidem bonis dignam. Hinc Ascyltos bene risum discussit, qui silentio facto : « Videmus, inquit, suam cuique rem esse carissimam ; reddant nobis tunicam nostram et pallium suum recipiant. » Etsi rustico mulierique placebat permutatio, advocati tamen jam paene nocturni[7], qui volebant pallium lucri facere, flagitabant uti apud se utraque deponerentur ac postero die judex querelam inspiceret. Désormais l'affaire dépassait le simple objet de la dispute, et nécessitait une enquête, puisque chacune des deux parties était soupçonnée de vol. L'idée d'une mise sous séquestre des vêtements commençait à prévaloir...

En effet ces gens de loi apparaissent de plus en plus comme des faquins qui cherchent à s'approprier le manteau. Finalement le paysan, craignant de risquer un procès pour une guenille, jette la tunique à la figure d'Ascylte, tout en réclamant que le manteau soit mis en dépôt.

Recuperato – ut putabamus – thesauro, in deversorium praecipites abimus, praeclusisque foribus ridere acumen non minus cocionum quam calumniantium coepimus, quod nobis ingenti calliditate pecuniam reddidissent...

PÉTRONE, *Satyricon*, 13-16.

Marchands de drap, bas-relief provenant de Trèves (Rome, Musée de la Civilisation romaine).

Pour le commentaire

Texte 1

1. Étudiez tout ce qui confère du réalisme à cette scène de roman, même si elle repose sur une bien improbable intrigue.
2. Les arguments d'Ascylte sont-ils convaincants ? Quelle « critique sociale » émet-il, citation à l'appui ?

Texte 2

3. Justifiez les emplois du subjonctif.
4. Comment l'auteur entretient-il un certain suspense et rend-il plaisante la chute de son récit ?

TEXTE LATIN

Le loup-garou

Un tombeau au bord de la via Appia.

Au cours d'un festin chez le parvenu Trimalcion, les invités prennent successivement la parole entre les plats pour divertir leur hôte ; l'un d'eux, un affranchi nommé Nicéros, raconte une bien curieuse histoire. Encore esclave, il était tombé amoureux d'une certaine Mélissa, dont le mari venait de mourir. Profitant d'une absence de son maître Gaïus, il décide d'aller la rejoindre, en priant un soldat de passage de l'accompagner un bout de chemin.

« **Erat autem miles, fortis tamquam Orcus. Apoculamus nos circa gallicinia ; luna lucebat tamquam meridie. Venimus inter monimenta[1] : homo meus coepit ad stelas facere[2] ; sedeo ego cantabundus et stelas numero. Deinde ut respexi ad comitem, ille exuit se et omnia vestimenta secundum viam posuit. Mihi anima in naso esse[3] ; stabam tamquam mortuus. At ille circumminxit vestimenta sua, et subito lupus factus est. Nolite me jocari putare ; ut mentiar nullius patrimonium tanti facio[4]. Sed, quod coeperam dicere, postquam lupus factus est, ululare coepit et in silvas fugit. Ego primitus nesciebam ubi essem ; deinde accessi ut vestimenta ejus tollerem : illa autem lapidea facta sunt. Qui mori timore nisi ego ? Gladium tamen strinxi et in tota via umbras cecidi, donec ad villam amicae meae pervenirem. In larvam[5] intravi, paene animam ebullivi, sudor mihi per bifurcum volabat, oculi mortui ; vix unquam refectus sum. Melissa mea mirari coepit, quod tam sero ambularem, et : « Si ante, inquit, venisses, saltem nobis adjutasses : lupus enim villam intravit et omnia pecora, tamquam lanius, sanguinem illis misit. Nec tamen derisit, etiamsi fugit : servus enim noster lancea collum ejus trajecit. » Haec ut audivi, operire oculos amplius non potui, sed luce clara Gaii nostri domum fugi, tamquam caupo compilatus ; et postquam veni in illum locum, in quo lapidea vestimenta erant facta, nihil inveni nisi sanguinem. Ut vero domum veni, jacebat miles meus in lecto tamquam bovis, et collum illius medicus curabat. Intellexi illum versipellem esse, nec postea cum illo panem gustare potui, non si me occidisses !** On croira ce qu'on voudra, mais que tous vos Génies se déchaînent contre moi si je mens ! »

Tout le monde était stupéfait par son récit ; « Moi je la crois, ton histoire, s'écria Trimalcion, et, soyez en sûrs, tous les poils de mon corps se sont dressés d'effroi, parce que je sais que Nicéros ne raconte jamais de sornettes ; c'est un type sérieux, pas un bonimenteur ! »

PÉTRONE, *Satyricon*, 62.

1. les tombeaux (qui bordaient la route).
2. faire ses besoins.
3. = « j'en eus le souffle coupé ».
4. « je ne mentirais pour rien au monde. »
5. **in larvam (conversus)** : tel un fantôme.

Pour le commentaire

1. Recherchez les expressions familières, ainsi que les hyperboles exprimant les sentiments du narrateur.
2. Quels sont les procédés stylistiques qui évoquent un récit oral ?
3. Quels éléments de ce récit l'apparentent au genre fantastique ?
4. Connaissez-vous d'autres exemples de métamorphoses humaines « réversibles » dans la littérature ?

Vue de la Via Appia

Toutes les voies romaines avaient Rome pour point de départ ; elles rayonnaient vers toutes les régions de l'Italie, puis à travers tout l'Empire. La Via Appia est la plus ancienne de ces grandes routes : tracée en 312 av. J.-C. par Appius Claudius, qui lui donna son nom, cette route menait de Rome à Capoue, en Campanie. Elle fut ensuite prolongée jusqu'à Brindisi, atteignant une longueur totale de 495 km.

Observation

1 Construite pour durer

Il y a encore quelques dizaines d'années, des véhicules modernes circulaient sur la Via Appia, aux portes de Rome... Le tracé de la route antique est inclus, désormais, dans un parc protégé.

Les dalles de basalte sont encore bien visibles aujourd'hui ; elles reposent sur plusieurs couches de graviers et de béton, formant une *via strata* (« chaussée dallée »).

Quels noms anglais, italiens et allemands descendent de cette expression latine ?

2 Un cimetière routier

Selon la tradition, les Romains ensevelissaient leurs morts à l'extérieur de l'enceinte de la cité (pour Rome, le *pomoerium*). Les tombeaux furent donc disposés le long des routes, dans la banlieue des villes.

Les inscriptions des stèles étaient tournées vers la chaussée, et elles demandaient au passant (*viator*) d'accorder une pensée bienveillante aux défunts...

Les *gentes* puissantes élevaient de vrais mausolées ; les tombeaux ordinaires avaient l'allure d'une maisonnette, souvent décorée de marbre.

Identifiez, sur cette vue de la Via Appia, des éléments architecturaux appartenant à ces tombeaux.

texte suivi

La Matrone d'Éphèse

Encolpe et Giton, accompagnés d'un poète, Eumolpe, se retrouvent en mer à bord d'un bateau appartenant à un certain Lichas. Pour divertir les passagers, Eumolpe entreprend l'histoire de la Matrone d'Éphèse. La Fontaine, qui, en plus de ses fables, a écrit de nombreux contes, s'est attelé à une réécriture de cette histoire, dans le goût de son temps. Nous vous proposons une lecture tantôt parallèle tantôt alternée des deux textes latin et français.

TEXTE LATIN

1. *Une veuve éplorée*

Matrona quaedam Ephesi tam notae erat pudicitiae ut vicinarum quoque gentium feminas ad spectaculum sui evocaret. Haec ergo cum virum extulisset, non contenta vulgari more funus passis prosequi crinibus aut nudatum pectus in conspectu frequentiae plangere, in conditorium etiam prosecuta est defunctum, positumque in hypogaeo[1], Graeco more, corpus custodire ac flere totis noctibus diebusque coepit.

Personne ne parvient à convaincre la veuve de sortir du tombeau, et voilà déjà quatre jours qu'elle s'y laisse mourir de faim, accompagnée d'une servante. À proximité cinq brigands ont été mis en croix et un soldat monte la garde avec mission d'empêcher que les parents viennent récupérer leurs corps. Intrigué par la lumière et les gémissements qui proviennent du tombeau, il s'en approche…

Descendit igitur in conditorium, visaque pulcherrima muliere, primo quasi quodam monstro infernisque imaginibus turbatus substitit ; deinde, ut et corpus jacentis conspexit et lacrimas consideravit faciemque unguibus sectam, ratus (scilicet id quod erat) desiderium extincti non posse feminam pati, attulit in monumentum cenulam suam, coepitque hortari lugentem[2] ne perseveraret in dolore supervacuo, ac nihil profuturo gemitu pectus diduceret[3] : omnium eumdem esse exitum et idem domicilium ; et cetera[4] quibus exulceratae mentes ad sanitatem revocantur.

At illa, ignota consolatione percussa, laceravit vehementius pectus, ruptosque crines super corpus jacentis imposuit. Non recessit tamen miles, sed eadem exhortatione temptavit dare mulierculae cibum, donec ancilla, vini odore corrupta, primum ipsa porrexit ad humanitatem invitantis victam manum ; deinde, refecta potione et cibo, expugnare dominae pertinaciam coepit et : « Quid proderit, inquit, hoc tibi, si soluta inedia fueris, si te vivam sepelieris, si antequam fata poscant indemnatum spiritum effuderis ?

Id cinerem aut manes credis sentire sepultos[5] ?

Vis[6] tu reviviscere ! Vis, discusso muliebri errore, quam diu licuerit, lucis commodis frui ! Ipsum te jacentis corpus admonere debet ut vivas. »

PÉTRONE, *Satyricon*, 111-113.

1. Un hypogée, comme l'indique l'étymologie, est un vaste tombeau souterrain.
2. **lugentem (feminam).**
3. **ac… diduceret** : et de ne pas se déchirer le cœur en des gémissements qui ne lui serviraient à rien.
4. **et cetera (dicebat).**
5. La servante cite un vers de Virgile (*Énéide*, IV, 34) qui signifie : « Crois-tu que s'en soucient sous la tombe les cendres et les mânes des disparus ? »
6. **Vis** = Veux-tu bien, c'est-à-dire : « Ne veux-tu pas ? ».

Détail du Sacrifice d'Iphigénie, fresque de la maison du poète tragique, Pompéi, Ier s. ap. J.-C. (Naples, Musée archéologique).

Voici comment La Fontaine revisite ce passage du texte de Pétrone.

Jean de La Fontaine (1621-1695)

Encor que le soldat fut mauvais orateur
Il leur fit concevoir ce que c'est que la vie.
La dame cette fois eut de l'attention ;
  Et déjà l'autre passion
  Se trouvait un peu ralentie.
Le temps avait agi. Si la foi du serment,
Poursuivit le soldat, vous défend l'aliment,
  Voyez-moi manger seulement,
Vous n'en mourrez pas moins. Un tel tempérament
  Ne déplut pas aux deux femelles :
  Conclusion qu'il obtint d'elles
Une permission d'apporter son soupé ;
Ce qu'il fit ; et l'esclave eut le cœur fort tenté
De renoncer dès lors à la cruelle envie
  De tenir au mort compagnie.
Madame, ce dit-elle, un penser m'est venu :
Qu'importe à votre époux que vous cessiez de vivre ?
Croyez-vous que lui-même il fût homme à vous suivre
Si par votre trépas vous l'aviez prévenu[1] ?
Non, Madame, il voudrait achever sa carrière.
La nôtre sera longue encor si nous voulons.
Se faut-il à vingt ans enfermer dans la bière ?
Nous aurons tout loisir d'habiter ces maisons.
On ne meurt que trop tôt ; qui nous presse ? Attendons ;
Quant à moi je voudrais ne mourir que ridée.
Voulez-vous emporter vos appas chez les morts ?
Que vous servira-t-il d'en être regardée ?
  Tantôt en voyant les trésors
Dont le Ciel prit plaisir d'orner votre visage,
  Je disais : hélas ! c'est dommage,
Nous-mêmes nous allons enterrer tout cela.
À ce discours flatteur la dame s'éveilla...

Jean de La Fontaine, *Contes et Nouvelles* (1665).

1. **prévenu** : devancé.

Pour le commentaire

De Pétrone à La Fontaine

1. Chez Pétrone, sur quel ton (*cf.* **spectaculum, more**...) le narrateur évoque-t-il la manière dont la matrone prend le deuil ?
2. Quels types de discours rapportés pouvez-vous identifier dans ce récit ? Justifiez ces choix.
3. Quel effet produit le contraste entre la douleur de la veuve et le comportement des deux autres personnages ?
4. Les arguments du soldat et de la servante sont-ils sans fondements ? Quelle philosophie évoquent-ils ?
5. La réécriture de la Fontaine vous semble-t-elle conserver le même registre que celui du modèle ?

TEXTE LATIN

2. *La veuve oublie son deuil...*

1. Parenthèse coquine du conteur : « Mais vous savez bien quelle autre tentation s'empare d'un être rassasié. »
2. Encore un vers de Virgile (*Énéide*, IV, 38) cité par la servante : « Combattras-tu encore un amour qui te plaît ? »
3. Première personne à valeur générale : « pourquoi tarder davantage ? »
4. Le démonstratif **hanc** est utilisé de manière allusive, et donc grivoise : « cette partie de son corps... »
5. **una** : adverbe.
6. **secreto (amoris).**
7. **quicquid... coemebat** : « achetait toutes les bonnes choses que ses ressources lui permettaient. »

Nemo invitus audit cum cogitur aut cibum sumere aut vivere. Itaque mulier aliquot dierum abstinentia sicca passa est frangi pertinaciam suam, nec minus avide replevit se cibo quam ancilla, quae prior victa est. Ceterum scitis quid plerumque soleat temptare humanam satietatem[1]. Quibus blanditiis impetraverat miles ut matrona vellet vivere, iisdem etiam pudicitiam ejus aggressus est. Nec deformis aut infacundus juvenis castae videbatur, conciliante gratiam ancilla, ac subinde dicente :

« Placitone etiam pugnabis amori[2] ? »

Quid diutius moror[3] ? Ne hanc quidem partem corporis[4] mulier abstinuit, victorque miles utrumque persuasit. Jacuerunt ergo una[5] non tantum illa nocte, qua nuptias fecerunt, sed postero etiam ac tertio die, praeclusis videlicet conditorii foribus, ut quisquis ex notis ignotisque ad monumentum venisset, putasset expirasse super corpus viri pudicissimam uxorem.

Ceterum, delectatus miles et forma mulieris et secreto[6], quicquid boni per facultates poterat coemebat[7], et, prima statim nocte, in monumentum ferebat.

PÉTRONE, *Satyricon*, 111-113.

Mausolée d'Anna Regilla, sur la via Appia.

Laissons La Fontaine nous dévoiler la suite.

Il fait tant qu'elle mange,
Il fait tant que de plaire, et se rend en effet
Plus digne d'être aimé que le mort le mieux fait.
Il fait tant enfin qu'elle change ;
Et toujours par degrés, comme l'on peut penser :
De l'un à l'autre il fait cette femme passer ;
Je ne le trouve pas étrange.
Elle écoute un Amant, elle en fait un Mari ;
Le tout au nez du mort qu'elle avait tant chéri.
Pendant cet hyménée un voleur se hasarde
D'enlever le dépôt[1] commis aux soins du garde.
Il en entend le bruit ; il y court à grands pas ;
Mais en vain, la chose était faite.
Il revient au tombeau conter son embarras,
Ne sachant où trouver retraite.

JEAN DE LA FONTAINE, *Contes et Nouvelles* (1665).

1. **le dépôt** : le corps de l'un des suppliciés confiés à la garde du soldat.

TEXTE LATIN

3. *Habile escamotage*

1. **supremo officio mandaverunt** : lui rendirent les derniers honneurs.
2. **At miles... desidet** : Mais, tandis qu'affecté à cette garde notre soldat manquait à son devoir...
3. **perituro (sibi)** : pour y mourir.
4. **faceret (comme commodaret)** : subjonctif d'ordre dans le discours indirect ▶ *Mémento* 29.
5. **Secundum** : préposition.
6. **imperator** : le gouverneur de la province ; **debuit = debuisset.**

Itaque unius cruciarii parentes, ut viderunt laxatam custodiam, detraxere nocte pendentem supremoque mandaverunt officio[1]. At miles circumscriptus dum desidet[2], ut postero die vidit unam sine cadavere crucem, veritus supplicium, mulieri quid accidisset exponit : « Nec se expectaturum judicis sententiam, sed gladio jus dicturum ignaviae suae. Commodaret ergo illa perituro[3] locum, et fatale conditorium familiari ac viro faceret[4]. » Mulier non minus misericors quam pudica : « Ne istud, inquit, dii sinant ut eodem tempore duorum mihi carissimorum hominum duo funera spectem. Malo mortuum impendere quam vivum occidere. » Secundum hanc orationem[5] jubet ex arca corpus mariti sui tolli atque illi, quae vacabat, cruci affigi. Usus est miles ingenio prudentissimae feminae, posteroque die populus miratus est qua ratione mortuus isset in crucem. »

Illustration de P. P. Choffard (1776) pour le conte de La Fontaine.

Ainsi finit le conte et voici la réaction des auditeurs :

Risu excepere fabulam nautae [...] At non Lichas risit, sed iratum commovens caput : « Si justus, inquit, imperator[6] fuisset, debuit patris familiae corpus in monumentum referre, mulierem affigere cruci ! »

PÉTRONE, *Satyricon*, 111-113.

Pour le commentaire

Texte 2

1 Quelle touche supplémentaire les litotes **nec minus avide**... et **nec deformis**... apportent-elles ?

2 La servante cite, comme dans le texte 1 (p. 184), les conseils d'Anna à sa sœur Didon, qui, récemment veuve, est tombée éperdument amoureuse du héros Énée : cette référence au poème épique vous paraît-elle sérieuse ?

3 Comparez le modèle latin et le conte de La Fontaine (p. 186). Quels éléments se trouvent modifiés dans le texte du fabuliste français ? Quels aspects vous semblent mieux réussis dans l'un et l'autre texte ?

Texte 3

4 La réaction de Lichas contredit la conclusion du conte qui vantait l'intelligence de la veuve amoureuse. Quelle troisième conclusion la moralité de La Fontaine propose-t-elle à cette curieuse histoire ?

La Fontaine, quant à lui, tire de cette histoire la morale suivante.

N'en déplaise au bon Pétrone,
Ce n'était pas un fait tellement merveilleux
Qu'il en dût proposer l'exemple à nos neveux.
Cette veuve n'eut tort qu'au bruit qu'on lui vit faire ;
Qu'au dessein de mourir, mal conçu, mal formé ;
    Car de mettre au patibulaire[1],
    Le corps d'un mari tant aimé,
Ce n'était pas peut-être une si grande affaire.
Cela lui sauvait l'autre ; et tout considéré,
Mieux vaut goujat debout qu'Empereur enterré.

JEAN DE LA FONTAINE, *Contes et nouvelles* (1665).

1. **patibulaire** : gibet, potence.

TEXTE TRADUIT

L'ascension d'un self made man

Sur la prière de ses amis, Trimalcion, à la fin du banquet, se lance dans l'histoire de sa vie…

1. **Fortunata** : l'épouse de Trimalcion.

« Quand je suis venu d'Asie, je n'étais pas plus grand que ce candélabre. Bref, chaque jour je me passais à la toise, et pour avoir plus vite du poil au bec, je me frictionnais les lèvres avec l'huile de la lampe. Pourtant, quatorze ans durant, j'ai servi de chérubin à mon maître ; il n'y a pas de honte à faire ce que commande le maître ! Faut dire qu'en même temps je contentais aussi la patronne – vous voyez ce que je veux dire ; je n'en dis pas plus, la vantardise n'est pas mon genre.

Avec la volonté des dieux, je devins le maître dans la maison, et voilà que le patron s'est entiché de moi. Bref, il m'a fait cohéritier de l'empereur, et j'ai reçu un patrimoine quasi sénatorial. Personne n'en a jamais assez : j'ai voulu me lancer dans le commerce. Je ne veux pas vous assommer longtemps : j'ai fait faire cinq navires, je les ai chargés de vin – et à cette époque, il valait de l'or ! – je les ai envoyés à Rome. On aurait dit un fait exprès : tous mes navires coulèrent. C'est la vérité vraie, pas de la blague ! En un jour, Neptune m'a englouti trente millions de sesterces. Vous croyez que j'ai baissé les bras ? Crénom, cette perte ne m'a pas fait plaisir, mais je fis comme si rien ne s'était passé. Je refis construire des navires, plus grands, mieux faits et aussi plus chanceux, pour que personne n'aille dire que je n'étais pas courageux. Tu sais, un grand navire, ça a une grande résistance. À nouveau, je les ai chargés de vin, de lard, de fèves, de parfums, d'esclaves. Pour le coup, Fortunata[1] a eu le noble geste : tous ses bijoux en or, tous ses habits, elle les a vendus, et elle m'a mis dans la main cent deniers d'or. Ce fut le levain de ma fortune. Ce que veulent les dieux, ça se fait vite ! en un voyage, je m'arrondis dix millions de sesterces. Aussitôt, je rachetai tous les domaines qui avaient appartenu à mon patron. Je me fais bâtir une maison, j'achète des parts dans des marchés d'esclaves, j'achète des bestiaux : tout ce que je touchais, ça poussait comme un rayon de miel ; quand j'ai commencé à avoir plus de richesses que ma patrie tout entière, passons la main ! Je me suis retiré du grand commerce et je me suis mis à prêter de l'argent aux affranchis. Et c'est contre mon gré que j'ai été poussé à continuer mon commerce par un astrologue, qui était venu par hasard dans cette colonie, une espèce de Grec nommé Sérapa […] ; il m'a dit : « Avec toute ta fortune, tu t'es fabriqué ton tyran. Tu n'es guère heureux en amis. Personne ne te paye de reconnaissance. Tu possèdes de vastes domaines. Tu nourris une vipère en ton sein. » Et – après tout, pourquoi ne pas vous le dire ? – il m'a prédit qu'il me reste à ce jour trente ans, quatre mois et dix jours à vivre… Et même que je ne tarderai pas à toucher un héritage, tout ça c'est dans mon horoscope… »

PÉTRONE, *Satyricon*, 75.

Pour le commentaire

1 Dans le parcours de Trimalcion, quelles sont les parts respectives de la volonté, de l'intelligence, du hasard, de la chance, des relations ?

2 Qu'est-ce qui fait l'humour et le pittoresque de ce récit ?

3 En quoi cette vie est-elle romanesque ?

Affaires d'argent

À Rome, les classes sociales sont déterminées par la fortune, laquelle ne consiste pas seulement en argent. Mais l'argent prend une place croissante et il faut le faire fructifier.

Systèmes monétaires

● Les premières **monnaies en argent** datent de la fin du IIIe **siècle av. J.-C.** :
- le sesterce (*sestertius*) vaut d'abord 2 as et demi (d'où son symbole HS, H pour II et S pour demi), puis 4 as.
- le denier (*denarius*) vaut 10 as puis 16 as au IIe siècle.

● La **monnaie d'or** apparaît sous **César**. On a alors le système suivant :
- le sesterce en bronze (= 4 as) ;
- le denier en argent (= 4 sesterces) ;
- l'*aureus* en or (= 25 deniers).

● Sous l'**Empire** réapparaissent les **as en bronze**. Le sesterce est désormais remplacé par le ***nummus***, pièce en alliage.

Finances publiques

● L'État doit faire face à certaines dépenses (frais du culte, dépenses militaires, travaux publics, indemnités versées à certains magistrats, ravitaillement) pour lesquelles il doit collecter des fonds, qui alimentent le **Trésor public** (*aerarium populi*) situé dans le **temple de Saturne**. Les **questeurs** en assurent la gestion.

● L'impôt n'existe que de façon exceptionnelle. Les citoyens paient parfois un **tribut** (*tributum*) lorsqu'une campagne militaire nécessite l'attribution d'une solde aux soldats. En revanche, les non-citoyens paient une **dîme** (*decima pars* : 10 %) sur leurs biens, et il existe certaines **taxes spéciales** – taxe sur les affranchissements (5 % de la valeur de l'esclave), sur le célibat (*aes uxorium*) ou même sur les urinoirs, impôt inventé par Vespasien qui, pour le justifier, prononça la formule célèbre : *Non olet* (L'argent n'a pas d'odeur).

● L'argent provient aussi de la location des terres de l'État (*ager publicus*) ou des domaines publics, des droits de douane, des taxes portuaires ou des revenus des provinces (commerce du blé, mines). Les butins de guerre (*praeda*) ou les confiscations de biens viennent enrichir les finances publiques.

Le collecteur d'impôts, détail d'un relief de stèle funéraire, IIe-IIIe s. ap. J.-C. (Trèves, Rheinisches Landesmuseum).

Opérations fructueuses

● La collecte des taxes est assurée par les **publicains** (les *publicani*, appartenant souvent à l'ordre équestre), qui sont réunis en sociétés par actions. Ils disposent d'une **puissance financière considérable**, car ils avancent les fonds à l'État, et se remboursent en majorant l'impôt qu'ils perçoivent. Chargés d'attribuer les marchés publics, ils empochent au passage de gros bénéfices. Sous l'Empire, ils seront remplacés par des administrateurs professionnels.

● Les **banquiers** (*argentarii*), rigoureusement contrôlés par l'État, sont des particuliers. Installés dans des boutiques, sur le forum, ils prêtent de l'argent à intérêt et le taux peut varier de 6 % à 48 % si le risque encouru est très important. Ils reçoivent des dépôts de fonds, changent les devises, tirent des lettres de change et investissent les capitaux qu'ils gèrent dans les **domaines agricoles** (les *latifundia*) ou dans le **commerce maritime**. Le grand négoce et la banque voient naître, **notamment chez les affranchis**, des **fortunes colossales**.

texte *suivi*

Les aventures de Lucius

TEXTE TRADUIT

I. « *Diabolus in coquina* »

En voyage d'affaires en Thessalie, Lucius, le héros des Métamorphoses, *est descendu, selon la coutume antique, chez un hôte de sa famille, nommé Milon. Ce dernier possède une ravissante petite esclave, Photis, qui intéresse beaucoup le jeune homme...*

Jeune femme faisant une offrande, fresque d'Herculanum (Naples, Musée archéologique).

Je ne trouvai à la maison ni Milon ni son épouse, mais seulement ma chère Photis. Elle était occupée à préparer pour ses maîtres un plat de chair à saucisse avec un ragoût et un pâté de viande que sa seule odeur laissait deviner savoureux. Elle-même était fort joliment vêtue d'une tunique de lin et d'un soutien-gorge rouge vif. De ses mains mignonnes elle faisait tourner la sauteuse, et accompagnait ce mouvement circulaire de rapides secousses, tandis que le léger balancement de ses reins faisait gracieusement onduler son échine. À cette vue, je restai cloué sur place de surprise et de saisissement. Enfin je lui dis : « Aimable Photis, avec quel joli mouvement de la croupe tu fais tourner cette casserole ! Quel délicieux ragoût tu prépares ! Heureux, oh oui, bienheureux et véritablement comblé, celui à qui tu permettras d'y tremper le doigt ! » Alors, charmante et mutine : « Sauve-toi, petit malheureux, me dit-elle, sauve-toi bien loin de mon fourneau ! Car si la plus petite de ses flammes t'effleure, elle te brûlera jusqu'aux moelles, et personne ne pourra éteindre ce brasier, sauf moi, qui connais les bonnes recettes ! » À ces mots, elle tourna la tête et me regarda en riant.

Moi, cependant, avant de la quitter, je ne cessais de passer en revue tous les détails de sa personne. Mais à quoi bon parler du reste, quand les cheveux furent toujours mon unique intérêt ? Dans la rue, c'est toujours ce que je regarde en premier, et c'est ce dont je m'enchante encore une fois rentré au logis [...]. Que, par un sacrilège dont la seule pensée est un crime, on dépouille de sa chevelure la plus belle femme du monde, elle aurait beau être tombée du ciel ou née de la mer, elle aurait beau être Vénus en personne s'avançant entourée de tout le chœur des Grâces, escortée de toute la troupe des Amours et baignée de parfums embaumants, si elle était chauve, elle ne pourrait même pas plaire à son époux Vulcain ! Telle est l'éminente dignité de la chevelure, qu'une femme peut toujours se présenter toute parée d'or, de bijoux et d'étoffes de prix, si elle est seulement mal coiffée, elle ne passera jamais pour une femme élégante. Quant à ma chère Photis, sa toilette était toute simple, mais sa chevelure opulente, souplement rejetée en arrière, tombait sur sa nuque et se répandait sur son cou jusqu'à la bordure de sa tunique.

Je ne pus endurer plus longtemps le supplice d'une aussi exquise volupté et, me penchant sur elle, j'appliquai sur sa nuque, à la naissance des cheveux, un baiser aussi doux que le miel. Elle alors, se tournant vers moi, me dit avec un clin d'œil et un regard en coin : « Dis donc, jeune écolier, tu goûtes à des hors-d'œuvre à la fois doux et amers. Méfie-toi : la douceur de ce miel pourrait bien devenir amère comme le fiel ! »

APULÉE, *Métamorphoses*, II, 8-10.

Pour le commentaire

1. Explicitez l'ambiguïté des propos des deux jeunes gens.
2. En quoi cet éloge de la chevelure est-il à la fois lyrique, érotique et parodique ?

TEXTE LATIN

2. *Une situation bien cruelle*

Une nuit, rentrant un peu tard d'un dîner où il a beaucoup bu, Lucius a maille à partir avec trois malfaiteurs, qu'il tue l'un après l'autre avec son épée. Mais cette action d'éclat lui vaut d'être accusé de meurtre, et il passe en jugement, le procès se déroulant dans le théâtre de la ville. Sûr de son bon droit, Lucius vient d'expliquer qu'il a agi en état de légitime défense et que de surcroît les brigands qu'il a tués s'apprêtaient à massacrer toute la famille de Milon.

Haec profatus, rursum lacrimis obortis porrectisque in preces manibus, per publicam misericordiam, per pignorum caritatem[1], maestus tunc hos tunc illos deprecabar. Cumque jam humanitate commotos et misericordia fletuum adfectos omnes satis crederem, Solis et Justitiae testatus oculos, casumque praesentem meum commendans deum[2] providentiae, paulo altius aspectu relato, conspicio prorsum totum populum – risu cachinnabili diffluebant – nec secus illum bonum hospitem parentemque, meum Milonem risu maximo dissolutum. At tunc sic tacitus mecum : « En fides, inquam, en conscientia ! Ego quidem pro[3] hospitis salute et homicida sum et reus capitis[4] inducor, at ille[5], non contentus quod mihi nec adsistendi solacium perhibuit[6], insuper exitium meum cachinnat ! »

C'est alors qu'accourt au milieu du théâtre une femme tout en pleurs, vêtue de noir et tenant un enfant sur son sein ; puis une autre vieille la suit, toute en haillons, versant elle aussi des larmes en abondance. Toutes deux, agitant des branches d'olivier[7], se tiennent de part et d'autre du lit où gisaient sous un linceul les trois cadavres, puis elles se mettent à pousser des hurlements lugubres et plaintifs : « Au nom de la pitié publique, s'écriaient-elles, au nom des droits sacrés de l'humanité, prenez en pitié ces malheureux jeunes gens si indignement massacrés, et donnez à une veuve et à une mère esseulées la consolation de la vengeance. Secourez au moins ce petit orphelin voué dès sa prime enfance à l'infortune, et offrez le sang de ce monstre sur l'autel de vos lois et de l'ordre public ! »

Post haec magistratus qui natu major erat adsurgit et ad populum talia : « De scelere quidem, quod serio vindicandum est, nec ipse qui commisit potest diffiteri ; sed una tantum subsiciva sollicitudo nobis relicta est : ut[8] ceteros socios tanti facinoris requiramus. Nec enim veri simile est hominem solitarium tres tam validos evitasse juvenes. Prohinc tormentis veritas eruenda. »

Apulée, *Métamorphoses*, III, 7-8.

1. **pignorum caritatem** : ici, témoignages d'affection privée (en opposition à **publicam misericordiam**).
2. = **deorum.**
3. **pro** : en récompense de.
4. **reus capitis** : menacé de la peine capitale.
5. **ille** : son parent Milon.
6. **non contentus... perhibuit** : non content de m'avoir privé de la consolation de son assistance.
7. Selon la coutume, les suppliants agitaient des rameaux d'olivier.
8. **ut** : à savoir que (développe **una sollicitudo**).

Pour le commentaire

1. **paulo altius aspectu relato** (1er paragraphe) : pourquoi Lucius doit-il porter son regard plus haut ? Dans quel lieu sommes-nous ?
2. Comment l'engrenage des différentes scènes renforce-t-il le sentiment de l'injustice et de l'erreur judiciaire ? L'accusation présente-t-elle des preuves à charge contre Lucius ? Quelle est la position du lecteur par rapport au personnage ?
3. Observez l'alternance entre narration et discours rapportés : quels effets produit-elle ?
4. Par quels procédés Apulée rend-il sensible l'étonnement du narrateur Lucius ?

TEXTE LATIN

3. *Vous trouvez ça drôle ?*

Mais au moment où Lucius va être mis à la torture, la mère d'une des victimes demande qu'on enlève le drap qui recouvre les corps, pour qu'en voyant leur jeunesse et leur beauté les juges n'hésitent pas à prononcer la peine capitale...

His dictis applauditur, et illico me magistratus jubent ipsum corpora, quae lectulo fuerant posita, detegere. Reluctantem me lictores jussu magistratuum instantissime compellunt, manum denique ipsam e regione lateris[1] trudentes super ipsa cadavera porrigunt. Evictus tandem necessitate succumbo, et ingratis[2] quidem, abrepto pallio, retexi corpora. Dii boni, quae facies rei[3] ! Quod monstrum ! Quae fortunarum mearum repentina mutatio ! Quamquam enim jam in peculio[4] Proserpinae et Orci familia numeratus, subito obstupefactus haesi, nec possum novae illius imaginis rationem[5] idoneis verbis expedire. Nam cadavera illa jugulatorum hominum erant tres utres inflati variisque secti foraminibus et, ut vespertinum proelium meum recordabar, his locis hiantes quibus latrones illos vulneraveram ! Tunc ille paulisper cohibitus risus libere jam exarsit in plebem : hi gaudii nimietate[6] gracillari[7], illi dolorem ventris manuum compressione sedare. Et certe laetitia delibuti meque respectantes cuncti theatro facessunt. At ego, fixus in lapidem[8] steti gelidus, nihil secus quam[9] una de theatri statuis vel columnis. Nec prius ab inferis emersi quam Milon hospes accessit, et, injecta manu, me, renitentem lacrimisque rursum promicantibus crebra singultientem, clementi violentia secum attraxit.

Apulée, *Métamorphoses*, III, 9-10.

1. **manum... lateris** : ma main qui pendait le long de mon corps.
2. **ingratis** (*adv.*) : contre mon gré.
3. **quae facies rei** : quelle apparition !
4. **peculio** : le trésor.
5. **novae... rationem** : l'inattendu d'un tel spectacle.
6. **nimietas** : excès.
7. **gracillari** : glousser.
8. **in lapidem = sicut lapis.**
9. **nihil secus quam** : comme si j'étais...

Lucius, difficilement remis de ses émotions, va enfin avoir le fin mot de l'histoire : il a été victime d'une mystification, organisée par les habitants de la ville à l'occasion de leur fête la plus importante, qui est celle du dieu Rire. Profitant de son état d'ébriété, ces mauvais plaisants lui ont fait croire qu'il s'était battu contre des brigands, et tout le procès n'a été qu'une mise en scène visant à faire de lui la risée du public.

Les magistrats, au nom de la ville hilare et reconnaissante, lui décernent officiellement le titre de patron de la cité et décident de lui ériger une statue de bronze.

Pour le commentaire

1. Par quels procédés les sentiments successifs du narrateur Lucius sont-ils exprimés ?
2. Distinguez les différents moments de cette scène. Donnez un sous-titre à chacun d'eux. Quel terme du langage dramatique peut-on donner à l'un des rebondissements ?
3. Expliquez l'expression **in peculio Proserpinae et Orci familia**.
4. Les procès se tiennent-ils habituellement dans un théâtre ? Pourquoi est-ce ici le cas ?

TEXTE LATIN

4. *Cruelle déconvenue*

Lucius, réconcilié avec ses hôtes, découvre que l'épouse de Milon est en fait une magicienne, qui a notamment le pouvoir de se transformer en oiseau. Notre héros, qui brûle d'envie de tenter l'expérience sur lui-même, obtient de Photis (devenue sa petite amie) qu'elle dérobe dans la chambre de sa maîtresse l'onguent magique qui lui permet cette métamorphose. Hélas, la jeune femme va se tromper de boîte !

Photis cum trepidatione irrepit cubiculum dominae suae et pyxidem depromit arcula[1]. Quam ego amplexus ac deosculatus, utque mihi prosperis faveret volatibus[2] deprecatus, abjectis propere laciniis totis[3], avide manus immersi et, haurito plusculo uncto[4], corporis mei membra perfricui. Jamque, alternis conatibus libratis brachiis[5], in avem similis gestiebam : nec ullae plumulae, nec usquam pinnulae, sed plane pili mei crassantur in setas et cutis tenella[6] duratur in corium et in extimis[7] palmulis, perdito numero, toti[8] digiti coguntur in singulas ungulas, et de spinae meae termino grandis cauda procedit ! Jam facies enormis et os prolixum et nares hiantes et labiae pendulae ; sic et aures immodicis horripilant auctibus[9]. Ac dum salutis inopia cuncta corporis mei considerans non avem me sed asinum video, querens de facto Photidis sed jam humano gestu simul et voce privatus, quod solum poteram, postrema dejecta labia umidis tamen oculis oblicum respiciens ad illam tacitus expostulabam. Quae, ubi primum me talem aspexit, percussit faciem suam manibus infestis, et : « Occisa sum, misera ! » clamavit, « me trepidatio simul et festinatio fefellit et pyxidum similitudo decepit ! Sed bene, quod facilior reformationis hujus medela suppeditat. Nam rosis tantum demorsicatis exibis asinum statimque in meum Lucium postliminio redibis. » [...] Sic illa maerebat ; ego vero, durissimo casui meo serviens[10], ad equum illum, vectorem meum probissimum, in stabulum concedo.

Apulée, *Métamorphoses*, III, 25-26.

1. **arcula** : coffret.
2. **prosperis volatibus = prospero volatu.**
3. **totis = omnibus.**
4. **plusculo uncto** : une bonne dose d'onguent.
5. **alternis... brachiis** : en bougeant mes bras tendus de haut en bas.
6. **tenella** : tendre, délicate.
7. **extimis = extremis.**
8. **toti = omnes.**
9. **immodicis auctibus = immodico auctu.**
10. **serviens** : me résignant.

Homme nourrissant un âne, mosaïque du Ve s. ap. J.-C. (Istanbul, Palais impérial).

Pour le commentaire

1 Quel mouvement particulier permet d'exprimer, dans le texte, la tournure **in + *Acc.*** ?

2 C'est un épisode dramatique que raconte ici Lucius. Il n'en comporte pas moins des éléments comiques : quels sont-ils ?

3 Le thème de la métamorphose, ici traité de façon parodique, est un « topos » de la mythologie. Quel poète latin a été particulièrement inspiré par ce sujet ?

4 Dans quelles œuvres fantastiques célèbres des XIXe et XXe siècles retrouve-t-on des descriptions de métamorphoses ? Recherchez ces pages et comparez-les avec les textes d'Apulée et d'Ovide.

Magies romaines

La magie dans l'Antiquité n'a guère la connotation positive qu'elle revêt dans le français contemporain, où elle est associée à la prestidigitation ou à l'émerveillement. La magie antique relève plutôt de la sorcellerie, même quand il s'agit de susciter l'amour d'une belle.

Rites occultes

● À Rome, les pratiques magiques sont fort répandues dès l'époque républicaine, avant que n'apparaissent dans la langue, à l'époque de Virgile, les termes grecs *magus, magicus* et *magia*. Si la religion officielle proclame la toute puissance des dieux et fédère la cité par des cérémonies qui s'imposent à tous en se déroulant au grand jour, la magie au contraire prospère **dans le secret de la nuit**, se déroule volontiers **près des tombeaux** à l'extérieur de la ville, et prétend répondre à des s**oucis individuels**, en contournant au besoin la volonté divine.

● Ainsi la magie a-t-elle essentiellement pour but d'entrer en communication avec les **esprits des morts** (*manes*) ou les puissances infernales dont la plus sollicitée est **Hécate**, la déesse de la magie et de la sorcellerie, afin de modifier tel ou tel destin. On a recours de façon clandestine à des magiciens, et de préférence à des magiciennes, qui utilisent un attirail inquiétant – et donc fascinant- de formules, d'objets et de techniques.

Instruments magiques

● Outre diverses amulettes ou figurines représentant tout ou partie de la personne à ensorceler, les Romains utilisaient volontiers les ***tabellae defixionis***, sortes de missives constituées de deux minces lamelles rectangulaires de plomb, enroulées ou pliées et fixées par des clous. Après y avoir gravé, sur les conseils d'une sorcière spécialisée, des **formules de malédiction** destinées à nuire à la personne exécrée, on glissait la tablette **dans une sépulture**. La *defixio* (de *defigere* : ficher, clouer) consiste donc à **percer symboliquement l'image d'une personne** pour l'envoûter.

● Les magiciennes connaissaient en outre de **nombreuses herbes** aux pouvoirs hallucinogènes, euphorisantes ou excitantes, capables de **modifier le psychisme** de leurs clients ou de leurs victimes. Pour les plonger dans un état hypnotique, elles utilisaient également le **rhombe** (*rhombus*), sorte de roue crantée actionnée par deux fils, dont le tournoiement associé au vrombissement envoûtaient les oreilles et les yeux. Des **incantations**, les ***carmina*** (du mot *carmen*, qui a donné le français *charme*) étaient censées aider à la réalisation des mauvais sorts.

Magie et littérature

● Si la pratique de la magie était surtout le fait des couches populaires, très superstitieuses, et autant des hommes que des femmes, elle se répand à l'époque impériale dans toutes les couches de la société : on recourt alors aux envoûtements pour gagner en **politique** ou aux **courses de chevaux**.

● De plus le public lettré se prend d'un **goût durable pour l'extraordinaire** (les *mirabilia*) : il lit avec délices les *Métamorphoses* d'Ovide, Horace et Lucain lui content des histoires de sorcières. Quant aux *Métamorphoses* d'Apulée, écrites sous les Antonins, elles enchantent une époque friande de **mystiques orientales** et de « **fables milésiennes** », histoires fantastiques ainsi appelées parce qu'elles avaient été créées par Aristide de Milet deux siècles plus tôt. Sans doute la magie offrait-elle désormais un **mystère** et une **saveur** que la religion officielle avait peu à peu perdus.

Une magicienne, détail d'une mosaïque de la villa dite de Cicé
IIe s. av. J.-C.

TEXTES TRADUITS

Horribles sorcières

Masque de sorcière, IIIe s. ap. J.-C. (Barcelone, musée archéologique de Catalogne).

1. Erichtho

Dans La Pharsale, *Lucain évoque la magicienne thessalienne Erichtho.*

Pour peu que quelque orage ou de sombres nuées viennent voiler les étoiles, alors la Thessalienne sort des tombeaux vides, et aspire avidement les foudres de la nuit. Ses pas brûlent la semence des fécondes moissons, son souffle corrompt définitivement la pureté de l'air. Elle ne prie point les dieux, elle n'évoque point en un chant suppliant le secours d'une divinité, elle ignore les sacrifices expiatoires. [...] Du cœur même des bûchers, elle ravit les cendres encore fumantes et les os encore brûlants des jeunes défunts, la torche qu'ont tenue les parents, les fragments du lit funèbre, d'où s'élève une sombre fumée ; elle ramasse les vêtements qui tombent en poussière et les cendres encore pleines de l'odeur des membres. Quand c'est la pierre qui garde les corps, elle qui aspire leur humeur intime et pétrifie les cadavres en tirant à elle le suc de leur moelle, alors Erichtho se déchaîne avidement sur chaque membre, elle plonge ses doigts dans les yeux, prend sa joie à en extraire les globes glacés, et ronge la moisissure blanchâtre qui a poussé sur les mains desséchées. Elle coupe de ses dents cordes et nœuds coulants, elle cueille les pendus qui se balancent encore, elle dépouille minutieusement les croix des suppliciés, elle arrache les entrailles battues par la pluie d'orage et les moelles brûlées par le soleil. Elle recueille les clous fichés dans les mains, le noir liquide qui tombe goutte à goutte des membres pourrissants et leur suc coagulé, et quand, dans ses morsures, un tendon accroche ses dents, elle y reste suspendue...

LUCAIN, *Bellum civile (La Pharsale)*, VI, 513 sqq.

2. Canidia et Sagana

Aux Esquilies, agréables jardins aménagés sur l'emplacement d'un ancien cimetière, un Priape taillé dans le tronc d'un figuier a pour charge de surveiller les tombeaux des familles huppées... mais les sorcières le dérangent !

« Pas moyen de me débarrasser des sorcières, ni de les empêcher, dès que la lune vagabonde a montré son beau visage, de ramasser des ossements et des herbes nuisibles.

J'ai vu de mes yeux Canidia, accompagnée de Sagana son aînée, errer, enveloppée dans un manteau noir retroussé, les pieds nus, les cheveux défaits, en poussant des hurlements ; leur pâleur les rendait horribles à voir. Elles se mirent à racler la terre avec leurs ongles, et à déchirer avec leurs dents une agnelle noire ; elles versèrent son sang dans la fosse qu'elles avaient creusée, pour attirer par là les mânes, ces esprits qui leur répondront. Il y avait aussi une figurine de laine, et une autre encore, en cire celle-là ; la plus grande était celle de laine, qui devait infliger un châtiment à la plus petite : la figurine de cire était dans l'attitude d'un suppliant, comme quelqu'un qui va bientôt mourir d'un châtiment semblable à celui des esclaves. L'une des deux sorcières invoque Hécate, l'autre, la cruelle Tisiphone ; on aurait cru voir errer les serpents et les chiens infernaux, et la lune rougissante, pour ne point être témoin de ces horreurs, se cacher derrière les grands tombeaux... »

HORACE, *Satires*, I, 8, 20 sqq.

texte suivi

Le conte de Psyché

Lucius sert de bête de somme à des brigands. Un jour, il voit arriver une jeune fille que les bandits ont enlevée en vue d'obtenir de ses riches parents une belle rançon. Pour la distraire, la vieille femme qui la garde lui conte l'histoire d'une jeune princesse, Psyché, dont l'exceptionnelle beauté lui a attiré la colère de Vénus : ivre de rage, la déesse a ordonné à son fils Cupidon de rendre Psyché amoureuse du dernier des hommes.

TEXTE LATIN

1. *Beauté fatale*

Interea Psyche cum[1] sua sibi perspicua pulchritudine nullum decoris sui fructum percipit. Spectatur ab omnibus, laudatur ab omnibus, nec quisquam, non rex, non regius, nec de plebe saltem cupiens ejus nuptiarum petitor accedit. Mirantur quidem divinam speciem, sed ut simulacrum fabre politum mirantur omnes. Olim[2] duae majores sorores, quarum temperatam formositatem nulli diffamarant populi, procis regibus desponsae jam beatas nuptias adeptae (sunt), sed Psyche virgo vidua domi residens deflet desertam suam solitudinem aegra corporis animi saucia, et quamvis gentibus totis complacitam odit in se suam formositatem.

Le père, inquiet de cette situation, consulte l'oracle de Milet, qui lui fait cette terrible réponse :
« Au sommet d'une roche escarpée, roi, fais monter ta fille, fastueusement parée pour un hymen de mort. Et n'attends pas un gendre issu d'un rang mortel, mais un monstre cruel, féroce et vipérin, qui, volant par les airs, harcèle l'univers, affaiblit ses victimes par la flamme et le fer, fait trembler Jupiter, terrifie tous les dieux, et fait frémir d'horreur les fleuves infernaux comme les ténèbres du Styx ! »

Il faut bien se plier à l'arrêt de l'oracle. Tandis que le cortège l'accompagne vers le rocher fatal, Psyché s'adresse une dernière fois à ses parents éplorés :
« À quoi bon abîmer vos visages, que je vénère tant, par d'inutiles larmes ? À quoi bon assombrir mon regard en ternissant vos yeux ? [...] **Jam sentio, jam video solo me nomine Veneris perisse. Ducite me et cui sors addixit scopulo sistite. Festino felices istas nuptias obire, festino generosum illum maritum meum videre. Quid differo, quid detrecto venientem, qui totius orbis exitio natus est ?** »

Sic profata virgo conticuit ingressuque jam valido pompae populi prosequentis sese miscuit. Itur ad constitutum scopulum montis ardui, cujus in summo cacumine statutam puellam cuncti deserunt, taedasque nuptiales, quibus praeluxerant, ibidem lacrimis suis extinctas relinquentes, dejectis capitibus domuitionem parant. Et miseri quidem parentes ejus tanta clade defessi, clausae domus abstrusi tenebris, perpetuae nocti sese dedidere. Psychen[3] autem paventem ac trepidam, et in ipso scopuli vertice deflentem, mitis aura molliter spirantis Zephyri, vibratis hinc inde laciniis et reflato sinu[4], sensim levatam suo tranquillo spiritu vehens, paulatim per devexa rupis excelsae vallis subditae florentis cespitis gremio leniter delapsam reclinat.

Apulée, *Métamorphoses*, IV, 32-35.

1. **cum** : avec, dans un sens concessif = malgré.
2. **olim** : depuis longtemps déjà.
3. **Psyche** : accusatif **Psychen**, génitif **Psyches**.
4. « en faisant frémir de-ci de-là les pans de sa robe, et en gonflant les plis du tissu. »

TEXTE LATIN

2. *Un bien aimable monstre*

Psyché se réveille dans un lieu enchanteur puis pénètre dans un palais grandiose dont les murs sont en or massif. Elle est accueillie comme une reine par des servantes invisibles dont elle ne perçoit que les voix, et qui lui servent un somptueux repas.

Finitis voluptatibus, vespera suadente, concedit Psyche cubitum. Jamque, provecta nocte, clemens quidam sonus aures ejus accedit. Tunc virginitati suae pro tanta solitudine metuens, et pavet et horrescit et, quovis malo plus[1], timet quod ignorat. Jamque aderat ignobilis[2] maritus et torum inscenderat et uxorem sibi Psychen fecerat et ante lucis exortum propere discesserat. [...] Haec diutino tempore sic agebantur. Atque, ut est natura redditum[3], novitas per assiduam consuetudinem delectationem ei commendarat et sonus vocis incertae[4] solitudinis erat solacium. [...]

Un soir, le mari de Psyché lui adresse cette mise en garde :

« Psyche dulcissima et cara uxor, exitiabile tibi periculum minatur fortuna saevior, quod observandum pressiore cautela censeo. Sorores, jam tuae mortis opinione turbatae tuumque vestigium requirentes, scopulum istum protinus aderunt, quarum si quas forte lamentationes acceperis, neque respondeas immo nec prospicias[5] omnino ; ceterum[6] mihi quidem gravissimum dolorem, tibi vero summum creabis exitium. »

1. **quovis malo plus** : plus que tout autre malheur.
2. **ignobilis** : vérifiez le sens dans le dictionnaire.
3. **ut natura redditum** : la nature prenant le dessus.
4. **incertae** : mystérieuse.
5. **prospicere** : regarder dans leur direction.
6. **ceterum** : sinon.
7. **fortassis tamen** : et peut-être même.

Eros et Psyché, fresque de Pompéi (musée archéologique de Pompéi).

D'abord résignée, Psyché, à force de supplications, obtient cependant la permission de recevoir ses sœurs dans son merveilleux palais. De retour chez elles, celles-ci donnent libre cours à leur jalousie...

Sic denique infit altera : « En orba et saeva et iniqua Fortuna ! [...] Vidisti, soror ? Quanta in domo jacent et qualia monilia, quae praenitent vestes, quae splendicant gemmae, quantum praeterea passim calcatur aurum ! Quodsi maritum etiam tam formosum tenet, ut affirmat, nulla nunc in orbe toto felicior vivit. Fortassis tamen[7], procedente consuetudine et adfectione roborata, deam quoque illam deus maritus efficiet. Sic est, Hercules, sic se gerebat ferebatque. Jam jam sursum respicit et deam spirat mulier, quae voces ancillas habet et ventis ipsis imperat. At ego, misera, primum patre meo seniorem maritum sortita sum, dein cucurbita calviorem, et quovis puero pusilliorem, cunctam domum seris et catenis obditam custodientem ! »

Apulée, *Métamorphoses*, V, 4-5 ; 9.

Pour le commentaire

Texte 1

1 Quels sont les éléments caractéristiques du conte, propres à maintenir l'intérêt du lecteur, ou de l'auditeur ?

2 Repérez les variations de temps dans les parties narratives : quels effets produisent-elles ?

3 Quel est le registre dominant à partir de la ligne 17 ? Quel changement la dernière phrase introduit-elle ?

Texte 2

4 Le mari de Psyché est-il conforme aux craintes de celle-ci ? aux attentes du lecteur ? Justifiez vos réponses.

5 Quels sentiments la sœur de Psyché éprouve-t-elle ? Quels procédés stylistiques les soulignent ? Quel est l'effet produit par le contraste qui clôt ce passage ?

TEXTE LATIN

3. La lumière, enfin...

Les deux méchantes sœurs finissent par convaincre Psyché que son mari, dont elle porte l'enfant, est un horrible dragon, et qu'il lui faut le tuer. Pour cela elle devra faire de la lumière : or son mari l'avait prévenue que jamais elle ne devrait voir son visage, sous peine de le perdre à jamais. Psyché a caché un poignard sous l'oreiller et une lampe à huile sous le couvercle d'une marmite...

Nox aderat et maritus aderat primisque Veneris proeliis velitatus in altum soporem descenderat. Tunc Psyche, et corporis et animi alioquin infirma, fati tamen saevitia subministrante, viribus roboratur, et, prolata lucerna et adrepta novacula, sexum audacia mutatur[1].

Sed cum primum luminis oblatione tori secreta claruerunt[2], videt omnium ferarum mitissimam dulcissimamque bestiam, ipsum illum Cupidinem formosum deum formose cubantem. [...] Videt capitis aurei genialem caesariem ambrosia temulentam, cervices lacteas genasque purpureas pererrantes crinium globos[3], decoriter impeditos, alios antependulos, alios retropendulos, quorum splendore nimio fulgurante jam et ipsum lumen lucernae vacillabat. Sur les épaules du dieu ailé, des plumes humides de rosée scintillent de blancheur, aussi resplendissantes que des fleurs ; et sur ses ailes, qui reposent pourtant, frémit un tendre et délicat duvet, constamment agité d'un léger tremblement. **Ceterum corpus glabellum atque luculentum et quale peperisse Venerem non paeniteret. Ante lectuli pedes jacebat arcus et pharetra et sagittae, magni dei propitia tela. [...]**

Sic ignara Psyche sponte in Amoris incidit amorem. Tunc magis magisque cupidine flagrans Cupidinis, prona in eum efflictim inhians patulis ac petulantibus saviis festinanter ingestis, de somni mensura metuebat[4]. Sed dum bono tanto percita saucia mente fluctuat, lucerna illa, sive perfidia pessima, sive invidia noxia, sive quod tale corpus contingere et quasi basiare et ipsa gestiebat[5], evomuit de summa luminis sui stillam ferventis olei super umerum dei dexterum. [...] Sic inustus exiluit deus, visaque detectae fidei colluvie[6], prorsus ex osculis et manibus infelicissimae conjugis tacitus avolavit.

APULÉE, *Métamorphoses*, V, 21-23.

1. **sexum** (accusatif de relation) **audacia mutatur** : « l'audace lui donne un courage viril. »
2. litt. : « dès que les secrets du lit furent éclairés par cet apport de lumière. »
3. **pererrantes** a pour sujet **crinum globos** et pour compléments **cervices** et **genas** ; **impeditos** : entremêlées.
4. **de somni mensura metuebat** : « elle craignait d'abréger son sommeil. »
5. **et ipsa gestiebat** : « la lampe brûlait, elle aussi »...
6. **visaque... colluvie** : litt. « et voyant le gâchis d'une foi mise à nue » = « et quand il vit sa confiance trahie et souillée ».

Cupidons et Psyché, fresque de la maison della Parete Nere, Pompéi.

Pour le commentaire

1. Quels oxymores (disposés en chiasme) pourraient servir de titre à cet épisode ?
2. Relevez et classez les nombreuses figures de style employées dans la description du dieu Amour.
3. Montrez qu'un peintre qui voudrait illustrer cette scène pourrait trouver dans le texte de nombreux éléments.

TEXTE LATIN

4. *Et ils vécurent heureux...*

Cupidon a disparu, Psyché erre désespérée, puis finit par se livrer elle-même à Vénus, qui la soumet à de terribles épreuves. Finalement le jeune dieu de l'amour, ne pouvant fléchir sa mère, va supplier Jupiter : celui-ci, d'abord embarrassé, finit par promettre qu'il va intervenir, à condition que Cupidon lui signale désormais toutes les beautés terrestres dignes d'intérêt...

« Sic fatus jubet Mercurium deos omnes ad contionem protinus convocare, ac si qui coetu caelestium defuisset, in poenam decem milium nummum conventum iri pronuntiare. Quo metu statim completo caelesti theatro, pro[1] sede sublimi sedens procerus Juppiter sic enuntiat :

« Dei conscripti Musarum albo, adolescentem istum quod manibus meis alumnatus sim profecto scitis omnes. Cujus primae juventutis caloratos impetus freno quodam coercendos[2] existimavi ; sat est cotidianis eum fabulis ob adulteria cunctasque corruptelas infamatum. Tollenda est omnis occasio et luxuria puerilis nuptialibus pedicis alliganda. Puellam elegit et virginitate privavit : teneat, possideat, amplexus Psychen semper suis amoribus perfruatur. » Et ad Venerem conlata facie : « Nec tu, inquit, filia, quicquam contristere[3] nec prosapiae tantae tuae statuque de matrimonio mortali metuas. Jam faxo nuptias non impares sed legitimas et jure civili congruas », et ilico per Mercurium arripi Psychen et in caelum perduci jubet. Porrecto ambrosiae poculo : « Sume, inquit, Psyche, et immortalis esto, nec umquam digredietur a tuo nexu Cupido sed istae vobis erunt perpetuae nuptiae. »

Nec mora cum[4] cena nuptialis affluens exhibetur. Accumbebat summum torum maritus Psychen gremio suo complexus. [...] Tunc Apollo cantavit ad citharam, Venus suavi musicae superingressa formosa saltavit, scaena sibi sic concinnata ut Musae chorum canerent, tibias inflaret Saturus, et Paniscus ad fistulam diceret. Sic rite Psyche convenit in manum Cupidinis et nascitur illis maturo partu filia, quam Voluptatem nominamus. »

Tel était le récit conté à la jeune captive par cette petite vieille avinée et gâteuse. Et moi qui me tenais tout près, je m'en voulais, par Hercule, de ne pas avoir avec moi des tablettes et un stylet pour prendre en notes une si belle histoire...

APULÉE, *Métamorphoses*, VI, 23-25.

1. **pro** : du haut de.
2. **coercendos (esse).**
3. **contristere** : 2e pers. subj. présent passif de **contristo**.
4. **Nec mora cum** : et sans plus tarder.

Pour le commentaire

1. Étudiez l'expression de l'ordre et de la défense ▶ *Mémento 17*.
2. Quels traits humoristiques agrémentent cette assemblée des dieux ?
3. Que pensez-vous de la fin du conte ?
4. Commentez la manière dont Lucius, le narrateur du roman, reprend son récit.

En guise de bilan

1. Quelle interprétation symbolique peut-on donner à ce conte ?
2. Faites une recherche personnelle sur la postérité littéraire et artistique du *Conte d'Amour* et de *Psyché*.

LEURS YEUX SE RENCONTRÈRENT…

Le vieux berger Philétas termine d'expliquer aux jeunes amoureux Daphnis et Chloé le mal dont ils souffrent.

« Pour l'Amour, il n'est pas de remède, ni que l'on boive, ni que l'on mange, pas d'incantation pour l'endormir, il n'y a que le baiser, les étreintes, et de s'étendre, sans vêtement, l'un près de l'autre, corps contre corps. »

Philétas n'alla pas plus loin dans sa leçon […] Quand ils rentrèrent, le soir, au bercail, ils comparèrent ce qu'ils avaient entendu à ce qu'ils éprouvaient eux-mêmes. « Les amoureux souffrent, et nous aussi ; ils ne veulent plus manger, et nous non plus ; ils ne peuvent plus dormir, et c'est ce qui nous arrive à nous aussi ; ils ont l'impression de brûler, et nous portons le feu en nous ; ils désirent se voir l'un l'autre, et c'est pour cela que, nous aussi, nous souhaitons que revienne plus vite le jour. C'est sans doute cela l'Amour, et nous sommes amoureux l'un de l'autre sans le savoir. Si cela n'est pas l'Amour, et si je ne suis pas possédé d'Amour, pourquoi, alors, souffrons-nous de la sorte, pourquoi nous cherchons-nous l'un l'autre ? Tout ce qu'a dit Philétas est vrai. […] Eh bien ! ayons recours aux remèdes qu'il nous a dits : nous donner des baisers, nous prendre dans les bras, et nous coucher par terre, tout nus. Il fait froid, sans doute, mais nous l'endurerons bien, comme Philétas avant nous. »

LONGUS, *Daphnis et Chloé*, II, 7-8, trad. P. Grimal, in *Romans grecs et latins*, © Gallimard, « La Pléiade », 1958.

ÂMES SŒURS

Aux jeux Pythiques de Delphes, deux splendides jeunes gens attirent tous les regards : l'éphèbe Théagène et la splendide Chariclée, qui se croisent pour la première fois…

Dès qu'ils s'aperçurent, les deux jeunes gens s'aimèrent, comme si leur âme, à leur première rencontre, avait reconnu son semblable et s'était élancée chacune vers ce qui méritait de lui appartenir. D'abord, brusquement, ils demeurèrent immobiles, frappés de stupeur, puis, lentement, elle lui tendit le flambeau et, lentement, il le saisit, et leurs yeux se fixèrent longuement de l'un sur l'autre, comme s'ils cherchaient dans leur mémoire s'ils se connaissaient déjà ou s'ils s'étaient déjà vus ; puis, ils sourirent, imperceptiblement et à la dérobée, et seule le révéla une douceur dont fut soudain empreint leur regard. Et, tout de suite, ils eurent comme honte de ce qui venait de se passer et ils rougirent ; mais bientôt, tandis que la passion, apparemment, pénétrait à longs flots dans leur cœur, ils pâlirent, bref, en quelques instants, leur visage à tous deux présenta mille aspects différents, et ces changements de couleur et d'expression trahissaient l'agitation de leur âme…

Buste de dame romaine, marbre, Ier s. ap. J.-C. (Paris, musée du Louvre).

HÉLIODORE, *Éthiopiques*, III, 2 sqq., trad. P. Grimal, in *Romans grecs et latins*, © Gallimard, « La Pléiade », 1958.

1. *Une cachette inconfortable !*

*Le jeune Giton se cache avec son ami Encolpe, le narrateur, dans une auberge (*stabulum*) sordide. Il est recherché par un servus publicus (agent de police).*

Intrat stabulum praeco cum servo publico ; facemque fumosam magis quam lucidam quassans haec proclamavit : « Puer in balneo paulo ante aberravit, annorum circa XVI, crispus, mollis, formosus, nomine Giton. Si quis eum reddere aut commonstrare voluerit, accipiet nummos mille ». [...]. Imperavi Gitoni ut raptim grabatum subiret annecteretque pedes et manus institis, quibus sponda culcitam ferebat[1], ac sic ut olim Ulixes pro arieti adhaesisset, extentus infra grabatum scrutantium eluderet manus. Non est moratus Giton imperium, momentoque temporis inseruit vinculo[2] manus et Ulixem astu simillimo vicit. [...] At servus publicus raptam cauponi harundinem subter lectum mittit, omniaque etiam foramina parietum scrutatur. Subducebat Giton ab ictu corpus, et reducto timidissime spiritu ipsos sciniphes[3] ore tangebat.

Pétrone, *Satyricon.*

1. institis quibus sponda culcitam ferebat : les sangles du cadre supportant le matelas.

2. vinculo = institis.

3. sciniphes : les punaises.

2. *Les Enfers, mode d'emploi*

Après la disparition de Cupidon réfugié chez sa mère Vénus, celle-ci punit Psyché en la soumettant à de terribles épreuves, dont l'une consiste à se rendre aux Enfers ; heureusement, une tour dotée de la parole la met en garde contre deux monstres fameux, Charon et Cerbère.

« Nec mora, cum ad flumen mortuum venies, cui praefectus Charon protinus expetens portorium sic ad ripam ulteriorem sutili cumba deducit commeantes. Ergo et inter mortuos avaritia vivit nec Charon ille Ditis exactor tantus deus quicquam gratuito facit : set moriens pauper viaticum debet quaerere, et aes si forte prae manu non fuerit, nemo eum exspirare patietur. Huic squalido seni dabis nauli nomine de stipibus quas feres alteram, sic tamen ut ipse sua manu de tuo sumat ore. [...]

Et le fleuve une fois franchi...

Canis praegrandis terjugo et satis amplo capite praeditus immanis et formidabilis tonantibus oblatrans faucibus mortuos, quibus jam nil mali potest facere, frustra territando ante ipsum limen et atra atria Proserpinae semper excubans servat vacuam Ditis domum. Hunc offrenatum unius offulae praeda facile praeteribis ad ipsamque protinus Proserpinam introibis, quae te comiter excipiet ac benigne, ut et molliter assidere et prandium opipare suadeat sumere. »

Apulée, *Métamorphoses.*

Paysage urbain, détail d'une fresque de Boscoreale, vers 40-30 av. J.-C. (New York, Metropolitan Museum of Art).

MÉMENTO GRAMMATICAL

I Emploi des cas

1. Nominatif

Le nominatif est le cas du nom ou du groupe nominal en fonction de sujet et d'attribut du sujet :

Servus currit. *L'esclave court.*

2. Vocatif

● Le vocatif est le cas du nom désignant la personne qu'on interpelle ou que l'on invoque :

Ô Tityre, tu patulae recubans sub tegmine fagi…
Ô Tityre, toi qui te reposes sous le couvert d'un hêtre aux larges branches…

● La terminaison du vocatif n'est distincte de celle du nominatif qu'à la 2e déclinaison (m./f.) :

N	**dominus**	N	**meus filius**
V	**domine**	V	**mi fili**

3. Accusatif

Accusatif complément d'objet

En latin, on appelle transitif un verbe dont le complément d'objet est à l'accusatif :

– un verbe **actif** (un verbe actif transitif se prête à la transformation actif › passif personnel) ; le complément d'objet à l'accusatif devient sujet du verbe passif.

Discipulus librum legit. > **A discipulo liber legitur.**
L'élève lit le livre. > Le livre est lu par l'élève.

– un verbe **déponent** :

Eloquentiam admiramur. *Nous admirons l'éloquence.*

Double accusatif

Docere, « enseigner » et ***rogare***, « demander », admettent deux compléments d'objet à l'accusatif :

Consul patres sententiam rogat.
Le consul demande leur avis aux sénateurs.

Accusatif sujet d'une proposition infinitive

Dicunt Caesarem profectum esse. *On dit que César est parti.*

Accusatif avec une préposition

Certaines prépositions (*ad, in, per*…) sont suivies de l'accusatif :

Hostes per campum fugerunt.
Les ennemis s'enfuirent à travers la plaine.

Accusatif complément de lieu et de temps

● Certains noms désignant une étendue d'espace ou une durée de temps forment à l'accusatif des compléments précisant la **distance** ou la **durée** :

Decem milia passuum cucurrit.
Il courut sur une distance de dix mille (= dix milliers de pas).

Tres annos regnavit. *Il régna pendant trois ans.*

● Les **noms de villes** sont à l'accusatif sans préposition pour désigner **le lieu où l'on va** (*quo ?*) :

Romam imus. *Nous allons à Rome.*

4. Génitif

Génitif complément d'un nom

Ciceronis eloquentia clara fuit.
L'éloquence de Cicéron fut célèbre.

puer decem annorum *un enfant de dix ans*

vir magnae virtutis *un homme d'un grand courage*

statua magni pretii *une statue d'un grand prix* (génitif de prix)

Génitif complément d'un pronom

nihil novi *rien de neuf*

Quis vestrum hunc librum legit ?
Qui de vous (parmi vous) a lu ce livre ?

Génitif complément de certains adjectifs

peritus belli, gloriae cupidus
habile à la guerre, avide de gloire

Génitif complément d'un adverbe de quantité

Satis eloquentiae, sapientiae parum.
Beaucoup d'éloquence, trop peu de sagesse.

Génitif complément d'un verbe

● avec ***memini***, « je me souviens », et ***obliviscor***, « j'oublie » (complément d'objet) :

Memini juventutis meae.
Je me souviens de ma jeunesse.

● avec les verbes impersonnels ***paenitet, pudet, taedet, piget, miseret :***

Me paenitet culpae. *Je me repens de ma faute.*

Esse + génitif

Avec le verbe ***esse***, un nom ou un groupe nominal au génitif forme une expression signifiant « appartenir à, être le propre, le fait, l'affaire de… » :

Haec domus consulis est. *Cette maison appartient au consul.*

Tyranni est cives necare.
Assassiner des citoyens, c'est le fait (le propre) d'un tyran.

5. Datif

Datif complément d'un verbe non transitif

nocere : nuire à – *favere* : favoriser, être bienveillant à l'égard de – *studere* : s'appliquer à, étudier – *invidere* : envier, jalouser – *parere* : obéir à – *parcere* : épargner – *ignoscere* : pardonner à, etc.

Milites imperatori parent.
Les soldats obéissent au général.

Datif second complément d'un verbe transitif

- Les verbes transitifs latins, outre un complément d'objet à l'accusatif, peuvent recevoir un second complément au datif, désignant le **destinataire** (celui qui « profite » de l'action ou celui qui en est « victime ») :

Tibi praemium petivi.
J'ai demandé pour toi une récompense.

Romani Gallis bellum indixerunt.
Les Romains déclarèrent la guerre aux Gaulois.

- Les **verbes composés** admettent souvent un complément au datif équivalant à un groupe prépositionnel :

Honorem pecuniae anteponit.
= Honorem ante pecuniam ponit.
Il fait passer l'honneur avant l'argent.

- Avec des noms de choses ou des noms abstraits, le complément au datif indique la **destination** de l'action :

Dies indictus est proelio. *On fixa un jour pour le combat.*

Esse + datif

- Avec le verbe ***esse***, le datif exprime l'idée de **possession** :

Filia est consuli. *Le consul a une fille.*

- Les composés de *esse* ont habituellement un complément au datif :

Adsumus cenae. *Nous assistons à un repas.*

- Le verbe passif ***videri***, « sembler », dont les emplois sont comparables à ceux du verbe *esse*, admet un complément au datif :

Res mihi difficilis videtur.
La chose me semble difficile.

Double datif

Un verbe peut recevoir **deux compléments** au datif, l'un désignant le **destinataire**, l'autre le **but** de l'action :

- les verbes signifiant « **envoyer, adresser**... » :

Senatus copias auxilio imperatori misit.
Le Sénat envoya au général (destinataire) des troupes en renfort (but).

- le verbe ***esse*** :

Tua valetudo mihi curae est.
Ta santé est pour moi un souci.

Datif complément d'un adjectif verbal

- L'adjectif verbal attribut (accompagné du verbe ***esse***) reçoit un complément au datif, indiquant sur qui pèse l'**obligation** :

Tibi Vergilii opera legenda sunt.
Tu dois lire les œuvres de Virgile.

- De même pour la tournure impersonnelle :

Discipulis laborandum est.
Les élèves doivent travailler.

Datif complément d'un verbe passif

- Les formes passives du verbe composées du participe passé passif et du verbe *esse*, sont souvent accompagnées d'un **complément d'agent** au datif (surtout lorsque ce complément d'agent est un **pronom personnel**) :

Mihi consilium captum est. *J'ai pris ma décision.*

- Dans les textes poétiques, ce complément d'agent au datif peut se rencontrer avec n'importe quel verbe, à n'importe quel temps.

Datif complément d'un adjectif

Proximus mihi sedebat.
Il était assis le plus proche de moi/tout à côté de moi.

6. Ablatif

Ablatif complément circonstanciel

- complément de **cause** :

Fame interiit.
Il mourut de faim.

- complément de **moyen** :

Gladio hostem interfecit.
Il tua l'ennemi avec son épée.

- complément de **manière** :

Magno studio laborat.
Il travaille avec beaucoup d'ardeur.

- complément de **temps** :
– « à quelle époque ? » (*quando ?*) :

Illo tempore Roma parva erat.
À cette époque Rome était petite.

– « en combien de temps ? » :

Tribus annis bellum perfecit.
Il acheva la guerre en trois ans.

- complément de **lieu**, pour les **noms de villes** :
– désignant le lieu d'où l'on vient (*unde ?*) :

Roma proficiscitur.
Il part de Rome.

– désignant le lieu où l'on est (*ubi ?*) lorsque le locatif n'existe pas :

Carthagine vixit Hannibal.
Hannibal vécut à Carthage.

Ablatif complément d'un verbe intransitif

carere, egere : manquer de – *abundare* : avoir en abondance – *utor* : utiliser, user de, fréquenter – *fruor* : jouir de – *fungor* : s'acquitter de – *opus est* : il est besoin de, il faut.

Pecunia careo.
Je manque d'argent.

Potestate utimur.
Nous usons de notre pouvoir.

Mihi opus est certo amico.
J'ai besoin d'un ami sûr.

Ablatif complément du verbe passif

Il est précédé de *a/ab*, lorsqu'il s'agit d'une personne ou d'un être animé (complément d'agent) :

Caesar non fulmine, sed a Bruto necatus est.
César fut tué non par la foudre, mais par Brutus.

Ablatif complément d'un nom ou d'un adjectif

● Un groupe nominal (nom + adjectif épithète) à l'ablatif forme le **complément de qualité** d'un nom :

puer egregia indole

un enfant d'un caractère remarquable

● Certains adjectifs sont accompagnés d'un complément à l'ablatif :

facinus laude dignum

un acte digne d'éloge

● Le complément de l'**adjectif au comparatif** peut être à l'ablatif :

Magister doctior est discipulo.

Le maître est plus savant que l'élève.

Ablatif avec une préposition

Un nom à l'ablatif forme avec certaines prépositions (***in, sub, cum***...) un groupe prépositionnel :

Flores sunt in horto.

Les fleurs sont dans le jardin.

L'ablatif absolu

● On appelle ablatif absolu un **groupe nominal** à l'ablatif, généralement composé d'un **nom** (ou d'un pronom) et d'un **participe**, équivalant à une **proposition circonstancielle** :

– de **temps** :

Nuntiato adventu Caesaris, hostes jam parati erant.
= Ubi adventus Caesaris nuntiatus est...

Quand (dès que) l'arrivée de César fut annoncée, les ennemis étaient déjà prêts.

– de **cause** :

Nuntiato adventu Caesaris, hostes fugerunt.
= Cum adventus Caesaris nuntiatus esset...

L'arrivée de César ayant été annoncée, les ennemis s'enfuirent.

– de **concession** :

Nuntiato adventu Caesaris, hostes (tamen) minime fugerunt. = Etsi adventus Caesaris nuntiatus erat...

Bien que l'arrivée de César eût été annoncée, les ennemis ne s'enfuirent pas du tout.

● On rencontre dans l'ablatif absolu :

– le **participe présent**, lorsque l'action décrite dans l'ablatif absolu est contemporaine (concomitante) de l'action décrite dans la proposition principale :

Romulo regnante, Roma parva erat.

Quand Romulus régnait, Rome était petite.

– le **participe passé passif**, lorsque l'action décrite dans l'ablatif absolu est antérieure à l'action décrite dans la proposition principale :

Tyranno interfecto, liberi erimus.

Une fois le tyran tué/après avoir tué le tyran, nous serons libres.

● On rencontre des ablatifs absolus sans participe, composés d'un nom ou d'un pronom à l'ablatif et d'un nom en apposition :

Cicerone consule

sous le consulat de Cicéron

me puero

quand j'étais enfant

7. Locatif

● Les **noms de villes** de la 1re et de la 2e déclinaison (singulier) disposent pour indiquer le **lieu où l'on est** (*ubi ?*) d'un cas spécial, le locatif. Ses désinences *-ae* et *-i* se confondent avec celles du génitif singulier :

Romae vixit, Lugduni mortuus est.

Il a vécu à Rome, il est mort à Lyon.

● Les noms communs ***humus, rus, domus*** possèdent également un locatif :
– *humi* : à terre,
– *ruri* : à la campagne,
– *domi* : à la maison, chez soi.

● Les noms de villes qui ne possèdent pas de locatif (1re et 2e déclinaisons, pluriel ; 3e déclinaison) sont à l'ablatif sans préposition pour indiquer le lieu où l'on est :

Athenis, non Lacedaemone vixit Socrates.

Socrate a vécu à Athènes, et non à Sparte.

2 Syntaxe de l'adjectif

1. Accord

● Épithète ou attribut, l'adjectif s'accorde en genre, nombre et cas avec le nom auquel il se rapporte :

Pulchri flores sunt in horto vestro.

Il y a de belles fleurs dans votre jardin.

● Un adjectif **épithète de plusieurs noms** s'accorde seulement avec **le plus rapproché** :

maximi labores periculaque

les plus grands efforts et les plus grands dangers

● L'adjectif **attribut de plusieurs noms** s'accorde au pluriel, selon ce tableau :

Genre des noms	Adjectif attribut
Tous masculins ou masculins et féminins	Masculin pluriel
Tous féminins	Féminin pluriel
Tous neutres ou de genres différents (noms abtraits ou noms de choses)	Neutre pluriel

Pater et mater mihi cari sunt.

Mon père et ma mère me sont chers.

Honos et valetudo optanda sunt.

L'honneur et la santé sont (choses) souhaitables.

2. Adjectif substantivé

Au singulier comme au pluriel, un adjectif peut être employé seul, comme un nom (substantivé) :

Boni malos timent. *Les bons (citoyens) redoutent les mauvais.*

Omnia novit, etiam futura. *Il connaît tout, même l'avenir.*

3. Complément de l'adjectif

● Il est au **génitif** avec les adjectifs :
cupidus ; peritus/imperitus ; similis/dissimilis ; plenus ; conscius/nescius ; memor/immemor ; certus ; ignarus...

pecuniae cupidus *avide d'argent*

● Il est au **datif** avec les adjectifs :
utilis/inutilis ; similis/dissimilis ; par/impar ; carus ; amicus/inimicus ; iratus ; jucundus ; gratus ; propinquus ; necessarius...

rei publicae utilis *utile à l'État*

● Il est à l'**ablatif** avec les adjectifs :
liber ; plenus ; contentus ; laetus ; orbus ; alienus ; dignus/indignus...

liber omni cura
libre de tout souci

● On rencontre également :
– un **groupe prépositionnel** avec les adjectifs : *paratus ; pronus ; aptus ; utilis/inutilis...*

ad bellum paratus *prêt à la guerre*

tutus a periculo *à l'abri du danger*

– une **proposition relative au subjonctif** :

Dignus est qui imperet.
Il est digne de commander.

▶ ***Fiche 9***

3 Comparatif et superlatif

1. Comparatif ou superlatif ?

Pour comparer deux objets, deux personnes, deux mots abstraits, ou deux groupes (de personnes, d'objets), le latin emploie le **comparatif** :

validior manuum *la plus forte des (deux) mains*

2. Complément du comparatif

● Il est à l'**ablatif** ou introduit par ***quam*** :

Nullus orator clarior fuit Cicerone.

Nullus orator clarior fuit quam Cicero.
Aucun orateur ne fut plus célèbre que Cicéron.

● Le complément du comparatif introduit par *quam* peut être un **autre adjectif**, mis lui aussi au **comparatif** :

Felicior est quam peritior. *Il est plus chanceux qu'habile.*

● À retenir, le tour : **comparatif** + ***quam*** + ***ut*** + **subjonctif** = « **trop pour** ».

Prudentior est quam ut errare possit.
Il est trop sage pour pouvoir se tromper.

● Sans complément, un adjectif au comparatif exprime souvent une nuance d'intensité relative :

longior *trop long, fort long, assez long*

Bella semper longiora sunt.
Les guerres sont toujours trop longues.

3. Complément du superlatif

Il est au **génitif** ou à l'**ablatif** précédé de ***ex/e*** :

Cicero omnium oratorum peritissimus erat.

Ex omnibus oratoribus Cicero peritissimus erat.
Cicéron était le plus habile de tous les orateurs.

4. *Quam* + superlatif

Un **adjectif** (ou un adverbe) **au superlatif** peut être accompagné de ***quam (potest)*** = « le plus possible », placé toujours immédiatement avant l'adjectif

Quam maxima voce (possunt) oratores verba faciunt.
Les orateurs parlent de la voix la plus forte possible.

5. Superlatif + *quisque*

Avec l'indéfini ***quisque,*** l'adjectif au **superlatif** forme une expression à retenir :

Fortissimus quisque periit.
(Chacun qui était le plus courageux périt.)
= (Tous) les plus courageux périrent.

4 Pronoms-adjectifs indéfinis négatifs

1. Emploi

Nemo (personne... ne) et ***nihil*** (rien... ne) s'emploient comme pronoms ; ***nullus*** (aucun... ne) comme adjectif. Après une négation, on rencontre ***ullus*** (aucun, aucune).

Nemo adest. *Personne n'est là.*

Nunquam ullus orator tam clarus fuit.
Jamais aucun orateur ne fut aussi célèbre.

2. *Neque quisquam* = **et nemo*

Nemo, nihil, nullus sont rarement précédés de *et* ; le latin utilise ***nec/neque*** suivi d'un indéfini de sens positif :
et nemo* > ***nec quisquam*
et nihil* > ***nec quidquam*
et nullus* > ***nec ullus*

Loquor, nec quisquam audit. *Je parle, et personne n'entend.*

3. Double négation

Lorsque *nemo, nihil* et *nullus* sont accompagnés d'une négation :

- Si la négation est placée **après** le pronom ou l'adjectif négatif, les négations s'annulent et équivalent à une **affirmation renforcée** :

Nemo hoc non novit.
Il n'y a personne qui ne sache cela.
= Tout le monde sait cela.

- Si la négation est placée **avant** le pronom ou l'adjectif négatif, elle porte sur ce seul mot et souvent, dans l'écriture, elle vient s'ajouter à ce mot (on lit *non-nulli* ou *non nulli*) en effaçant son sens négatif :

Nonnulli vinum nimis amant.
Certains aiment trop le vin.

5 Emploi des indéfinis *quis* et *quisque*

1. *Quis*

- Le pronom-adjectif indéfini ***quis, quae, quid*** (adj. ***quod***), « quelqu'un, quelque chose », ne se rencontre guère qu'après ***si, sive, nisi, ne, num, cum*** :

Num quid aliud videtis ?
Voyez-vous quelque chose d'autre ?

- Très souvent, le pronom ***quis*** peut se traduire par l'indéfini « on » :

Cum quis amat, desipit.
Quand on aime, on perd la tête.

2. *Quisque*

- ***Quisque, quaeque, quidque*** (adj. ***quodque***) = « chaque, chacun » se rencontre :

– après un superlatif ou un adjectif ordinal ▶ Fiche 3 :

Decimus quisque superfuit.
Chaque dixième survécut, un sur dix survécut.

– après ***se/suus*** :

Se quisque nimis amat. *Chacun s'aime trop lui-même.*

– après un **pronom relatif** :

Quod quisque volebat, statim impetrabat.
Ce que chacun voulait, il l'obtenait aussitôt.

6 Pronoms-adjectifs et adverbes relatifs

1. Pronoms-adjectifs relatifs

- Le pronom-adjectif le plus courant est ***qui, quae, quod***.
- On rencontre également :

▶ les relatifs **indéfinis** :
– ***quicumque, quaecumque, quodcumque*** = celui quel qu'il soit qui ;
– ***quisquis, quidquid*** (ou ***quicquid***) = quelque... que, qui que ce soit qui.

Quodcumque voles, impetrabis.
Tout ce que tu voudras, tu l'obtiendras.

▶ les adjectifs relatifs **corrélatifs** :
– ***qualis, is, e*** souvent annoncé par ***talis, is, e*** = (tel) que ;
– ***quantus, a, um*** souvent annoncé par ***tantus, a, um*** = (aussi grand) que, (autant) que ;
– ***quot*** (indéclinable) souvent annoncé par ***tot*** (indéclinable) = (aussi nombreux) que.

- Ces mots donnent à la subordonnée relative une valeur comparative :

Omnes talem magistrum sibi volunt qualem habetis.
Tous veulent pour eux un professeur tel que celui que vous avez.

2. Adverbes relatifs

Ils servent aussi de mots interrogatifs :
– ***ubi*** = où, quand (= *in quo, in quo loco, quo tempore*)
– ***unde*** = d'où (= *ex quo, ex quo loco*)
– ***quo*** = (jusqu') où (= *in quem, ad quem locum*)
– ***qua*** = à travers quoi (= *per quem locum, per quod spatium*)

Silva ubi (= in qua) sumus pulchra est.
La forêt où nous sommes est belle.

7 Pronom relatif et antécédent

1. Accord

● Les relatifs s'accordent en genre et en nombre avec leur antécédent, et se mettent ou cas voulu par leur fonction dans la relative.

Praeclara est victoria quam de Pompeio tulit Caesar.
La victoire que César remporta sur Pompée est célèbre.

Quam est complément d'objet de *tulit*, donc à l'accusatif, et a pour antécédent *victoria* (f. sg).

● Lorsque le relatif a plusieurs antécédents, il s'accorde comme le fait l'adjectif attribut. ▶ Fiche 2

2. *Is... qui*

● Le relatif est souvent annoncé par ***is, ea, id :***

Is imperator fuit qui Hannibalem vicit.
Ce fut lui le général, ce général qui vainquit Hannibal.

● Mais lorsque l'antécédent est un simple pronom (***is, ea, id***), il arrive fréquemment qu'il ne soit **pas exprimé** :

Qui vult pacem, (is) parat pacem.
(Celui) qui veut la paix prépare la paix.

3. Antécédent dans la relative

L'antécédent est parfois placé à l'intérieur de la subordonnée relative, surtout lorsque celle-ci précède la principale ; il peut être repris dans la principale par ***is, ea, id*** :

Quas litteras scripsisti, (eas) libenter legi.
J'ai pris plaisir à lire la lettre que tu m'as écrite.

4. Pronom relatif neutre

● L'antécédent d'un pronom relatif ou neutre peut être, non pas un nom, mais **toute une idée** exprimée dans la principale :

Caesar Gallos vicit, quod difficile erat.
César vainquit les Gaulois, ce qui était difficile.

● Le pronom relatif au neutre singulier et (surtout) pluriel, sans antécédent exprimé, se traduit souvent par « ce qui », « ce que » :

Quae dixisti probamus.
Nous approuvons ce que tu as dit.

8 Pronom relatif de liaison

● Pour reprendre, après ponctuation forte, un élément (ou, au neutre, le sens général) de la phrase précédente, on rencontre parfois, au lieu du pronom de rappel *is, ea, id*, le pronom relatif ***qui, quae, quod,*** employé comme **relatif de liaison** :

Litteras tuas accepi. Quas libenter legi.
J'ai reçu ta lettre. Je l'ai lue avec plaisir.

● Souvent le relatif de liaison établit un lien logique plus étroit avec la phrase précédente ; il est l'équivalent d'un **pronom de rappel associé à une particule de liaison** telle que n*am, enim, itaque, autem,* soulignant ainsi une **articulation logique** que le contexte permet de préciser :

Claros viros Romani admirabantur. Quos (= eos autem) non semper imitabantur.
Les Romains admiraient les grands hommes. Mais ils ne les imitaient pas toujours.

● Le relatif de liaison se rencontre dans des ablatifs absolus, tournures très utilisées par les historiens (César, Tite-live) :

Quo facto... *Cela fait...*

9 Proposition relative au subjonctif

● Une proposition relative au subjonctif équivaut à une **proposition circonstancielle**.

Le pronom relatif est alors l'équivalent :
– de la conjonction ***ut*** + **subjonctif** (= afin que, de telle sorte que, (tel...) que)
– ou de la conjonction ***cum*** + **subjonctif** (= alors que, bien que, puisque) suivie, le cas échéant, d'un pronom de rappel ***is, ea, id*** :
qui (+ subj.) = ***cum/ut is*** (+ subj.)
in quibus (+ subj.) = ***cum/ut in eis*** (+ subj.)

| Nuances circonstancielles

C'est grâce au contexte que l'on peut distinguer les différents sens d'une proposition subordonnée relative.

– relative **causale** :

Nostri, qui plures essent, facile victoriam tulerunt.

Nos soldats, vu qu'ils étaient (qui étaient) plus nombreux, remportèrent aisément la victoire.

– relative **concessive**, souvent soulignée par tamen dans la principale :

Aristoteles, qui multa sciret, ignorabat (tamen) terram rotundam esse.

Aristote, bien qu'il sût (qui savait) beaucoup de choses, ignorait (pourtant) que la terre était ronde.

– relative de **but** :

Legatos miserunt qui pacem peterent.

Ils envoyèrent des ambassadeurs pour qu'ils demandent la paix/pour demander la paix.

– relative **consécutive** (souvent annoncée, dans la principale, par un corrélatif : *tam, ita, talis, is*) :

Eum consulem habemus qui pacem servare possit.

Nous avons un consul tel qu'il puisse/capable de sauver la paix.

● À retenir, les expressions :
sunt qui + subj. = « il y a des gens qui... », « il y a des gens pour... »
nemo est qui + subj. = « il n'y a personne qui... », « personne ne... »

Sunt qui putent Caesarem deum fuisse.

Il y a des gens qui pensent (pour penser) que César était un dieu.

10 Emploi des participes

Les participes sont des formes adjectivales du verbe, susceptibles d'être employées comme épithète ou attribut.

1. Participe présent

Le participe présent (rad. de l'infectum + suffixe ***-ns, -ntis***), de sens **actif**, indique une **action simultanée** par rapport au verbe principal :

Proficiscens consul dixit (dicit, dicet)...

En partant (Quand il part, partit, partira), le consul déclara (déclare, déclarera).

2. Participe passé

● Le participe passé (rad. du supin + suffixe ***-tus/-sus***), de sens **passif**, indique une **action antérieure** à celle du verbe principal :

Hostes victi fugerunt.

Quand ils eurent été vaincus, les ennemis s'enfuirent.

Hostes victi fugiunt.

Quand ils ont été vaincus, les ennemis s'enfuient.

Hostes victi fugient.

Quand ils auront été vaincus, les ennemis s'enfuiront.

● Le participe passé sert à former, avec l'auxiliaire ***esse***, le passif du perfectum :

Amati sunt. *Ils ont été (furent) aimés.*

3. Participe futur

● Le participe futur (radical du supin + suffixe ***-urus***), de sens **actif**, exprime l'idée :
– d'**intention** ;
– de **futur immédiat** ;
– ou simplement d'**éventualité** :

Profecturus sum in Asiam. *J'ai l'intention de partir pour l'Asie. Je suis sur le point de partir en Asie. Je vais partir en Asie.*

● Le participe futur avec l'infinitif ***esse*** (souvent sous-entendu) forme une expression équivalant à un infinitif futur :

Spero me mox profecturum (esse).

J'espère que je partirai bientôt.

4. Participe substantivé

Certains participes sont couramment employés comme des adjectifs substantivés :
sapiens : le sage – ***audientes*** : les auditeurs, l'auditoire – ***futura*** : l'avenir, le futur – ***facta*** : les faits, les actes – ***praeterita*** : les événements passés, le passé.

5. Participe et ablatif absolu

Le participe présent actif et le participe passé passif se rencontrent très fréquemment dans un ablatif absolu.
▶ *Fiche* **1, § 6**

11 Supin, gérondif, adjectif verbal

1. Supin

- Le supin est une forme du verbe donnée en dernière position dans les temps primitifs des verbes actifs, car c'est sur le **radical du supin** que se forment les **participes futur et passé passif** :
amo, as, are, avi, atum > supin : ***amatum***

- Le supin (désinence en ***-um***) s'emploie après un **verbe de mouvement** pour exprimer le **but** ou la **destination** :

Venio lusum. *Je viens (pour) jouer.*

- Avec ***iri*** (infinitif passif impersonnel de ***eo, is, ire***), il forme une expression équivalant à un infinitif futur passif. ▶ **Fiche 12**

- Une autre forme du supin, dont la désinence est en ***-u***, ne s'emploie que comme complément de certains adjectifs :

facile dictu *facile à dire*

2. Gérondif

- À l'infinitif, un verbe, comme un nom, peut être sujet (N) ou COD (Acc.).

N. **Ridere jucundum est.** *Rire est agréable.*

Acc. **Cupio ridere.** *Je veux rire.*

- Formé à l'aide du suffixe ***-nd-*** sur le radical du présent, le gérondif complète la déclinaison du verbe employé comme nom (substantivé) à l'accusatif avec préposition, au génitif, au datif (très rare) et à l'ablatif.

Acc. **ad ridendum** *pour rire*

paratus ad ridendum *prêt à rire*

G. **ridendi cupidus** *désireux de rire*

Abl. **Ridendo discimus.** *Nous apprenons en riant.*

3. Adjectif verbal épithète

- L'adjectif verbal est formé avec le suffixe ***-ndus, a, um*** : *ama****ndus, a, um.***

- En fonction d'**épithète**, aux cas du gérondif, il forme avec le nom un groupe nominal qui équivaut à un **gérondif accompagné d'un COD** :

ad libros legendos (= ad libros legendum)
pour lire des livres

librorum legendorum cupidus
désireux de lire des livres

Libris legendis discimus.
Nous apprenons en lisant des livres.

4. Adjectif verbal attribut

- En fonction d'attribut, l'adjectif verbal exprime l'**obligation** ou le **but** ; un **complément au datif** précise, éventuellement, à qui incombe l'obligation :

Mihi hic liber legendus est.
J'ai à lire ce livre/je dois lire ce livre.

Mihi hos libros legendos dedit.
Il m'a donné ces livres à lire.

- À ces deux cas, employé seul au neutre singulier, il forme une **locution impersonnelle** :

Saepe ridendum est.
Il faut rire souvent.

12 Infinitif futur

À côté de l'infinitif présent (actif : suffixe *-re*/passif, suffixe *-ri* ou *-i*) et de l'infinitif parfait (actif : suffixe *-isse*/passif : participe passé + *esse*), l'infinitif futur est exprimé en latin par des **périphrases** :

- À l'actif : **participe futur** + ***esse*** :

Dico me venturum esse. *Je dis que je viendrai.*

L'infinitif futur de *sum* est ***futurum esse*** ou ***fore***, l'infinitif présent ***posse*** tient lieu d'infinitif futur à ***possum***.

- Au passif : **supin** (invariable) + ***iri*** (infinitif passif impersonnel de *eo, is, ire*).

Spero me amatum iri. *J'espère que je serai aimé(e).*

- Une autre périphrase exprime le **futur passif** (particulièrement pour les verbes qui n'ont pas de supin) : ***futurum esse*** (ou ***fore***) + ***ut*** + le verbe au subjonctif (au temps voulu par la concordance des temps) :

Speramus futurum esse (fore) ut urbs capiatur.
Nous espérons que la ville sera prise.

Sperabamus futurum esse (fore) ut urbs caperetur.
Nous espérions que la ville serait prise.

13 Le verbe dans la phrase

1. Accord

- Lorsque le verbe a **plusieurs sujets,** il s'accorde :
– soit avec **l'ensemble** des sujets (au pluriel) ;
– soit avec **le plus rapproché** :

Pater atque mater adsunt. Et pater et mater adest.
Mon père et ma mère sont là.

- Pour les formes du verbe composées d'un participe et du verbe *sum*, le participe s'accorde selon les règles de l'adjectif attribut.

▶ *Fiche 12*

2. Verbe sous-entendu

- Diverses formes du verbe ***sum*** sont souvent sous-entendues :
– dans les phrases de **caractère formulaire** :

Vita brevis, ars difficilis. *La vie est courte, et l'art est difficile.*

– au **parfait passif**, à la 3e personne du singulier ou du pluriel, et particulièrement dans la prose des historiens (Tite-Live, Salluste, Tacite...) :

Roma Romuli conditoris nomine appellata (est).
Rome fut appelée d'après le nom de son fondateur Romulus.

- Dans la proposition infinitive, la forme *esse* est très souvent sous-entendue :

Spero te venturum (esse). *J'espère que tu viendras.*

14 Verbes impersonnels

1. Différents types

Les verbes impersonnels sont des verbes qui ne peuvent pas avoir pour sujet un nom, un pronom ou un groupe nominal ; ils sont toujours employés à la 3e personne du singulier et à l'infinitif présent et parfait. On en distingue plusieurs types.

- Les verbes désignant le **temps qu'il fait**, et dont le sujet était, à une époque ancienne, le nom d'une divinité responsable du temps (Jupiter) :

Pluit. *Il pleut.*

Tonat. *Il tonne.*

- Les verbes exprimant la **nécessité** ou la **convenance** :
oportet : il faut – ***licet*** : il est permis de – ***decet*** : il convient de – ***libet*** : il est agréable de – ***necesse est*** : il est indispensable de – ***opus est*** : il est besoin de, il faut.

- Ces verbes sont accompagnés d'un infinitif ou d'une proposition infinitive :

Licet te esse beatum.
Il est permis que tu sois heureux./Il t'est permis d'être heureux.

- On rencontre également après ***oportet*** et ***licet*** un verbe au subjonctif :

Oportet venias.
Il faut que tu viennes.

- Les verbes exprimant un **sentiment**.
Ils sont accompagnés d'un complément à l'accusatif désignant la personne qui éprouve le sentiment, et parfois d'un complément au génitif indiquant la cause, l'objet de ce sentiment :
(me) miseret : j'ai pitié. – ***(me) pudet*** : j'ai honte. – ***(me) taedet*** : je suis dégoûté. – ***(me) paenitet*** : je me repens. – ***(me) piget*** : je suis mécontent.

Nonne te pudet tuae pigritiae ?
N'as-tu pas honte de ta paresse ?

2. Emploi impersonnel d'autres verbes

Certains verbes s'emploient impersonnellement à la 3e personne du singulier :

- ***fit*** : il se fait, il arrive que ; ***accidit, contingit, evenit*** : il arrive que.
Ces verbes sont suivis d'une proposition introduite par ***ut*** + **subj.** :

Fit ut judices errent.
Il arrive que les juges se trompent.

- ***constat, satis constat*** : il est bien établi que ; ***interest, refert*** : il importe de.
Ces verbes sont accompagnés d'une proposition infinitive ou d'une interrogative indirecte :

Constat homines in speluncis primum habitavisse.
Il est bien établi (= tout le monde sait) que les hommes habitèrent d'abord dans des cavernes.

- À retenir, l'emploi impersonnel de ***videri***, « sembler bon », accompagné d'un **complément au datif** :

Cras, si tibi videbitur, Publium adibimus.
Demain, si cela te paraît bon, nous irons voir Publius.

15 Passif personnel et impersonnel

1. Passif personnel

Les verbes transitifs (accompagnés, à l'actif, d'un complément d'objet à l'accusatif) peuvent s'employer au passif personnel ; on passe de l'actif au passif selon la transformation :

Omnes vos laudant. > **Laudamini ab omnibus.**
Vicimus Gallos. > **Galli a nobis victi sunt.**
Caesar Gallos vicit. > **Galli a Caesare victi sunt.**

2. Cas particuliers

● Lorsqu'un verbe actif, tel ***rogare*** ou ***docere***, admet deux compléments à l'accusatif, c'est le complément désignant une (ou des) personne(s) qui devient le sujet du verbe au passif personnel :

Doceo pueros linguam Latinam.
> **Pueri a me linguam Latinam docentur.**

● Les verbes de volonté ***jubere, vetare, sinere, cogere, prohibere*** se rencontrent au passif personnel :

Jubetur exire.
Il reçoit l'ordre/on lui ordonne de sortir.

3. Passif impersonnel

Le passif impersonnel se rencontre à la 3e personne de **tous les verbes latins** (accompagné ou non d'un complément d'agent) :

Romam itur via Appia.
On va à Rome par la voie Appienne.

Pugnatum est acriter ab omnibus.
*(*Il fut combattu avec ardeur par tous.)*
= Tous combattirent avec ardeur.

16 Phrase interrogative

L'interrogation, en latin comme en français, se présente sous deux formes :
– interrogation **directe** : il s'agit d'une proposition **indépendante** ou **principale** ;
– interrogation **indirecte** : il s'agit d'une proposition **subordonnée**, le plus souvent **complétive** d'un verbe.
Nous étudierons l'interrogation indirecte avec les subordonnées complétives.

▶ ***Fiche* 19**

1. Les mots interrogatifs

● **Pronoms** interrogatifs :
– ***quis, quae, quid ?*** = qui ? lequel ? quoi ? que ?
– ***uter, utra, utrum ?*** (également adjectif) = lequel des deux… ?

Quis locutus est ? *Qui a parlé ?*

● **Adjectifs** interrogatifs :
– ***qui(s), quae/qua, quod ?*** = quel ? quelle ?
– ***qualis, is, e ?*** = quel (de quelle nature) ?
– ***quantus, a, um ?*** = quel (de quelle grandeur) ?

● **Adverbes** interrogatifs
– de lieu :
ubi ? = où (est-il) ?
quo ? = où (va-t-il) ?
unde ? = d'où (vient-il) ?
qua ? = par où (va-t-il) ?

Quo proficiscimini ?
Où partez-vous ?

– de temps :
quando ? = quand ?
quamdiu ? = pendant combien de temps ?
quousque ? = jusques à quand ?

– de cause :
cur ? / ***quare ?*** / ***quid ?*** / ***quamobrem*** ? } pourquoi ?

– de quantité ou d'intensité :
quam ? (devant adjectif ou adverbe)
quantum ? (devant verbe ou nom au génitif) combien ?
quot ? (devant nom au pluriel)

Quam multi sumus ? *Combien (nombreux) sommes-nous ?*

– de manière :
quomodo ? quemadmodum ? comment ?
ut ? dans quelle mesure ? comment ?

● Fréquemment, en latin comme en français, l'interrogation n'est soulignée par aucun mot interrogatif :

Venis ? *Tu viens ?*

2. Les particules interrogatives

● ***-ne*** est une particule enclitique : elle est toujours **fixée à la fin du mot** sur lequel porte l'interrogation :

Fraterne locutus est ? *Est-ce ton frère qui a parlé ?*
Frater locutusne est ? *Ton frère a-t-il parlé ?*

● ***Nonne*** (est-ce que... ne... pas ?) introduit une interrogation de forme négative (la **réponse attendue** est **affirmative**) :

Nonne Ciceronis libros legistis ?
N'avez-vous pas lu les livres de Cicéron ?

● ***Num*** (est-ce que... ?) laisse généralement prévoir une **réponse négative** :

Num quis vestrum aliter sentit ?
Est-ce que l'un d'entre vous est d'un avis différent ?

3. L'interrogation double

● Les deux membres d'une interrogation double sont liés par la particule ***an***. Le premier terme peut :

– n'être introduit par aucun mot interrogatif :

Venis, an manes ?
Tu viens ou tu restes ?

– être introduit par ***utrum*** ou par ***-ne*** :

Utrum pacem an bellum mavultis ?
Préférez-vous la paix ou la guerre ?

Romulusne an Remus Urbem condidit ?
Est-ce Romulus ou Rémus qui fonda la Ville ?

● Employée seule, en tête d'une interrogation simple, la particule an introduit une **question ironique**, à laquelle la réponse ne peut être que **non** dans le contexte :

Duo et duo sunt quattuor : an quis dubitat ?
Deux et deux font quatre : quelqu'un en douterait-il ?

4. Les modes dans la proposition interrogative

● Le verbe d'une phrase interrogative directe (ou exclamative) est à l'indicatif ou au subjonctif, potentiel ou irréel. ▶ *Fiche* 28

In qua urbe vivimus !
Dans quelle ville vivons-nous !

Quid agam ?
Que pourrais-je faire ? Que faire ?

Quo tempore vixisse voluisses ?
À quelle époque aurais-tu voulu vivre ?

● La proposition infinitive se rencontre (rarement) en phrase exclamative ou interrogative, sans verbe introducteur :

Quid, me vexari ?
Quoi, moi, me tourmenter ?

5. La phrase exclamative

Quis, qualis, quantus et les adverbes ***quam, quantum, quot, ut, quomodo*** servent couramment à formuler une phrase exclamative :

Quis vir ! *Quel homme !*

Quanta pecunia ! *Que d'argent !*

Ut celeriter currit ! *Comme il court vite !*

Quam altus est ! *Qu'il est grand !*

17 Ordre et défense

1. L'ordre

L'ordre s'exprime en latin :

● par l'**impératif présent** ou (plus rarement) **futur**, à la **2e personne** :

I, curre, ulciscere patriam tuam !
Va, cours, et venge ta patrie !

Les formes d'impératif à la 3e personne (voir p. 222) se rencontrent très rarement dans les textes.

● par le **subjonctif présent aux autres personnes** (et parfois à la 2e personne également) :

Statim proficiscantur legati !
Que les ambassadeurs se mettent en route immédiatement !

2. La défense

La défense s'exprime en latin :

● à la 2e personne, à l'aide de ***noli/nolite*** (impératif de ***nolo***) suivi du verbe à l'**infinitif** :

Noli proficisci ! *Ne pars pas !*

Nolite ridere ! *Ne riez pas !*

● à toutes les personnes, par ***ne*** et le **subjonctif présent** :

Ne repugnetis ! *Ne résistez pas !*

Ne rideat ! *Qu'il n'aille pas rire !*

● à la 2e personne, par ***ne*** et le **subjonctif parfait** :

Ne locutus sis ! *Ne parle pas !*

Ne veneritis ! *Ne venez pas !*

18 Souhait et regret

Le mode du souhait et du regret est le **subjonctif**. Cet emploi du subjonctif est parfois appelé **subjonctif optatif** (***optare*** = souhaiter).

1. L'expression du souhait

Le souhait proprement dit porte sur l'**avenir** ; il est formulé comme **réalisable** ; il s'exprime au **subjonctif présent**, précédé ou non de l'adverbe ***utinam*** :

Tibi dent dii longam vitam !
Que les dieux t'accordent une longue vie !

La négation est ***ne*** :

Utinam ne veniat !
Puisse-t-il ne pas venir !

2. L'expression du regret

Un regret peut porter soit sur le **présent**, soit sur le **passé** :

- On constate la **non-réalisation** d'un fait **au moment où l'on parle : subjonctif imparfait**, précédé de l'adverbe ***utinam*** :

Utinam adesset ! *Ah ! si seulement il était là !*

La négation est ***ne*** :

Utinam ne tam dives esset !
Ah ! si seulement il n'était pas si riche !

- On déplore la **non-réalisation** d'un fait **dans le passé : subjonctif plus-que-parfait**, précédé de l'adverbe ***utinam*** :

Utinam felix fuissem ! *Ah ! si j'avais eu de la chance !*

La négation est ***ne*** :

Utinam ne Remum occidisset Romulus !
Ah ! si seulement Romulus n'avait pas tué Rémus !

19 Propositions complétives

Cette fiche récapitule les différents types de propositions complétives (= subordonnées en fonction de **complément d'objet du verbe**).

1. Proposition infinitive

- Elle se rencontre après les verbes exprimant une **déclaration** (*dicere, negare, narrare...*), une **opinion** (*putare, credere, sperare...*), une **connaissance** (*scire/nescire, ignorare...*), ainsi que certains verbes de **volonté** (*jubere, velle, vetare...*) ou exprimant un **sentiment** (*gaudere, indignari, mirari...*) qui admettent également d'autres types de complétives.
- Son **sujet** est **à l'accusatif** et son **verbe à l'infinitif**.

Omnes scimus Romulum regnavisse.
Nous savons tous que Romulus fut roi.

2. Proposition interrogative indirecte

- On rencontre une proposition interrogative indirecte après les verbes et les locutions signifiant « **demander** » (*rogare, quaerere, dusbitare...*), « **savoir** » (*scire, ignorare, certum est...*) ou « **comprendre, apprécier** » (*intellegere, existimare, mirari...*)
- Elle est introduite par les mêmes mots interrogatifs que l'**interrogation directe**, et son verbe est au **subjonctif**.

Nescio quis venerit.
Je ne sais pas qui est venu.

3. Proposition complétive au subjonctif seul

On peut rencontrer une proposition complétive au subjonctif **sans conjonction de subordination** après les verbes *velle, nolle, malle, licet, oportet, necesse est* et certains verbes à l'impératif (*fac, sine...*) :

Volo / Necesse est multos libros legas.
Je veux/ Il est indispensable que tu lises beaucoup de livres.

4. Proposition complétive introduite par *ut/ne* + subjonctif

On la rencontre après les verbes exprimant une **volonté** (*imperare, monere, hortari...*), un **souhait** (*optare...*), un **effort** (*conari, curare, operam dare...*). Elle subit la concordance des temps. ▶ Fiche 20

Cura ut valeas.
Veille à bien te porter.

5. Proposition complétive introduite par *ut/ut non* + subjonctif

On la rencontre avec des **verbes ou expressions impersonnels** (▶ Fiche 14) tels que *fit, accidit...*

Fit ut Cicero sileat.
Il arrive que Cicéron se taise.

6. Proposition complétive introduite par *ne/ne non* + subjonctif

Elle se rencontre après les verbes exprimant la **crainte** (*timere, metuere, vereri*...) et subit la concordance des temps.

Timeo ne veniat/ne non veniat.
Je crains qu'il (ne) vienne/qu'il ne vienne pas.

7. Complétive introduite par *ne/quin, quominus* + subjonctif

Après des verbes exprimant l'idée d' « **empêcher** » (*impedire, obstare, recusare*...), on rencontre :
– ***ne*** (parfois ***quominus***) + **subjonctif**, si le verbe est **affirmatif** :

Impedio ne veniat. *J'empêche qu'il (ne) parte.*

– ***quin, quominus*** + **subjonctif**, si le verbe est **nié** ou dans une **proposition interrogative** :

Quid impedit quin venias ?
Qu'est-ce qui t'empêche de venir ?

Elle est soumise à la concordance des temps.

8. Proposition complétive introduite par *quod* + indicatif

On assimile à une proposition complétive le tour ***quod* + ind.** (= le fait que) après certains verbes et locutions (*gaudere, mirari*...) :

Gaudemus quod vicisti.
Nous nous réjouissons que tu aies remporté la victoire.

20 Concordance des temps

● Les verbes des propositions subordonnées au subjonctif suivent ordinairement la règle de la concordance des temps : quand le verbe introducteur est **au passé** (imparfait, parfait, plus-que-parfait), le verbe de la subordonnée est au subjonctif **imparfait** ou **plus-que-parfait**.

● Dans un récit au présent de narration, la concordance des temps peut se faire au passé, comme pour un récit au parfait (temps ordinaire du récit).

● Cette règle s'applique :
– aux propositions complétives introduites par ***ut/ne, quin, quominus*** ;
– aux propositions interrogatives indirectes ;
– aux propositions de but ;
– dans certains cas, aux propositions de conséquence.

▶ *Fiches* **22 et 25**

21 Proposition infinitive : emploi des temps

1. Présent, passé, futur

Dans la proposition infinitive, les différents temps de l'infinitif permettent de situer l'action de la proposition infinitive par rapport au verbe introducteur.

● L'infinitif **parfait** indique l'**antériorité** de la subordonnée par rapport au verbe introducteur :

Dico me venisse. *Je dis que je suis venu.*

Dicebam me venisse. *Je disais que j'étais venu.*

● L'infinitif **présent** indique la **simultanéité** entre l'action de la subordonnée et celle du verbe introducteur :

Dico me venire.
Je dis que je viens.

Dicebam me venire.
Je disais que je venais.

● L'infinitif **futur** indique que l'action de la subordonnée est **postérieure** à celle du verbe introducteur :

Dico me venturum (esse).
Je dis que je viendrai.

Dicebam me venturum (esse).
Je disais que je viendrais.

2. *-urum esse/-urum fuisse*

Le conditionnel s'exprime dans la proposition infinitive à l'aide de périphrases en ***-urum esse*** (infinitif futur : éventuel, potentiel), et ***-urum fuisse*** (irréel du présent et du passé).

▶ *Fiche* **25**

22 Expression du but

1. Propositions circonstancielles de but

● Les propositions circonstancielles de but (appelées aussi : finales) sont introduites en latin par ***ut*** (lorsqu'elles sont affirmatives) ou ***ne*** (lorsqu'elles sont négatives). Le verbe est au **subjonctif** et subit la concordance des temps :

Parat pacem ut bellum vitet.
Il prépare la paix pour éviter la guerre.

Hostes fugerunt ne caperentur.
Les ennemis s'enfuirent pour ne pas être faits prisonniers.

● Lorsque la proposition de but contient un comparatif ou, plus généralement, l'idée d'une **comparaison**, le but est exprimé par une relative au subjonctif introduite par ***quo***, ablatif neutre :

Labora quo doctior fias. *Travaille pour devenir plus savant.*

2. Autres expressions du but

● Un groupe prépositionnel comprenant un **gérondif** ou un **adjectif verbal** ▶ Fiche 11 :

– ***ad*** + accusatif :

Ad servandam libertatem nonnumquam arma capienda sunt.
Pour sauver la liberté, il faut parfois prendre les armes.

– ***causa, gratia*** précédés du génitif :

bellandi gratia *pour faire la guerre*

● Le supin en ***-um*** après les verbes de mouvement ***(ire, mittere...)***. ▶ Fiche 11

● Une proposition relative au subjonctif. ▶ Fiche 9

23 Expression de la cause

1. Proposition circonstancielle de cause à l'indicatif

● Introduites par ***quod, quia*** (parce que), ***quoniam*** (puisque), ***quando*** (puisque, du moment que), les propositions circonstancielles de cause sont généralement à l'indicatif :

Quoniam pluit, domi manebimus.
Puisqu'il pleut, nous resterons à la maison.

● ***quod*** et ***quia*** sont souvent annoncés dans la principale par un corrélatif : ***eo, hoc, ideo, propterea, idcirco... quod, quia...***

Ideo victoriam tulimus quod hostes pauci erant.
(Si) nous avons remporté la victoire, (c'est) parce que les ennemis étaient peu nombreux.

2. Proposition circonstancielle de cause au subjonctif

● Après ces conjonctions, mais surtout après ***quod***, on emploie le subjonctif lorsque la cause est présentée comme la **pensée du sujet** de la proposition principale. On rencontre le pronom réfléchi indirect pour renvoyer à ce sujet et le verbe au subjonctif subit la concordance des temps.

Roma sic appellata est quod a Romulo condita est.
Rome fut ainsi appelée parce qu'elle fut fondée par Romulus. (cause objective : indicatif)

Romulus fratrem interfecit quod novae urbis moenia transiluisset.
Romulus tua son frère parce que (selon lui), sous prétexte qu'il avait sauté au-dessus des murailles de la ville nouvelle.

● À retenir, les expressions : ***non quod*** (ou ***non quo***) + **subjonctif**,... ***sed quia*** (***quod***) + **indicatif** = non parce que... (cause non fondée, repoussée), mais parce que... (cause réelle).

3. *Cum* + subjonctif

Cum + subj. = étant donné que, puisque...

Quae cum ita sint...
Puisqu'il en est ainsi...

Cum Romam ire debeas...
Puisque tu dois aller à Rome...

4. Autres expressions de la cause

La cause peut être exprimée par :

– un ablatif absolu ▶ Fiche 1, § 6 ;

– une proposition relative au subjonctif. ▶ Fiche 9

24 Expression du temps

1. Compléments de temps

● Les compléments de temps sont souvent des **groupes prépositionnels** :

per totum diem *pendant toute la journée*

ex illo die *depuis ce jour-là*

● Les noms désignant une durée s'emploient **à l'accusatif sans préposition** pour exprimer combien de temps a duré l'action (***quamdiu ?***) ou depuis combien de temps dure l'action (généralement avec l'adverbe ***jam***). ▶ Fiche 1

● Le complément de temps **à l'ablatif sans préposition** s'emploie pour exprimer à quel moment se situe l'action (***quando ?***) ou en combien de temps l'action s'est faite (***quanto tempore ?***). ▶ Fiche 1

2. Propositions circonstancielles de temps

● Les propositions circonstancielles de temps sont introduites par les **conjonctions** :

Ubi, cum (quum), ut : quand, lorsque – ***ubi primum, ut primum*** : dès que – ***quotiens*** : chaque fois que – ***simul atque (ac)*** : en même temps que – ***priusquam (prius... quam), antequam (ante... quam)*** : avant que – ***postquam (post... quam)*** : après que – ***dum, donec*** : jusqu'au moment où – ***dum, quamdiu*** : aussi longtemps que.

Elles sont suivies des divers temps de l'indicatif.

Ubi Romam venisti, puer eras.
Lorsque tu es venu à Rome, tu étais enfant.

● ***Cum*** + indicatif est parfois annoncé ou repris dans la principale par ***tum*** (alors) :

Cum sol oritur, tum dies incipit.
Quand le soleil se lève, (alors) le jour commence.

● La conjonction ***dum*** avec le **présent** de l'indicatif, quel que soit le contexte temporel, signifie « pendant que », et la proposition peut souvent se traduire par « en » + participe présent.

Dum dormit, mirum somnium habuit.
Pendant qu'il dormait/En dormant, il fit un rêve étrange.

3. *Antequam, priusquam* + subjonctif

Après ***antequam*** et ***priusquam***, on rencontre le subjonctif pour souligner que la proposition subordonnée exprime l'intention du sujet du verbe principal. Cette nuance peut être rendue en français par « sans attendre que » :

Ante proficiscar quam veniat.
Je partirai sans attendre son arrivée.

4. *Cum historicum*

Cum + subj. imparfait ou plus-que-parfait introduit une **circonstancielle temporelle** à laquelle se mêle une **nuance causale**. Cette tournure est très fréquente dans les récits historiques ; c'est pourquoi on l'appelle *cum historicum*.

● Si la nuance dominante est **causale**, on traduira *cum* par « étant donné que, comme » ou par un participe :

Cum hostes fessos esse sensisset, Caesar impetum fecit.
Comme il avait senti que/Ayant senti que les ennemis étaient fatigués, César lança une attaque.

● Si la nuance dominante est **temporelle** (avec une opposition entre la subordonnée et la principale), on traduira *cum* par « alors que, tandis que » :

Cum nostri laborarent, auxilia venerunt.
Tandis que nos soldats étaient en difficulté, les renforts arrivèrent.

5. L'ablatif absolu

▶ Fiche 1, § 6

25 Expression de la conséquence

1. *Ut/ut non* + subjonctif

● Les propositions subordonnées de conséquence sont au subjonctif, introduites par ***ut/ut non***. La conjonction *ut* est souvent annoncée dans la principale par divers corrélatifs : ***ita, sic, adeo, tam, talis, tantus, tantum,*** le pronom adjectif ***is, ea, id...*** :

Ita stultus est ut nesciat se stultum esse.
Il est si bête qu'il ne sait pas qu'il est bête.

Raro tam peritus est fur ut non aliquando capiatur.
Un voleur est rarement assez habile pour ne pas se faire prendre un jour.

● La proposition subordonnée consécutive suit les règles de la **concordance des temps** lorsque la conséquence est **voulue** :

Ita bellum gessit ut hostibus tempus parandi non relinqueret.
Il mena la guerre de façon à ne pas laisser aux ennemis le temps de se préparer.

2. Proposition relative au subjonctif

▶ Fiche 9

3. *Quin* + subjonctif

Après une principale interrogative ou négative, ***quin*** ***(= qui non, quae non, quod non...)*** introduit une relative au subjonctif équivalant à une consécutive :

Quis tam stultus est quin hoc intellegat ?
Qui est assez sot pour ne pas comprendre cela ?

26 Expression de la comparaison

1. *Ut, sicut, velut* + indicatif

Ut est souvent annoncé dans la proposition principale par ***ita*** ou ***sic***.

Cicero, ut vidimus, bellum timebat.
Cicéron, comme nous l'avons vu, redoutait la guerre.

Non ita se gessit Octavius ut Cicero speraverat.
Octave ne s'est pas conduit comme Cicéron l'avait espéré.

2. Corrélations comparatives

On appelle corrélation le **système comparatif** formé par deux adjectifs ou deux adverbes dont l'un est dans la proposition principale, l'autre dans la proposition subordonnée de comparaison :

tantus, a, um... quantus, a, um : aussi grand... que – ***tantum... quantum*** : autant... que – ***talis, e... qualis, e*** : tel... que – ***tam... quam*** : aussi... que – ***tot... quot*** : aussi nombreux que...

Talem orationem habuit Cicero qualem optabant amici.
Cicéron fit un discours tel que le souhaitaient ses amis.

3. Autres tours comparatifs

- Un complément de comparaison peut être introduit par ***quam*** (complément du comparatif, ▶ *Fiche 3*), par ***ac/atque*** (après *idem, alius, aliter...*) ou exprimé par une relative (*idem... qui*).
- ***quasi*** + subjonctif introduit une comparative conditionnelle (« comme si ») :

Pecuniam a me poscis quasi dives sim.
Tu me demandes de l'argent comme si j'étais riche.

27 Expression de la concession

1. À l'indicatif

quamquam + indicatif, « bien que », « quoique », ***etsi*** + indicatif, « même si » :

Quamquam puer erat, Hannibal Romanos jam oderat.
Bien qu'il fût encore adolescent, Hannibal haïssait déjà les Romains.

2. Au subjonctif

- ***cum*** + subjonctif, « bien que », « quoique », « alors que » (souvent souligné par ***tamen*** dans la proposition principale) :

Cum senex jam esset, Cicero tamen fortes orationes habuit.
Bien qu'il fût déjà vieux, Cicéron prononça pourtant des discours courageux.

- ***quamvis*** + subjonctif (parfois indicatif) s'emploie surtout avec un adjectif ou un adverbe :

Quamvis doctus sis, stulte agis.
Bien que tu sois savant/Tu as beau être savant/Tout savant que tu es, tu agis stupidement.

3. Proposition relative au subjonctif

▶ *Fiche 9*

28 Expression de l'hypothèse

1. Système conditionnel

On appelle ainsi le système formé par une proposition principale et une proposition subordonnée formulant une hypothèse (« Si... »), dans lesquelles les modes et les temps varient simultanément pour exprimer différentes nuances.

● ***si/nisi* + indicatif**
L'hypothèse est considérée comme **certaine** et **réalisée**. La principale est aussi à l'indicatif :

Si vis, canto. *Si tu le veux, je chante.*

● ***si/nisi* + futur** (ou futur antérieur dans la subordonnée seulement).
L'hypothèse est **relative à l'avenir (éventuel)**.

Si cras venies (veneris), gaudebo.
Si tu viens demain, je serai content.

● ***si/nisi* + subjonctif présent**
L'hypothèse est considérée comme **pouvant se réaliser (potentiel)**.

Si dives sim, domum emam.
Si un jour j'étais riche, j'achèterais une maison.

● ***si/nisi* + subjonctif imparfait**
L'hypothèse **est démentie par la réalité (irréel du présent).** *Nunc* (« mais en réalité... ») sert souvent à indiquer cette réalité.

Si dives essem, domum emerem. (Nunc nullam pecuniam habeo.)
Si j'étais riche, j'achèterais une maison. (Mais en réalité je n'ai pas d'argent.)

● ***si/nisi* + subjonctif plus-que-parfait**
L'hypothèse, relative au passé (conditionnel passé), ne s'est **pas réalisée (irréel du passé)**.

Si dives fuissem, domum emissem.
Si j'avais été riche, j'aurais acheté une maison.

2. Conditionnel dans la proposition infinitive

Le conditionnel s'exprime dans la proposition infinitive à l'aide de périphrases en
-urum esse (infinitif futur : éventuel, potentiel), et ***-urum fuisse*** (irréel du présent et du passé) :

Puto nos hostes victuros esse, si bonus consul habeamus.
Je pense que nous vaincrions les ennemis, si nous avions un bon consul.

Contendit se venturum fuisse, si rogavisses.
Il prétend qu'il serait venu, si tu le lui avais demandé.

29 Discours indirect

1. Définitions

● Le **discours direct** (ou style direct) rapporte les paroles ou les pensées telles qu'elle sont exprimées :

Antiochus dixit : « Sum rex Syriae. »
Antiochus dit : « Je suis le roi de Syrie. »

● Le **discours indirect** (ou style indirect) rapporte les paroles ou les pensées en les faisant dépendre d'un **verbe introducteur** signifiant « dire » ou « penser » :

Antiochus dixit se regem esse Syriae.
Antiochus dit qu'il était le roi de Syrie.

Lorsque les paroles rapportées s'étendent sur plusieurs phrases, le verbe introducteur n'est pas répété.

2. Règles à retenir

● Au discours indirect, après le verbe introducteur, on ne rencontre que des **propositions infinitives** et des **propositions au subjonctif** subissant la **concordance des temps**.

● Les propositions **principales ou indépendantes à l'indicatif** du discours direct, ainsi que la **proposition principale d'un système conditionnel** deviennent des **propositions infinitives à la 3e personne**.

● Les propositions **indépendantes ou principales à l'impératif ou au subjonctif** (d'ordre, de souhait...) du style direct deviennent des **propositions au subjonctif et à la 3e personne**.

● Les **interrogatives directes** du style direct, devenant des **interrogatives indirectes**, sont dans le style indirect au **subjonctif** (à l'exception des interrogatives, dites « oratoires », qui deviennent des infinitives).

● Toutes les propositions **relatives et circonstancielles** qui font partie des paroles rapportées sont au **subjonctif**.

Rex dixit : « A praetore spoliatus sum cum Syracusis eram. » Le roi dit : « J'ai été dépouillé par le préteur lorsque j'étais à Syracuse. »

Rex dixit se a praetore spoliatum esse cum Syracusis esset. Le roi dit qu'il avait été dépouillé par le préteur lorsqu'il était à Syracuse.

● Le sujet parlant ou pensant est représenté par le pronom réfléchi ***se*** (à ses différents cas), qui est alors appelé « **réfléchi indirect** », et par le possessif ***suus*** ; il arrive que lui soit substitué le pronom ***ipse***.

Caesar dixit Gallos in sua dicione esse.
César dit que les Gaulois étaient sous son autorité.

30 *Ut* (*uti*)

1. *Ut* + indicatif

Ut, suivi de l'indicatif, se traduit par :

– « lorsque », « quand » (***ut primum*** : dès que) : il introduit une **subordonnée temporelle** ▶ Fiche 24

Aeneas Didonem ut vidit amavit.
Énée aima Didon lorsque/sitôt qu'il la vit.

– « comme », « de même que » ; dans ce cas, il est souvent annoncé par un corrélatif et introduit une **subordonnée de comparaison** ▶ Fiche 26 :

Faciam ut dicis. *Je ferai comme tu dis.*

– « dans la mesure où », « pour autant que », « en tant que » : il introduit une **parenthèse explicative** avec diverses nuances ; le verbe est le plus souvent *esse*, généralement sous-entendu.

Aristoteles doctissimus, ut illis temporibus, erat.
Aristote était très savant pour son époque.

2. *Ut* + subjonctif

● ***Ut***, suivi du subjonctif, introduit une **proposition complétive** :

– après les verbes et expressions verbales signifiant « souhaiter, conseiller, demander que/de, obtenir, veiller à ce que, faire en sorte que/de... » ▶ Fiche 19 :

Cura ut valeas. *Prends soin de te bien porter.*

– après les tours impersonnels, ou les verbes impersonnels tels que *fit, accidit, evenit*... ▶ Fiche 14 :

Fit ut magister erret.
Il arrive qu'un maître d'école se trompe.

● ***Ut*** introduit une proposition subordonnée consécutive et se traduit par « si bien que », « de telle sorte que... ». Dans ce cas, ***ut*** est souvent en corrélation avec *sic, ita, tam, adeo, is, talis, tantus*, etc. ▶ Fiche 25 :

Tam piger est ut nihil discere possit.
Il est si paresseux qu'il ne peut rien apprendre.

● ***Ut*** introduit une **proposition subordonnée de but** (parfois en corrélation avec *eo, idcirco*) et se traduit par « pour que », « afin que » ▶ Fiche 22 :

Laboramus ut docti fiamus.
Nous travaillons pour devenir savants.

● On rencontre un emploi de *ut* avec le sens de « à supposer que », « en admettant que » :

Ut desint vires, tamen est laudanda voluntas.
À supposer que les forces manquent, l'intention n'en est pas moins louable.

● **Ne pas confondre** avec l'adverbe interrogatif/exclamatif *ut* = comment ? combien ? dans quelle mesure ?

Ut vales ? *Comment te portes-tu ?*

Vide ut alta sit illa arbor !
Vois comme cet arbre est haut !

31 *Ne*

Toujours suivi du subjonctif, *ne* est la négation de *ut* dans certains de ses emplois (lorsque la subordonnée exprime une action voulue par le sujet du verbe de la principale).

Ne introduit une proposition subordonnée complétive

– Après les verbes signifiant « craindre » ; pour nier cette complétive, on emploie *ne... non*. ▶ Fiche 19

Ne introduit une proposition subordonnée complétive négative

Après les verbes signifiant « souhaiter », « conseiller », « persuader », « veiller à ce que », « faire en sorte que », etc. ▶ Fiche 19 :

Tibi suasi ne venires. *Je t'ai conseillé de ne pas venir.*

Ne introduit une proposition de but négative

Equites immisit ne hostes longius procederent.
Il lança la cavalerie pour que les ennemis n'avancent pas davantage (pour empêcher les ennemis d'avancer davantage).

▶ Fiche 22

À retenir, la locution :

ne multa (dicam) *pour ne pas dire beaucoup de paroles/bref*

Confusions à éviter

Ne est à distinguer de :

– la particule d'interrogation ***-ne***, enclitique (accrochée au mot) :

Venisne ? *Est-ce que tu viens ?*

– la négation composée ***ne... quidem*** = ne... pas... même, ne... non plus :

Servi ne vitam suam quidem possident.
Les esclaves ne possèdent pas même leur propre vie.

– ***ne*** + subjonctif (souvent au parfait) dans une proposition indépendante ou principale, où ***ne*** exprime la **défense** :

Ne riseris ! *Ne ris pas !*

– ***ne*** utilisé avec ***utinam*** pour l'expression d'un souhait ou d'un regret négatif :

Utinam ne venisset !
Ah ! Si seulement il n'était pas venu !

32 Cum

On rencontre parfois, lorsque ***cum*** est conjonction de subordination, la graphie *quum*.

1. *Cum* + indicatif

- *Cum* suivi de l'indicatif se traduit par « quand », « lorsque », « au moment où » ; il est parfois en corrélation avec *tum* (alors) :

Cum puer eram, (tum) otiosus eram.
Quand j'étais petit enfant, (alors) j'avais du loisir.

- *Cum primum* = dès que.

2. *Cum* + subjonctif

Cum suivi du subjonctif se traduit par :

– « parce que », « puisque », « étant donné que » ▶ Fiche 23 :

Cum vita brevis sit, cura ut jucunda sit.
Puisque la vie est brève, tâche qu'elle soit agréable.

– « bien que », « quoique », « alors que » ; il est parfois en corrélation avec *tamen* qui peut ne pas être traduit en français ▶ Fiche 27 :

Cum Socrates fugere posset, (tamen) mori maluit.
Alors que Socrate pouvait fuir, il préféra mourir.

3. *Cum historicum*

Dans les récits, *cum* + subjonctif imparfait ou plus-que-parfait revêt à la fois une valeur causale et une valeur temporelle ; le contexte guidera la traduction.

▶ Fiche 24

Cum milites longo itinere fessi essent, Caesar castra ponere decrevit.
Comme les soldats étaient épuisés par une longue étape, César décida d'installer son camp.

Cum nostri loco cederent, Caesar cum equitatu receptum parabat.
Tandis que nos soldats lâchaient pied, César préparait la retraite avec la cavalerie.

4. Confusions à éviter

Ne confondez pas ***cum*** conjonction avec :

– ***cum*** préposition, suivi d'un nom à l'ablatif :

Cum amico veni. *Je suis venu avec un ami.*

– la tournure adverbiale ***cum..., tum...*** : « d'une part..., d'autre part (surtout) » :

Romulus cum juvenis, tum regnandi cupidus erat.
Romulus, d'une part, était jeune, et, d'autre part (mais surtout) avide de régner.

33 Particularités grammaticales en poésie

1. Morphologie

Pour des raisons métriques, les poètes emploient fréquemment certaines formes archaïques :

– le **génitif pluriel** en *-um* au lieu de ***-orum*** à la 2e déclinaison : *virum* pour *virorum* ; *divum* pour *divorum* (= *deorum*) ;

– le **génitif pluriel** en ***-um*** au lieu de ***-ium*** pour les « faux imparisyllabiques » : *amantum* pour *amantium* ; *parentum* pour *parentium*.

2. Syntaxe

- Les **compléments de lieu**, à l'ablatif ou à l'accusatif, sont très fréquemment employés sans préposition.
- Le **pluriel** est parfois employé pour le singulier (c'est ce qu'on appelle le « pluriel poétique »).
- Le **mot** (pronom ou conjonction) introduisant une subordonnée est souvent placé à l'intérieur de celle-ci.
- L'**adjectif épithète** est le plus souvent séparé par plusieurs mots du nom auquel il se rapporte (procédé dit de la disjonction).

34 Métrique

1. Principaux mètres

Le **dactyle** (−⏑⏑), le spondée (−−), le trochée (−⏑), l'iambe (⏑−), l'anapeste (⏑⏑−).

Le dactyle et le spondée sont substituables (une longue équivaut à deux brèves).

2. Quantité des syllabes

Une syllabe est brève :

▶ par **nature**, quand elle contient une voyelle brève :

– le *a* final est bref au nominatif féminin singulier (*rosă*) et aux nominatif, vocatif, accusatif pluriels neutres (*templă*) ;

– le *e* final est bref à la troisième déclinaison aux nominatif, vocatif, accusatif neutres singuliers (*marĕ*) et à l'ablatif singulier (*consulĕ*).

▶ par **position**, quand elle contient une voyelle suivie d'un *h* ou d'une autre voyelle (sauf si ces deux autres voyelles forment une diphtongue comme *oe*, *ae*, *au*, *eu*) : *trăho*, *filĭus*.

Une syllabe peut être longue :

▶ par **nature**, lorsqu'elle contient une voyelle longue ou une diphtongue (*ae*, *oe*, *au*, *eu*), par exemple :

– le *a* final est long à l'ablatif singulier (*ros-ā*) ;

– le *i* final est long au datif/ablatif singulier (*fort-ī*) ;

– une voyelle résultant d'une contraction est longue (le premier *o* de *cōgo* est long car il résulte de la contraction de **co-ago*).

▶ par **position**, lorsqu'elle contient une voyelle suivie d'un *j*, d'un *x* ou d'un *z* (*Trōja*, *senēx*) ou de deux consonnes (y compris quand la deuxième consonne se situe au début du mot suivant), par exemple, dans ***ēt proelia***, la syllabe *et* est longue.

Hiatus et élision

– Devant un mot commençant par une voyelle ou un *h*, la voyelle ou la diphtongue finale d'un mot s'élide (elle n'est pas prononcée) pour éviter le hiatus (= rencontre entre deux voyelles) : ***ipsa ego*** se prononce et se scande ***ips' ego***.

– De même si la voyelle finale est suivie d'un *m* : ***multum ille*** se prononce et se scande ***mult'ille***.

– La forme *est* perd son *e* après un mot terminé par une voyelle, une diphtongue ou un *m* :
certum est se prononce et se scande ***certumst***.

3. Principaux vers latins

L'hexamètre dactylique

Il est formé de **six mesures** qui peuvent être soit des dactyles, soit des spondées, à l'exception de la **5e mesure** qui est presque toujours un **dactyle**, et de la 6e qui est indifféremment un spondée ou un trochée. La coupe principale (ou césure, notée //) est placée après le 5e demi-pied.

−⏑⏑	−⏑⏑	−//⏑⏑	−⏑⏑	−⏑⏑	−⏓
−−	−−	−//−	−−		

Le pentamètre

C'est un vers composé de **cinq mesures** réparties en deux éléments de deux mesures et demie séparés par une coupe. Seuls les deux premiers mètres sont variables (dactyles ou spondées).

−⏑⏑	−⏑⏑	− ‖	−⏑⏑	−⏑⏑	⏓
−−	−−				

Le distique élégiaque

Il est formé par la succession d'un hexamètre dactylique et d'un pentamètre.

Les noms

1re déclinaison — Génitif singulier : -ae

	Singulier	Pluriel
N/V	rosa	rosae
Acc.	rosam	rosas
G	rosae	rosarum
D	rosae	rosis
Abl.	rosa	rosis

2e déclinaison — Génitif singulier : -i

	Masculin/Féminin		Neutre	
	Singulier	Pluriel	Singulier	Pluriel
N	dominus	domini	templum	templa
V	domine	domini	templum	templa
Acc.	dominum	dominos	templum	templa
G	domini	dominorum	templi	templorum
D	domino	dominis	templo	templis
Abl.	domino	dominis	templo	templis

2e déclinaison — Noms en -er

	Singulier	Pluriel
N/V	puer	pueri
Acc.	puerum	pueros
G	pueri	puerorum
D	puero	pueris
Abl.	puero	pueris

	Singulier	Pluriel
N/V	ager	agri
Acc.	agrum	agros
G	agri	agrorum
D	agro	agris
Abl.	agro	agris

3e déclinaison — Génitif singulier : -is

	Masculin/Féminin		Neutre	
	Singulier	Pluriel	Singulier	Pluriel
N/V	consul	consules	corpus	corpora
Acc.	consulem	consules	corpus	corpora
G	consulis	consulum	corporis	corporum
D	consuli	consulibus	corpori	corporibus
Abl.	consule	consulibus	corpore	corporibus

3e déclinaison — Parisyllabiques : génitif pluriel -ium

Masculin/Féminin		Neutre	
Singulier	Pluriel	Singulier	Pluriel
civis	cives	mare	maria
civem	cives	mare	maria
civis	civium	maris	marium
civi	civibus	mari	maribus
cive	civibus	mari	maribus

4ᵉ déclinaison — Génitif singulier : -us

	Masculin/Féminin	
	Singulier	Pluriel
N/V	manus	manus
Acc.	manum	manus
G	manus	manuum
D	manui	manibus
Abl.	manu	manibus

domus

	Singulier	Pluriel
N/V	domus	domus
Acc.	domum	domus/domos
G	domus	domuum/domorum
D	domui	domibus
Abl.	domo	domibus
Loc.	domi	

5ᵉ déclinaison — Génitif singulier : -ei

	Singulier	Pluriel	Singulier	Pluriel
N/V	res	res	dies	dies
Acc.	rem	res	diem	dies
G	rei	rerum	diei	dierum
D	rei	rebus	diei	diebus
Abl.	re	rebus	die	diebus

Les adjectifs

1ʳᵉ classe — Type bonus

	Singulier			Pluriel		
	M	F	N	M	F	N
N	bonus	bona	bonum	boni	bonae	bona
V	bone	bona	bonum	bonos	bonas	bona
Acc.	bonum	bonam	bonum	bonos	bonas	bona
G	boni	bonae	boni	bonorum	bonarum	bonorum
D	bono	bonae	bono	bonis	bonis	bonis
Abl.	bono	bona	bono	bonis	bonis	bonis

2ᵉ classe — Type omnis

	Singulier		Pluriel	
	M/F	N	M/F	N
N/V	omnis	omne	omnes	omnia
Acc.	omnem	omne	omnes	omnia
G	omnis	omnis	omnium	omnium
D	omni	omni	omnibus	omnibus
Abl.	omni	omni	omnibus	omnibus

2e classe Type ingens

	Singulier		Pluriel	
	M/F	N	M/F	N
N/V	ingens	ingens	ingentes	ingentia
Acc.	ingentem	ingens	ingentes	ingentia
G	ingentis	ingentis	ingentium	ingentium
D	ingenti	ingenti	ingentibus	ingentibus
Abl.	ingenti/e	ingenti	ingentibus	ingentibus

2e classe Type vetus (et comparatifs)

	Singulier		Pluriel	
	M/F	N	M/F	N
N/V	vetus	vetus	veteres	vetera
Acc.	veterem	vetus	veteres	vetera
G	veteris	veteris	veterum	veterum
D	veteri	veteri	veteribus	veteribus
Abl.	vetere	vetere	veteribus	veteribus

Les adjectifs numéraux

	M	F	N	M	F	N	M/F	N
N/V	unus	una	unum	duo	duae	duo	tres	tria
Acc.	unum	unam	unum	duos	duas	duo	tres	tria
G	unius	unius	unius	duorum	duarum	duorum	trium	trium
D	uni	uni	uni	duobus	duabus	duobus	tribus	tribus
Abl.	uno	una	uno	duobus	duabus	duobus	tribus	tribus

Les pronoms

Pronoms personnels

	1re pers. sing.	2e pers. sing.	1re pers. pl.	2e pers. pl.	Réfléchi
N	ego	tu	nos	vos	
Acc.	me	te	nos	vos	se
G	mei	tui	nostrum/nostri	vestrum/vestri	sui
D	mihi	tibi	nobis	vobis	sibi
Abl.	me	te	nobis	vobis	se

Pronom relatif

	Singulier			Pluriel		
	M	F	N	M	F	N
N	qui	quae	quod	qui	quae	quae
Acc.	quem	quam	quod	quos	quas	quae
G	cujus	cujus	cujus	quorum	quarum	quorum
D	cui	cui	cui	quibus	quibus	quibus
Abl.	quo	qua	quo	quibus	quibus	quibus

Pronom-adjectif interrogatif et pronom-adjectif indéfini

(Les formes *qui* et *quod* sont celles de l'adjectif.)

	Singulier			Pluriel		
	M	F	N	M	F	N
N	quis (qui)	quae	quid (quod)	qui	quae	quae
Acc.	quem	quam	quid	quos	quas	quae
G	**cujus**	**cujus**	**cujus**	quorum	quarum	quorum
D	**cui**	**cui**	**cui**	quibus	quibus	quibus
Abl.	quo	qua	quo	quibus	quibus	quibus

Pronom-adjectif : **is, ea, id**

	Singulier			Pluriel		
	M	F	N	M	F	N
N	is	ea	id	ei (ii)	eae	ea
Acc.	eum	eam	id	eos	eas	ea
G	**ejus**	**ejus**	**ejus**	eorum	earum	eorum
D	**ei**	**ei**	**ei**	eis (iis)	eis (iis)	eis (iis)
Abl.	eo	ea	eo	eis (iis)	eis (iis)	eis (iis)

Pronoms-adjectifs démonstratifs :

hic

	Singulier			Pluriel		
	M	F	N	M	F	N
N	hic	haec	hoc	hi	hae	haec
Acc.	hunc	hanc	hoc	hos	has	haec
G	**hujus**	**hujus**	**hujus**	horum	harum	horum
D	**huic**	**huic**	**huic**	his	his	his
Abl.	hoc	hac	hoc	his	his	his

iste

	Singulier			Pluriel		
	M	F	N	M	F	N
N	iste	ista	istud	isti	istae	ista
Acc.	istum	istam	istud	istos	istas	ista
G	**istius**	**istius**	**istius**	istorum	istarum	istorum
D	**isti**	**isti**	**isti**	istis	istis	istis
Abl.	isto	ista	isto	istis	istis	istis

ille

	Singulier			Pluriel		
	M	F	N	M	F	N
N	ille	illa	illud	illi	illae	illa
Acc.	illum	illam	illud	illos	illas	illa
G	**illius**	**illius**	**illius**	illorum	illarum	illorum
D	**illi**	**illi**	**illi**	illis	illis	illis
Abl.	illo	illa	illo	illis	illis	illis

ipse

	Singulier			Pluriel		
	M	F	N	M	F	N
N	ipse	ipsa	ipsum	ipsi	ipsae	ipsa
Acc.	ipsum	ipsam	ipsum	ipsos	ipsas	ipsa
G	**ipsius**	**ipsius**	**ipsius**	ipsorum	ipsarum	ipsorum
D	**ipsi**	**ipsi**	**ipsi**	ipsis	ipsis	ipsis
Abl.	ipso	ipsa	ipso	ipsis	ipsis	ipsis

idem lui-même ; le même ; la même.

	Singulier			Pluriel		
	M	F	N	M	F	N
N	idem	eadem	idem	eidem	eaedem	eadem
Acc.	eumdem	eamdem	idem	eosdem	easdem	eadem
G	ejusdem	ejusdem	**ejusdem**	eorumdem	earumdem	eorumdem
D	eidem	eidem	**eidem**	eisdem	eisdem	eisdem
Abl.	eodem	eadem	eodem	eisdem	eisdem	eisdem

• nemo – nihil

N	nemo	nihil
Acc.	neminem	nihil
G	(nullius)	(nullius rei)
D	nemini	(nulli rei)
Abl.	(nullo)	(nulla re)

• nullus – alter

	Singulier			Pluriel		
	M	F	N	M	F	N
N	nullus	nulla	nullum	alter	altera	alterum
Acc.	nullum	nullam	nullum	alterum	alteram	alterum
G	**nullius**	**nullius**	**nullius**	**alterius**	**alterius**	**alterius**
D	**nulli**	**nulli**	**nulli**	**alteri**	**alteri**	**alteri**
Abl.	nullo	nulla	nullo	altero	altera	altero

Les verbes

sum

Infectum			Perfectum		
	Indicatif	**Subjonctif**		**Indicatif**	**Subjonctif**
Présent	sum es est sumus estis sunt	sim sis sit simus sitis sint	**Parfait**	fui fuisti fuit fuimus fuistis fuerunt	fuerim fueris fuerit fuerimus fueritis fuerint
Imparfait	eram eras erat eramus eratis erant	essem esses esset essemus essetis essent	**Plus-que-parfait**	fueram fueras fuerat fueramus fueratis fuerant	fuissem fuisses fuisset fuissemus fuissetis fuissent
Futur	ero eris erit erimus eritis erunt	**Infinitif présent** esse	**Futur antérieur**	fuero fueris fuerit fuerimus fueritis fuerint	**Infinitif parfait** fuisse

possum

	Indicatif	**Subjonctif**	**Infinitif**
Présent	possum potes potest possumus potestis possunt	possim possis possit possimus possitis possint	posse
Imparfait	poteram poteras …	possem posses …	
Futur	potero poteris …		

Infectum actif

Indicatif	1re conj.	2e conj.	3e conj.	3e mixte	4e conj.
Présent	amo amas amat amamus amatis amant	deleo deles delet delemus deletis delent	lego legis legit legimus legitis legunt	capio capis capit capimus capitis capiunt	audio audis audit audimus auditis audiunt
Imparfait	amabam amabas amabat amabamus amabatis amabant	delebam delebas delebat delebamus delebatis delebant	legebam legebas legebat legebamus legebatis legebant	capiebam capiebas capiebat capiebamus capiebatis capiebant	audiebam audiebas audiebat audiebamus audiebatis audiebant
Futur	amabo amabis amabit amabimus amabitis amabunt	delebo delebis delebit delebimus delebitis delebunt	legam leges leget legemus legetis legent	capiam capies capiet capiemus capietis capient	audiam audies audiet audiemus audietis audient

Subjonctif	1re conj.	2e conj.	3e conj.	3e mixte	4e conj.
Présent	amem ames amet amemus ametis ament	deleam deleas deleat deleamus deleatis deleant	legam legas legat legamus legatis legant	capiam capias capiat capiamus capiatis capiant	audiam audias audiat audiamus audiatis audiant
Imparfait	amarem amares amaret amaremus amaretis amarent	delerem deleres deleret deleremus deleretis delerent	legerem legeres legeret legeremus legeretis legerent	caperem caperes caperet caperemus caperetis caperent	audirem audires audiret audiremus audiretis audirent

Infinitif	1re conj.	2e conj.	3e conj.	3e mixte	4e conj.
Présent	amare	delere	legere	capere	audire
Futur	amaturum esse	deleturum esse	lecturum esse	capturum esse	auditurum esse

Participe	1re conj.	2e conj.	3e conj.	3e mixte	4e conj.
Présent	amans, amantis	delens, delentis	legens, legentis	capiens, capientis	audiens, audientis
Futur	amaturus, a, um	deleturus, a, um	lecturus, a, um	capturus, a, um	auditurus, a, um

Impératif	1re conj.	2e conj.	3e conj.	3e mixte	4e conj.
Présent	ama, amate	dele, delete	lege, legite	cape, capite	audi, audite
Futur 2e pers.	amato, amatote	deleto, deletote	legito, legitote	capito, capitote	audito, auditote
Futur 3e pers.	amato, amanto	deleto, delento	legito, legunto	capito, capiunto	audito, audiunto

Perfectum actif   Infinitif : amavisse

Indicatif			Subjonctif	
Parfait	Plus-que-parfait	Futur antérieur	Parfait	Plus-que-parfait
amavi amavisti amavit amavimus amavistis amaverunt	amaveram amaveras amaverat amaveramus amaveratis amaverant	amavero amaveris amaverit amaverimus amaveritis amaverint	amaverim amaveris amaverit amaverimus amaveritis amaverint	amavissem amavisses amavisset amavissemus amavissetis amavissent

Infectum passif et verbes déponents

Indicatif	1re conj.	2e conj.	3e conj.	3e mixte	4e conj.
Présent	amor amaris amatur amamur amamini amantur	deleor deleris deletur delemur delemini delentur	legor legeris legitur legimur legimini leguntur	capior caperis capitur capimur capimini capiuntur	audior audiris auditur audimur audimini audiuntur
Imparfait	amabar amabaris amabatur amabamur amabamini amabantur	delebar delebaris delebatur delebamur delebamini delebantur	legebar legebaris legebatur legebamur legebamini legebantur	capiebar capiebaris capiebatur capiebamur capiebamini capiebantur	audiebar audiebaris audiebatur audiebamur audiebamini audiebantur
Futur	amabor amaberis amabitur amabimur amabimini amabuntur	delebor deleberis delebitur delebimur delebimini delebuntur	legar legeris legetur legemur legemini legentur	capiar capieris capietur capiemur capiemini capientur	audiar audieris audietur audiemur audiemini audientur
Subjonctif					
Présent	amer ameris ametur amemur amemini amentur	delear delearis deleatur deleamur deleamini deleantur	legar legaris legatur legamur legamini legantur	capiar capiaris capiatur capiamur capiamini capiantur	audiar audiaris audiatur audiamur audiamini audiantur
Imparfait	amarer amareris amaretur amaremur amaremini amarentur	delerer delereris deleretur deleremur deleremini delerentur	legerer legereris legeretur legeremur legeremini legerentur	caperer capereris caperetur caperemur caperemini caperentur	audirer audireris audiretur audiremur audiremini audirentur
Infinitif					
Présent	amari	deleri	legi	capi	audiri

Impératif						
Présent	2e pers. sg.	amare	delere	legere	capere	audire
	2e pers. pl.	amamini	delemini	legimini	capimini	audimini

• Perfectum passif **Infinitif : amatum, am, um, esse**

Indicatif			Subjonctif	
Parfait	**Plus-que-parfait**	**Futur antérieur**	**Parfait**	**Plus-que-parfait**
amatus, a, um… sum es est amati, ae, a… sumus estis sunt	amatus, a, um… eram eras erat amati, ae, a… eramus eratis erant	amatus, a, um… ero eris erit amati, ae, a… erimus eritis erunt	amatus, a, um… sim sis sit amati, ae, a… simus sitis sint	amatus, a, um… essem esses esset amati, ae, a… essemus essetis essent

• eo

	Indicatif	Subjonctif	Impératif	Infinitif	Participe
Présent	eo is it imus itis eunt	eam eas eat eamus eatis eant	i ite	ire	iens, euntis
Imparfait	ibam ibas …	irem ires …			
Futur	ibo ibis …			iturum, am, um esse	iturus, a, um

• volo, nolo

	Indicatif		Subjonctif		Impératif		Infinitif	
Présent	volo vis vult volumus vultis volunt	nolo non vis non vult nolumus non vultis nolunt	velim velis velit velimus velitis velint	nolim nolis nolit nolimus nolitis nolint	volo n'a pas d'impératif	noli nolite	velle	nolle
Imparfait	volebam … …	nolebam … …	vellem velles …	nollem nolles …				
Futur	volam voles …	nolam noles …						

● fero

	Indicatif		Subjonctif		Impératif	Infinitif	Participe
	Actif	**Passif**	**Actif**	**Passif**		**Actif**	
Présent	fero **fers** **fert** ferimus fertis ferunt	feror **ferris** **fertur** ferimur ferimini feruntur	feram feras ferat feramus feratis ferant	ferar feraris feratur feramur feramini ferantur	fer fer**te**	**ferre** **Passif** **ferri**	fer**ens**, **ntis**
Imparfait	ferebam ferebas …	ferebar ferebaris …	fer**rem** fer**res** …	fer**rer** fer**reris** …			
Futur	feram feres …	ferar fereris …				lat**urum** esse	lat**urus, a, um**

● fio

	Présent	Imparfait	Futur	Parfait	Plus-que-parfait	Futur antérieur
Indicatif	fio f**is** fit fimus fitis fiunt	fiebam fiebas fiebat fiebamus fiebatis fiebant	fiam fies fiet fiemus fietis fient	factus sum factus es factus est facti sumus facti estis facti sunt	factus eram factus eras factus erat facti eramus facti eratis facti erant	factus ero factus eris factus erit facti erimus facti eritis facti erunt
Subjonctif	fiam fias…	fierem fieres			factus essem factus esses…	
Infinitif	fieri					

Se servir du dictionnaire

Traduire un texte latin nécessite souvent de recourir à un dictionnaire latin-français pour trouver le sens des mots inconnus ou préciser certaines particularités d'emploi de mots déjà connus.
Évitez bien sûr de chercher tous les mots dans le dictionnaire, car cela constitue une perte de temps importante. Ayez le plus souvent possible recours à votre mémoire ainsi qu'au contexte pour élucider le sens d'un mot.
Le dictionnaire Latin-Français de référence est celui de Félix Gaffiot (Hachette) dont il existe une version abrégée (Le Livre de Poche n° 7969). Les exemples traités ci-dessous sont tirés de ces deux dictionnaires ainsi que du dictionnaire de B. Auzanneau et Y. Avril (Le Livre de Poche n° 8533).

Chercher avec méthode

- Avant de chercher un mot dans le dictionnaire, il est indispensable de lire plusieurs fois la phrase latine dans laquelle il apparaît. En effet, si l'on ne reconnaît pas immédiatement la **nature** de ce mot, c'est le **contexte** qui permet généralement de la déterminer. Ainsi, dans la phrase :

Pervenit ad senatum **postridie** matrum familias caterva.

Le fait que **postridie** ne s'accorde avec aucun autre mot de la phrase suggère qu'il peut s'agir d'un adverbe.

- Les **mots invariables** (propositions, adverbes, conjonctions de subordination, etc.) se trouvent sans difficulté dans le dictionnaire, puisqu'ils y figurent sous leur forme unique. Néanmoins, soyez attentifs au fait que certains adverbes se rencontrent au **comparatif** et au **superlatif** (▶ *Mémento* 3).

- Pour les mots **qui se déclinent** (noms, adjectifs, pronoms) ou **se conjuguent** (verbes), une analyse est nécessaire : il faut décomposer le mot afin de trouver sous quelle forme il apparaît dans le dictionnaire.

- Il ne faut pas lire intégralement l'article du dictionnaire (surtout s'il est long) mais **sélectionner** la rubrique qui convient :
– soit en fonction du **contexte** (en choisissant la rubrique de sens la mieux adaptée à ce contexte) ;
– soit en fonction de la **construction** du mot (vérifiez le cas employé derrière la préposition, le cas employé derrière le verbe, l'emploi transitif ou intransitif d'un verbe, etc.).

Attention : les sens d'un mot sont classés, non pas selon leur fréquence d'emploi, mais selon une progression logique (du sens étymologique aux sens dérivés).

Conseils pour la traduction

– Confrontez la construction du mot dans la phrase à traduire avec celles qui sont indiquées dans le dictionnaire.
– Repérez les expressions figées, traduites dans le dictionnaire.
– N'hésitez pas à chercher des synonymes pour alléger la traduction.

- Senatores ingredientes… **mirabantur**.

On reconnaît un verbe dont la terminaison indique la 3e personne du pluriel de l'indicatif de l'imparfait passif (-**bantur**). Il peut donc s'agir de l'imparfait passif d'un verbe ***miro** ou de l'imparfait d'un verbe déponent (**miror**). Ne trouvant pas le verbe ***miro** dans le dictionnaire, nous saurons qu'il s'agit du verbe dont le radical est **mira-**, et l'infinitif **mirari**. On cherchera donc **miror** dans le dictionnaire où les verbes sont donnés à la 1re personne du singulier du présent de l'indicatif.

Senatores **ingredientes**... mirabantur

● L'examen du verbe permet le plus souvent d'envisager l'organisation générale de la phrase et de grouper les autres mots selon leur fonction syntaxique. Ici, la forme **mirabantur** (3e pers. pl.) appelle un sujet au pluriel, ce qui conduit à identifier **senatores ingredientes** comme un groupe au nominatif pluriel, qui se décompose lui-même en un nom (**senatores**) et un participe présent épithète accordé (**ingredientes**). On ôte donc la désinence **-es** pour trouver le radical, ce qui donne, pour le nom, **senator-**, et à partir de cette forme, on cherche dans le dictionnaire le nom au nominatif.

Toutefois, la 3e déclinaison des noms pose des problèmes spécifiques que vous avez déjà rencontrés lorsque vous consultiez un lexique : en effet, il faut, par exemple, à partir de **matrum** (Gén. pl) ou de **matri** (Dat. sg) « remonter » au nominatif **mater**, qui est l'entrée du mot dans le dictionnaire. De même, il faut à partir d'**ingredientes**, « remonter » à un nominatif **ingrediens**, et reconnaître le participe présent du verbe **ingredior**.

Ad **ceteras** matronas

Si l'on rapproche **ceteras** du nom **matronas**, on en conclut que la terminaison **-as** est celle d'un adjectif à l'accusatif féminin pluriel de la première classe (en **-us, -a, -um**). On cherchera donc dans le dictionnaire l'entrée **ceterus, a, um.**

ad senatum

Ad est une préposition qui introduit le mot **senatum,** à l'accusatif. C'est un mot indéclinable que l'on cherche tel quel.

Les articles du dictionnaire : présentation et codes de lecture

Sur la page suivante, nous avons reproduit à l'identique les rubriques de divers dictionnaires présentant différents mots latins. Vous y verrez apparaître des signes typographiques et des abréviations qu'il vous faut connaître.

● **Signes usuels**

(Vous trouverez une liste de ces signes au début de votre dictionnaire.)

- ¶ introduit les grandes rubriques de sens du mot.
- II indique une séparation (pour introduire une nuance particulière d'emploi).
- ( ) ou [ ] indique une précision permettant de bien situer un sens particulier du mot.
- ⇒ indique un rapprochement avec des mots de même racine.

● **Abréviations usuelles**

- **subst.** = substantif
- **m.** = masculin ;
  f. = féminin ;
  n. = neutre
- **adj.** = adjectif
- **interj.** = interjection
- **adv.** = adverbe
- **prép.** = préposition
- **conj.** = conjonction
- **pron.** = pronom ;
  interr. = interrogatif ;
  indéf. = indéfini
- **compl.** = complément
- **indécl.** = indéclinable
- **compar.** = comparatif ; **superl.** = superlatif
- **tr./intr.** = verbes employés transitivement/intransitivement
- **act.** = actif ;
  pass. = passif ;
  dép. = déponent ;
  impers. = impersonnel
- **pr.** = sens propre
- **fig.** = sens figuré
- **métaph.** = sens métaphorique
- **arch.** = formes archaïques
- Diverses abréviations indiquent un emploi « technique » du mot dans un contexte précis :
  milit. = langue militaire ;
  poét. = en poésie ;
  com. = dans les comédies ;
  méd. = lexique de la médecine, etc.

causa (caussa), *ae*, f.,
I. 1. cause, raison, motif : *eadem de causa*, pour la même raison || *ex aliis causis*, pour d'autres raisons ; *ob eam ipsam causam quod*, précisément pour la raison que… ; *propter hanc causam quod*, pour cette raison que… || *cum causa, avec raison.* || *non sine causa*, non sans raison || *quid est causae, cur*, quel motif y a-t-il pour que || *ea causa, ut = idcirco, ideo ut* || **2.** motif-allégué, raison invoquée, excuse, prétexte || **causa** [jouant le rôle de prép., placé après son régime au gén.] à cause de, en vue de : *honoris causa*, pour honorer, par honneur ; *vestra reique publicae causa*, à cause de vous et de l'État, dans votre intérêt comme dans l'intérêt général || [qqf.] à cause de, par l'effet de.

II. affaire où sont en cause des intérêts : **1.** affaire judiciaire, procès, cause : *causam accipere, aggredi, amplecti, attingere, defendere*, se charger d'une cause, la prendre en mains, la défendre || **2.** cause, affaire, question, cas, situation, position, rapports entre personnes, liaison : *causam amicitiae habere cum aliquo*, avoir des relations d'amitié avec qqn || cause, parti : *causa nobilitatis*, la cause de la noblesse.

Dictionnaire Gaffiot abrégé, « *Le Livre de Poche* » © Hachette Livre.

I UN NOM

1. Nominatif et désinence du génitif singulier
2. Autre orthographe
3. Genre
4. Distinction de sens différents

Combien ce nom a-t-il de sens différents ?

5. Nuances de sens

Combien ce nom a-t-il de nuances de sens différentes dans la 1re rubrique ? et dans la 2e ?

6. Exemples et expressions latines courantes
7. Précision concernant certains emplois particuliers du mot

Vigilo, *as, are, avi, atum* (*vigil* ; fr. *veiller*), intr. et tr.

I intr. ¶ **1** veiller, être éveillé : *Cic. Cat. 3, 6 ; Rep. 6, 10 ; Pis. 43* ; ***vigilias vigilare*** Gell. *pr. 198*, passer des veilles ; vigilatur Mart. *12, 68, 6*, on veille || ***vigilans somniat*** Pl. *Cap. 848*, il rêve tout éveillé, cf. Ter. *And. 972* ; ***vigilans dormit*** Pl. *Ps. 386*, il dort éveillé, il dort debout = il est endormi, mou || [poét.] ***incertum vigilans*** Ov. *H. 10, 9*, réveillée d'une manière incertaine ¶ **2** [métaph.] ***vigilantes curae***, Cic. *Div. 1, 96*, soins qui ne s'endorment pas ; ***oculi vigilantes*** Virg. *En. 5, 438*, yeux vigilants, sur le qui-vive : ¶ **3** [fig.] être sur ses gardes, être attentif, veiller au grain, être sur le qui-vive : Cic. *Phil. 6, 18 ; Verr. 5, 181 ; Cat. 3, 3* || [avec *ut, ne*] pour faire que, pour éviter que : Cic. *Fam. 2, 10, 4 ; Fat. 12.*

II tr., poét. ¶ **1** passer dans la veille : ***noctes vigilantur*** Ov. *H. 12, 169*, des nuits se passent sans dormir, cf. Ov. *F. 4, 167* ; ***vigilatum carmen*** Ov. *F. 4, 109*, un chant fait dans les veilles ¶ **2** entourer de veilles, de soins : ***quae vigilanda (sint) viris*** Virg. *G. 1, 313*, [dire] à quoi les hommes doivent consacrer leurs soins.

Dictionnaire *Le Grand Gaffiot*, © Hachette Livre.

2 UN VERBE

1. Temps primitifs du verbe (1re et 2e pers. du singulier du présent de l'indicatif, infinitif présent actif, 1re personne du singulier du parfait, supin)
2. Radical et éclairage étymologique
3. Rubriques de division des sens selon la construction du verbe (intransitif/transitif)
4. Distinction de sens différents
5. Exemples et références
   - expressions où figure le mot qui est défini (en italique)
   - auteur (nom en majuscules, abrégé) : Cic. = Cicéron (la liste de ces abréviations figure à la fin du dictionnaire)
   - titre de l'œuvre (en italique, abrégé) : *Div.* = *De Divinatione*
   - références dans l'œuvre (numéros des livres, des chapitres, des paragraphes ou des vers) : 1,96 = *De Divinatione* 1, paragraphe 96.
   - traduction de l'expression
6. Indications concernant la construction (construit avec *ut* ou *ne*, le verbe prend un sens particulier)
7. Spécificités d'emploi :
   - fig. = sens figuré – poét. = en poésie
   - mét. = sens métaphorique

Décrivez précisément le point II. 1 de l'article.

aequālis, e (*aequus* ; it. *uguale*) ¶ **1** égal par l'âge ***a)*** de même âge : ENN. *Tr. 44* ; CAECIL. *Com.* 10 ; PL. ; TER. ; [avec gén.] ***alicujus aequalis*** CIC. *Balb. 9*, du même âge que qqn ; ***meus aequalis*** CIC. *de Or. 1, 117*, du même âge que moi ; ***temporum illorum*** CIC. *Div. 1, 39*, contemporain de cette époque-là ; [gén. ou dat.] ***Themistocli*** NEP. *Arist. 1, 1*, du même âge que Thémistocle ; [dat.] ***cui (Ennio)*** CIC. *Brut* [...] ¶ **3** ➡ aequabilis : ***nil aequale homini fuit illi*** HOR. *S. 1, 3, 9*, dans cet homme, il n'y avait rien d'égal (de constant) ; ***aequali ictu*** OV. *M. 11, 463*, [frapper l'eau] à coups réguliers ; ***cursus*** SEN. *Tranq. 2, 4*, cours régulier (égal à lui-même) ; ***aequalis fuit in tanta inaequalitate fortunae*** SEN. *Ep. 104, 28*, il fut toujours égal dans de si grandes inégalités du sort ; ***aequalis et congruens*** SUET. *Tib. 68*, ayant un corps régulier et bien proportionné ¶ **4** ➡ aequus : ***per loca aequalia*** SALL. *J. 79, 6*, à travers un terrain uni, cf. CAT. Agr. 162, 2 ; OV. *M. 1, 34* ; LIV. *9, 40, 2* || ***aequalior*** LIV. *24, 46, 5* ; PLIN. *19, 9* ; QUINT. *3, 8, 60* ; ***aequalissimus*** TERT. *Anim. 17, 2.*

Dictionnaire *Le Grand Gaffiot*, © Hachette Livre.

3 UN ADJECTIF

1. Nominatif singulier des trois genres (masculin, féminin s'il est différent du masculin, et neutre)
2. Quantité de la voyelle (˘ = brève/¯ = longue)
3. Rapprochement étymologique
4. Distinction de différents sens
5. Nuances de sens
6. Précisions concernant la construction du mot
7. Exemples et références
8. Synonymie avec d'autres adjectifs
9. Comparatif et superlatif de l'adjectif

A, a, f. et n., indécl., **1.** a, première lettre de l'alph. latin ; **2.** *A.*, abr. : *Aulus*, prénom ; *A(ntiquo)* = je rejette la proposition de loi ; *A(bsolvo)* = j'acquitte l'accusé ; *a(nte)* = dans la formule *ante diem* (pour dater).

a, interj., ah !, hélas !

ā, ăb, abs, prép. + abl., marquant le point d'origine (proximité).

I 1. de, venant de, d'auprès de, *fugare abs urbe* : fuir la ville ; *a Gallis discedere* : s'éloigner des Gaulois ; *a patre redeo* : je reviens de chez mon père ; **2.** de, de la part de, *litteras a patre accipio* : je reçois une lettre de mon père ; *audire ab aliquo* : entendre dire à qqn. ; **3.** au nom de, *dicere a reo* : parler au nom d'un accusé ; **4.** de, à partir de, depuis, dès, après, *a sole orto* : dès le lever du soleil, *a pueritia* : dès l'enfance, *a tuo digressu* : après ton départ.

II 1. à une distance de, *ab oppido mille passus* : à mille pas de la ville ; **2.** par rapport à, *dissentire ab aliquo* : être en désaccord avec qqn. ; **3.** de, contre, *defendere ab hostibus* : défendre contre les ennemis, *aliquem deterrere a scribendo* (gér.) : détourner qqn. d'écrire.

III 1. du côté de, *ab septentrione* : du côté du septentrion ; **2.** en parlant de fonctions : *servus a pedibus* : valet de pied, *ab epistulis* : secrétaire chargé de la correspondance de l'empereur.

IV 1. de, à cause de, par, *laborare ab aliqua re* : souffrir de qqch. ; *ab aliquo interire* : être tué par qqn. ; *Gallia a paludibus invia* : la Gaule impraticable du fait des marais ; **2.** avec le c. d'agent d'un vb. passif, *litterae a puero scriptae* : une lettre écrite par un enfant.

a~, ab~, abs~, préfixe marquant éloignement, séparation, privation, épuisement, excès.

4 UNE PRÉPOSITION

1. Liste des homonymes
2. Différentes orthographes de la préposition
3. Cas utilisé derrière la préposition
4. Grandes catégories d'emploi
5. Sens différents

Combien y a-t-il de sens différents dans cette catégorie d'emploi ?

6. Exemples et expressions courantes
7. Utilisation de l'adverbe comme préfixe

Dictionnaire *Auzanneau/Avril*, « Le Livre de Poche » © Hachette Livre.

CRÉDITS PHOTOGRAPHIQUES

Couverture : Libération de Briséis, fresque provenant de la Maison du poète tragique, Pompéi, 1er siècle ap. J.-C. © Nimatallah / akg-images (reprise p. 119)

12/13 © 2005. Ph. Scala, Florence (reprises p. 4,15,17,21,23,25,27,29,31,33,35, 37,39,41,43,47); **15** © Ullstein Bold / akg-images; **16** © E. Lessing / akg-images; **19** © 1990. Ph. Scala, Florence - courtesy of the Ministero Beni e Att. Culturali; **20** © Sandro Vannini / Corbis; **21** © 2003. Ph. Scala, Florence / Fotografica Foglia - courtesy of the Ministero Beni e Att. Culturali; **22** © Bridgeman - Giraudon; **23htg** BIS / Ph. H. Josse © Archives Larbor; **23basd** BIS / Ph. Jeanbor © Archives Larbor; **25** © Photo Josse / Leemage; **26** © Ashmolean Museum, Université d'Oxford / Bridgeman - Giraudon; **28** © H. Lewandowski / RMN; **29** © H. Lewandowski / RMN; **31** © Nimatallah / akg-images; **33** © Aisa / Leemage; **35** © E. Lessing / akg-images; **37** © akg-images; **39** BIS / Ph. © X - Archives Larbor - DR; **40** © 1990. Ph. Scala, Florence - courtesy of the Ministero Beni e Att. Culturali; **41** © Peter Connolly / akg-images; **43** © akg-images; **45** © G. Dagli Orti / The Picture Desk; **46** BIS / © Archives Nathan; **47** © Anderson / Alinari / Roger-Viollet; **48/49** © Araldo de Luca / Corbis (reprises p. 5,51,53, 55,57,59,63,65,67,69, 71,73,75,77,79,83,85); **50** © Araldo de Luca / Corbis; **51** © G. Dagli Orti / The Picture Desk; **52** © G. Dagli Orti / The Picture Desk; **54** © 2003. Ph. Scala, Florence / Fotografica Foglia - courtesy of the Ministero Beni e Att. Culturali; **57** © E. Lessing / akg-images; **59** © Ashmolean Museum, Université d'Oxford / Bridgeman - Giraudon; **61** © Werner Forman / Corbis; **62** © E. Lessing / akg-images; **65ht** BIS / Ph. Jeanbor © Archives Larbor; **65bas** © G. Dagli orti / The Picture Desk; **66** © akg-images; **68** © E. Lessing / akg-images; **69** BIS / Ph. Coll. Archives Larbor-DR; **71** © Worcester Art Museum, Massachusetts, USA / Bridgeman - Giraudon; **73ht** © E. Lessing / akg-images; **73bas** © E. Lessing / akg-images; **74** © E. Lessing / akg-images; **75** © Werner Forman / akg-images; **76** © 2006. Ph. Scala, Florence / Luciano Romano; **77** © E. Lessing / akg-images; **78ht** d © Tristan Lafranchis / akg-images; **78basg** © G. Dagli Orti / The Picture Desk; **79htd** © Electa / Leemage; **79bas** © E. Lessing / akg-images; **80** © E. Lessing / akg-images; **82** © Krause Johansen / Archivo Iconografico SA / Corbis; **83** BIS / Ph. H. Josse © Archives Larbor; **84htg** BIS / Ph. Coll. Archives Nathan; **84d** © Massimo Listri / Corbis; **85** © E. Lessing / akg-images; **86/87** © E. Lessing / akg-images(reprises p. 7,89,91,93,95,97,101,103,105,107,109,111,113, 115,117,121,123); **89** © 1990. Ph. Scala, Florence - courtesy of the Ministero Beni e Att. Culturali; **90** © Luciano Pedicini - Archives Alinari, Florence, Distr. RMN; **91** © Werner Forman / akg-images; **92** © E. Lessing / akg-images; **93ht** © Bridgeman - Giraudon; **93bas** © Fratelli Alinari - Archives Alinari, Florence, Dist. RMN; **95** © 2003. Ph. Scala, Florence / Fotografica Foglia - courtesy of the Ministero Beni e Att. Culturali; **96** © H. Lewandowski / RMN; **99** © G. Dagli Orti / The Picture Desk; **100** © Mimmo Jodice / Corbis; **101ht** BIS / Ph. Patrice Pascal © Archives Larbor; **101bas** BIS / Ph. Coll. Archives Larbor; **103ht** © IBO / Sipa; **103bas** © G. Dagli Orti / The Picture Desk; **104** © Fratelli Alinari - Archives Alinari, Florence - Dist. RMN; **105** © E. Lessing / akg-images; **107** © Eyedea / Robert Doisneau / Rapho; **108** © 1990. Ph. Scala, Florence - courtesy of the Ministero Beni e Att. Culturali; **110** © Araldo de Luca / Corbis; **111htg** BIS / Ph. Studio J.J. Morlan © Archives Larbor; **111d** © akg-images; **112** © 2004. Ph. Scala, Florence / Luciano Romano; **115** BIS / © Archives Larbor; **117/118** © E. Lessing / akg-images; **120** © Photo Josse / Leemage; **121** © Bridgeman - Giraudon; **122** © Bridgeman - Giraudon; **124/125** © Nimatallah / akg-images (reprises P. 8,27,129,131,133,135,137,139,141,143,145, 147,149,151,155,157,59, 161); **127** © Selva / Leemage; **129** © Aisa / Leemage; **131d** © Sergio Pitamitz / Zefa / Corbis; **133** © Electa / Leemage; **134** © Atlantide S.N.C. / AGE FOTOSOTOCK / Hoa-Qui / Eyedea; **135** © Bulloz / RMN; **137** © E. Lessing / akg-images; **139** © 1990. Ph. Scala, Florence - courtesy of the Ministero Beni e Att. Culturali; **140** © Lipnitzki / Roger-Viollet; **141** © Bridgeman - Giraudon; **143** © Bridgeman - Giraudon; **145** BIS / Ph. Coll. Archives Larbor; **147ht et P.149** © 1990. Ph. Scala, Florence - courtesy of the Ministero Beni e Att. Culturali; **147bas** © Sergio Pitamitz / Corbis; **151** © Karin März / BPK, Berlin, Dist RMN; **153** © Camille Moirenc / hemis.fr; **154** © 2003. Ph. Scala, Florence / Fotografica Foglia - courtesy of the Ministero Beni e Att. Culturali; **155** © 1991. Ph. Scala, Florence - courtesy of the Ministero Beni e Att. Culturali; **156** © 2003. Ph. Scala, Florence / Fotografica Foglia - courtesy of the Ministero Beni e Att. Culturali; **157** BIS / Ph. © Musée national - Archives Larbor; **159** © H. Lewandowski / RMN; **160** © G. Dagli Orti / The Picture Desk; **161htd** © H. Lewandowski / RMN; **161basg** © H. Lewandowski / RMN; **162/163** © Mimmo Jodice / Corbis (reprises P.10,165,167,169,171,173,177,179,181, 185,191,193,195,197,199,201); **165** © BNF / Pix Palace; **167** © R.G. Ojéda / RMN; **169** © E. Lessing / akg - images; **170** © E. Lessing / akg - images; **171** © BNF / Pix Palace; **172** © E. Lessing / akg - images; **173** BIS / Ph. Coll. Archives Larbor; **175** © Electa / akg - images; **177** © Bridgeman - Giraudon; **179ht** © Costa / Leemage © ADAGP Paris 2008; **179bas** © Mary Evans / Aisa Media / Rue des Archives; **180** © Electa / Leemage; **181** © G. Dagli Orti / The Picture Desk; **182** © M. Scataglini / Alamy / Photo12.com; **183** © G. Dagli Orti / The Picture Desk; **185g** © E. Lessing / akg -images; **185d** BIS / Ph. J. Arland © Archives Larbor; **186** © 1990. Ph. Scala, Florence; **187** © Costa / Leemage; **189** © E. Lessing / akg - images; **190** © E. Lessing / akg - images; **193** © 1990. Ph. Scala, Florence; **194** © Luciano Pedicini / Archives Alinari, Florence, Dist. RMN; **195** © PrismaArchivo / Leemage; **197** © Electa / akg - images; **198** © 2003. Ph. Scala, Florence / Fotografica Foglia - Courtesy of the Ministero Beni e Att. Culturali; **200** © Bridgeman - Giraudon; **202/203** © 2004. Ph. Scala, Florence (reprises p. 204 à 237).

Direction éditoriale : Marie-Hélène Tournadre
Édition : Annie Chouard
Conception graphique : Favre & Lhaïk
Couverture : Laurence Durandau
Mise en pages : Marina Smid
Iconographie : Laurence Vacher
Cartographie et schémas : CART, Renaud Scapin

N° d'éditeur : 10179124 - Dépôt légal : Juillet 2011
Imprimé en Espagne par Gráficas Estella, S.L.